MERCEDES-BENZ-Automobile

Heribert Hofner

MERCEDES-BENZ Automobile

Band 6

Vom 200 zum C190 (1975 - 1993)

HEEL

HEEL-Verlag GmbH
Hauptstraße 354
53639 Königswinter
Tel.: 0 22 23/ 2 30 26
Fax: 0 22 23/ 2 30 28

Fotos und Zeichnungen: Daimler-Benz AG (Presseabteilung), Daimler-Benz AG (Abt. Archiv, Geschichte, Museum), Daimler-Benz AG (Zentralsekretariat der Hauszeitschriften), Mercedes-Benz France, Mercedes-Benz of North America, Inc., ADAC Niedersachsen, AMG Motorenbau GmbH, August Bilstein GmbH & Co. KG, Binz GmbH & Co. KG, Brabus autosport, Wolfgang Fröschner, Lorinser Sport-Service, Christian Miesen Karosserie- und Fahrzeugwerk, Pirelli Pressedienst, Conrad Pollmann GmbH, Archiv Halwart Schrader, Archiv des Autors.

Redaktion: Halwart Schrader, Matthias Röcke (ab Seite 162)

Gestaltung: Sonja Anderle

Druck: PDC, Paderborn
Printed in Germany

ISBN 3-89365-349-X

Inhaltsverzeichnis

Die Mercedes-Benz-Modellpalette des Jahrgangs 1984.

Einleitung

Der vorliegende Band der BLV-Mercedes-Edition erscheint in Erstausgabe im Jahre des Doppeljubiläums der Daimler-Benz AG: Das Jahr 1986 markiert einerseits hundert Jahre Automobil im Gedenken seiner Väter Gottlieb Daimler und Carl Benz, zum anderen kann der schwäbische Konzern nach der Fusion des Jahres 1926 auf eine sechzigjährige Geschichte in der jetzigen Rechtsform zurückblicken. Mercedes-Benz-Automobile verkörpern die Geschichte des Kraftwagens schlechthin. Diese historische Relevanz wird der sechste Band der Mercedes-Benz-Typologie weiterverfolgen.

Dieses Buch befaßt sich mit der aktuellen Produktion der Mercedes-Benz-Personenwagen. Die Baureihe W 123, die bisher erfolgreichste Mercedes-Modellreihe überhaupt, wurde 1985 zwar in einigen Karosserievarianten im Programm belassen und als Limousine für bestimmte Exportmärkte noch in begrenzter Stückzahl gefertigt, ist mittlerweile aber nicht mehr lieferbar. In dieser Modellfamilie debütierte als Daimler-Benz-Novum der erste im eigenen Hause in Serie hergestellte Kombi. Der Einstieg von Daimler-Benz in die kompakte Mittelklasse mit der Baureihe W 201 machte weltweit Furore, die Hundertneunziger stecken zudem voller hochkarätiger Technik und wurden den Forderungen der Umwelt- und Energiepolitik mehr als gerecht, ohne dabei auf eine überdurchschnittliche Leistungsentfaltung und Agilität verzichten zu lassen. Mit dem ausgesprochen sportlich definierten Spitzenmodell 190 E 2.3-16 stieß Daimler-Benz in Regionen superlativer Fahrleistungen vor, die bisher weniger traditionalistisch-zurückhaltend geprägten Herstellern vorbehalten waren. In den seit Anfang 1985 amtierenden Nachfolgetyp der Standard-Baureihe flossen noch weitaus mehr Innovationen ein – Daimler-Benz setzte mit der Familie W 124 einen vorläufigen Hi-Tech-Höhepunkt im internationalen Automobilbau.

Die nunmehr dritte Generation der S-Klasse – 1965 tauchte dieser Begriff in der Mercedes-Terminologie erstmals mit dem in der Palette nach unten deutlich abgegrenzten 250 S/SE auf – erschien 1979 und wurde bisher mehreren Triebwerksmodifikationen unterworfen. 1981 fand diese Baureihe W 126 ihre Ergänzung durch zwei Achtzylinder-Coupés, die – nicht nur vom Preisniveau her – zum Feinsten gehören, was der internationale Automobilmarkt zu bieten hat: Mit dem SEC knüpfte Daimler-Benz an alte Traditionen sportlich-luxuriöser Exklusivfahrzeuge an. Die Roadster des Baumusters 107, die sich immerhin im 16. Dienstjahr befinden und daran sind, die längste Produktionsdauer aller bisherigen Mercedes-Benz-Personenwagen zu erreichen,

wurden bereits im fünften Band der BLV-Mercedes-Edition ausführlich behandelt. Inzwischen vorgenommene Änderungen an diesen Modellen werden im Rahmen des vorliegenden Bandes in einem Ergänzungskapitel berücksichtigt.
Weitere Kapitel dieses Bandes sind Sonderausführungen und Umbauten auf Mercedes-Benz-Basis gewidmet. Gerade bei den Baureihen 201, 124 und 126 ist ein individualisiertes Styling populär, wobei das umstrittene »optische Tuning« den bearbeiteten Objekten durchaus nicht immer zum Vorteil gereicht. Schließlich gehört zum Verbessern eines Spitzenprodukts entweder eine ungeheuere Begabung – oder aber eine tüchtige Portion Vermessenheit.
Mercedes-Benz-Fahrzeuge bedurften noch nie der Aufwertung von anderer Seite – Untertürkheimer (und Mannheimer, Bremer, Wörther, Gaggenauer und Düsseldorfer) Produkte sprechen für sich selbst: Beim alljährlichen TÜV-Report liegen sie – gemessen an geringer Mangelhäufung – in vorderster Linie und ebenso verschleißresistent erweisen sie sich nach der Pannenstatistik der ADAC-Straßenwacht, nach der sie regelmäßig Klassensieger stellen. Nicht anders sieht dieses schon sprichwörtliche Klischee von überlegener Qualität, Dauerhaftigkeit und Verläßlichkeit nach den Untersuchungen weiterer Kraftfahrtorganisationen in Europa und Übersee aus. Es sei daran erinnert, daß die Mercedes-Dieselfamilie in den USA den Titel »Bestes Automobil der Welt« erhielt, obwohl eigentlich ein altehrwürdiges britisches Nobelfabrikat dieses verwegene Prädikat auf legendär gewordene Weise jahrzehntelang unangefochten und ungeprüft für sich in Anspruch genommen hatte.
Freilich machen nicht nur Zuverlässigkeit und lange Lebenserwartung ein gutes Automobil aus. Bei Daimler-Benz ist der überaus hohe Stand der Technologie in hohem Maße daran beteiligt. In den fünfziger Jahren begann man sich in Untertürkheim von der reichlich konservativen Technik- und Designkonzeption abzuwenden, in den sechziger Jahren flossen mit Sicherheitszelle, Schräglenker-Hinterachse, Luftfederung, V8-Motoren und elektronischer Benzineinspritzung – um einige Beispiele zu nennen – Strömungen in die Entwicklung von Mercedes-Benz-Personenwagen ein, die den internationalen Höchststand an Technologie verkörperten. Aber noch immer galten die Autos mit dem Stern nur in zurückhaltender Weise als progressiv, was man aber einfach mit »grundsolide« zu umschreiben hatte. Der Durchbruch zum Trendsetter erfolgte aber mit den Leitlinien, die die kritisch gewordene Umweltbelastung und vor allem die schwindenden Energieressourcen in den siebziger Jahren setzten. Daimler-Benz begegnete diesen Syndromen mit Avant-Garde-Technik, die bei den Baureihen 201 und 124 zu Automobilen führte, deren Konzepte in weitaus höherem Maße denn je zuvor zukunftsweisende Wege zeigen und die Marschrichtung ins nächste Jahrhundert erahnen lassen. Intensivierte Werkstofforschung, aktualisierte Aerodynamik, konsequent verfolgter Leichtbau bei gleichzeitigem Ausbau struktureller Sicherheitselemente und verbrauchsseitig optimierte und dennoch leistungsfreudige Triebwerksfamilien verkörpern den überaus hohen Stand gegenwärtiger Mercedes-Benz-Technik. Nach allen Anforderungen der Fahrtkinematik differenzierte Raumlenker-Fahrwerke, das 1986 lancierte »Fahrdynamik-Konzept« mit der Antriebs-Schlupfregelung (ASR), dem automatisch wirkenden Sperrdifferential (ASD) und schließlich dem konkurrenzlosen Prinzip der »4Matic« – des sich bei Bedarf selbsttätig zuschaltenden Allradantriebs – sowie vielgestaltige Komponenten aktiver und passiver Sicherheit wie das ABS oder die zusätzlichen Insassen-Rückhaltesysteme kennzeichnen das vorbildgebende Niveau Untertürkheimer Methodik um die Mitte der achtziger Jahre.
Bei dieser Vorrangigkeit des eigenständig Innovativen und bei aller Flexibilität verliert man sich »beim Daimler« aber nach wie vor nicht an verspielte Gadgets. Elektronik wird nicht um ihrer selbst willen eingesetzt, sondern allein dann, wenn sie die unzweifelhaft bessere Lösung darstellt und ihre Zuverlässigkeit absolut gewährleistet ist. Mercedes-Armaturenanlagen folgen nicht der törichten Cockpit-Mode, sondern beschränken sich in ihren Anzeigen und Signalen auf wirklich notwendige Informationen. Auf dem Gebiet der Abgasreinigung war Daimler-Benz – nicht zuletzt wegen der beträchtlichen Ausfuhrquoten in die Vereinigten Staaten – von jeher führend. So wurden die in den ECE-Regelungen von 1979 und 1982 festgelegten Emissionsgrenzwerte von allen Mercedes-Modellen um bis zu 25 Prozent unterschritten. Auch der aktuellen, am einschneidenden US-Standard orientierten europäischen Neufestlegung konnte man in Untertürkheim dank reicher Erfahrungen in jeder Phase des Projektstadiums gelassen entgegensehen. Im März 1986 lag der Anteil der Katalysator-Fahrzeuge bei der Mercedes-Neuwagenauslieferung bei 36 Prozent, die Quote der Rückrüstversionen (RÜF) bei 35 Prozent. Zusammen mit den Diesel-Pkw waren 82 Prozent der in der Bundesrepublik Deutschland neu zugelassenen Mercedes als schadstoffarm anerkannt bzw. entsprechend vorbereitet. Trotz Lieferverzögerungen bei Vertragspartnern, die die RÜF-Komplettierung und die Nachrüstung mit dem ungeregelten Katalysator betrafen, rechnete die Firmenleitung mit dem Erreichen der Hundert-Prozent-Marke umweltfreundlicher Mercedes-Neuwagen zum Jahresende 1986. Mit der Auslieferung der Rückrüstsätze konnte im April 1986 begonnen werden. Die Nachrüstung mit ungeregelten Katalysatoren für ältere Wagen ab etwa Baujahr 1981 startete im Juli. Das Pendant dazu bilden in den siebziger Jahren begonnene Versuche mit alternativen Energieträgern – mit

Alkoholbetrieb (Methanol, Äthanol), mit Flüssiggas sowie in Zusammenarbeit mit Mannesmann mit Metallhydridspeichern zur Erprobung des noch weit von einer praxisgerechten Anwendung entfernten Wasserstoffbetriebs.
Trotz einer weltweiten wirtschaftlichen Stagnation und gar Rezession im Berichtszeitraum dieses Buches hatte Daimler-Benz nur wenig Anlaß zum Klagen. Von 1973 bis 1982 konnte die Personenwagen-Produktion um 38 Prozent gesteigert werden, der Anteil der in 170 Abnehmerstaaten exportierten Wagen von 45 auf 57 Prozent, allein in die USA um knapp zwölf Prozent. Während Daimler-Benz in der Bundesrepublik Deutschland in elf Fahrzeugwerken und Hauptzulieferbetrieben arbeitet, stehen im Ausland 14 Produktionsstätten, 28 Montagewerke und sechs Lizenznehmer zur Fertigung von Mercedes-Benz-Kraftfahrzeugen – Nutzfahrzeuge freilich eingeschlossen – zur Verfügung. Daimler-Benz-Mitarbeiter brauchen traditionell auch in rezessiven Perioden kaum Sorgen um ihren Arbeitsplatz zu hegen: Trotz der krisenhaften Arbeitsmarktlage und des – besonders im Export – rückläufigen Lkw-Geschäfts konnten 1983 zweitausend und im folgenden Jahr siebentausend neue Arbeitsplätze eingerichtet werden. Dabei liegt die Beschäftigtenzahl der rein automobilbezogenen in- und ausländischen Produktions- und Montagewerke bei über 185 000. Diese durchaus nicht selbstverständliche Expansion war nicht zuletzt dem immer stärker zunehmenden Verkaufserfolg der Kompaktfamilie W 201 zuzuschreiben, für die in Bremen eigenständige Produktionsanlagen, die im Verbund mit dem Mutterwerk Sindelfingen arbeiten, eingerichtet wurden.
Auch in den Jahren, in denen die Automobilindustrie weltweit arg gebeutelt wurde, konnten in Untertürkheim Umsatzsteigerungen verbucht und eine kontinuierliche Aufwärtsentwicklung vorgezeigt werden. So erbrachte das Jahr 1982 ein Absatzwachstum von 2,8 Prozent auf 40 Milliarden Mark, an dem der wirtschaftliche Aufschwung im wichtigsten Exportland USA und das neue Marktpotential der kleinen Baureihe W 201 nicht unbeteiligt waren. 1984 konnte der Umsatz trotz empfindlicher Produktionseinbußen durch den siebenwöchigen Metallerstreik und die aus der Diskussion um das schadstoffarme Auto resultierende Kaufzurückhaltung um acht Prozent angehoben werden, da andererseits der US-Handel wegen des erstarkten Dollar kräftig expandierte. 478 349 Personenwagen verließen in jenem Jahr die Sindelfinger und Bremer Produktionsstätten, 52,5 Prozent davon wurden ausgeführt. Das Absatzminus im Inland ließ sich durch den Zugewinn im Nordamerika-Geschäft mehr als kompensieren. Sowohl 1983 als auch 1984 wurden rund drei Milliarden Mark in Sachanlagen, beispielsweise in das Bremer Werk, und anderthalb Milliarden Mark in Forschung und Entwicklung investiert.
Das Jahr 1985 geriet für die bundesdeutsche Automobilindustrie und für Daimler-Benz im besonderen zum ausgesprochenen Boom-Jahr. Ein Produktionsergebnis von 541 039 Mercedes-Pkw bedeutete gegenüber 1984 einen fetten Zuwachs von 11,6 Prozent. Dabei war, im krassen Gegensatz zu allen anderen Herstellern, sogar ein mit 51,4 Prozent rückläufiger Exportanteil festzustellen, da eine rapid zunehmende Inlandsnachfrage zu befriedigen war – »Deutschland steigt auf Mercedes um«, schrieb eine große Tageszeitung Ende 1985. Während die Autos mit dem Stern am Kühler bei den Neuzulassungen in der Bundesrepublik Deutschland in den Jahren zuvor – von einigen Ausnahmeepochen abgesehen – mit rund zehn Prozent der hierzulande verkauften Pkw stets ihren traditionellen vierten Rang gehalten hatten, stieg der Mercedes-Marktanteil 1985 auf 11,6 Prozent. Daimler-Benz verdrängte mit 273 528 auf dem Heimatmarkt abgesetzten Wagen Ford vom angestammten dritten Platz der Bestsellerwertung und konnte mehr Autos verkaufen als BMW und Audi zusammen. Die Kompaktklasse W 201 und die Mittelklassereihe W 124 vermochten die Position der Schwaben nachhaltig zu stärken. Nachdem die 190er schon 1984 auf Rang drei der deutschen »Single Charts« hinter Golf und Kadett vorgestoßen waren, gelang es ihnen 1985, diese Stellung mit 122 751 Neuzulassungen weiter auszubauen. Auch die größeren 124er erlangten bis zum Jahresende einen respektablen und stabilen fünften Platz hinter dem VW Passat.
Diese Ergebnisse mußten sich beim Abschluß des Geschäftsjahres 1985 widerspiegeln: Der Daimler-Benz-Umsatz war auf 51,9 Milliarden Mark gestiegen und lag nur knapp hinter dem Ergebnis des Volkswagenwerks.
Das Rekordjahr 1985 markiert aber neben den Verkaufserfolgen auch ein für Daimler-Benz bisher ungewohntes Expansionsbestreben in neuen Gefilden: Mit der Übernahme der fünfzigprozentigen MAN-Beteiligung an der Motoren- und Turbinen-Union GmbH wurden die Mercedes-Macher Alleininhaber des bedeutenden Flugtriebwerkherstellers. Wenige Monate nach dem MTU-Deal erfolgte die Mehrheitsbeteiligung am Luft- und Raumfahrtunternehmen Dornier GmbH. Nach diesen bereits weithin als spektakulär empfundenen Einkäufen in den Hochtechnologie-Sektor sicherte sich Daimler-Benz unerwartet die 56prozentige Majorität am angeschlagenen Elektrokonzern AEG. Dieser Erwerb, der mit 1,8 Milliarden Mark zu Buche schlug, wurde im Februar 1986 vom Bundeskartellamt genehmigt. Der Zusammenschluß Daimler-Benz/AEG verkörpert damit den umsatzstärksten deutschen Firmenverbund und – nach Siemens – mit 221 000 Beschäftigten im Inland und 81 000 im Ausland den zweitgrößten privaten Arbeitgeber der Bundesrepublik Deutschland. Weniger reibungsfrei ließ sich der Neubau des bitter notwendig gewordenen Daimler-Benz-

Prüfgeländes im strukturschwachen nordwürttembergischen Main-Tauber-Kreis an. Das 300-Millionen-Projekt erscheint durch militante Umweltschützer und verkaufsunwillige Grundstückseigentümer gefährdet, obwohl das 614 Hektar große Versuchsareal mindestens 900 neue Arbeitsplätze schafft.
Eine werksseitige Beteiligung im Motorsport, gleich welcher Manier, blieb nach dem jäh vollzogenen Ausstieg im Jahre 1980 (siehe Band 5 der BLV-Mercedes-Edition) auch im Berichtszeitraum des vorliegenden Buches tabu. Dennoch ruhen in dieser Hinsicht spärliche Hoffnungen auf dem seit dem 1. Dezember 1983 amtierenden Vorstandsvorsitzenden Professor Werner Breitschwerdt, der die Nachfolge des am 29. Oktober 1983 plötzlich verstorbenen Dr. Gerhard Prinz antrat und mit dem erstmals seit langem wieder ein Techniker auf der Daimler-Benz-Kommandobrücke steht.
Die Spitzenstellung, die Mercedes-Benz-Automobile in ihren jeweiligen Klassen auf dem Heimat- und Weltmarkt innehaben, bedarf weniger zu ihrer Verteidigung als zu ihrer Erweiterung eines immer subtileren Marketing. Neben dem traditionellen Rivalen BMW, mit dem man sich seit Erscheinen des 190 sogar um eine gleichartige Klientel (»jugendlich-dynamisch«) bewirbt, versucht auch Audi immer mehr, in die Mercedes-Marktanteile einzudringen und selbst in der Oberklasse Alternativen zu bieten. In den USA konnte der Audi 200 Turbo alias 5000 S – bei uns ein Mauerblümchen des Automarktes – einen sensationellen Verkaufserfolg feiern. Ein in Entwicklung befindlicher Audi-Achtzylinder wird ohne Zweifel auf dem amerikanischen Markt mit Preisvorteil auf die Mercedes-S-Klasse, im Inland aber auch auf den neu erschienenen 300 E angesetzt werden. Jaguar gelangte mit seinen ebenso antiquierten wie klassisch-schönen Sechs- und Zwölfzylinder-Limousinen in den siebziger Jahren zu einem wenig schmeichelhaften Ruf, der auf nachlässiger Verarbeitung und mangelhafter Zuverlässigkeit beruhte und das britische Unternehmen an den Rand des Ruins brachte. Ob inzwischen reorganisierte, an Daimler-Benz orientierte Produktionsweisen und Qualitätskontrollen die Mercedes-Verkaufszahlen im United Kingdom und in Amerika – in welchem Maße auch immer – gefährden können, ist zu bezweifeln. Erst der ständig aufgeschobene Fertigungsbeginn einer völligen Neukonstruktion könnte das Startsignal eines wirkungsvolleren Angriffs bedeuten.
Automobil-Typologien der vorliegenden Art erfordern ebensoviele Kontakte und kaum weniger Quellenarbeit als ausgeprägt historische Abhandlungen. Man denke nur an die unzähligen Detailänderungen im Rahmen der Modellpflege, an die im EG-Bereich unbekannten Übersee-Exporttypen oder an frühzeitig vorgestellte, dann aber mit großer Verspätung und dem entsprechenden Informationsdefizit in Serie gehende Varianten. Oder an Baukasten-Hybriden wie den 200 E, deren Verifizierung sich zwangsläufig kompliziert gestaltet, da ihre Existenz selbst weiten Bereichen des Hauses Daimler-Benz mangels Relevanz für den Inlandsmarkt unbekannt ist. Daher ist das Entstehen eines solchen Buches über das eigene Privatarchiv hinaus immer von einer Vielzahl treuer und geduldiger Fachleute und Insider, von engagierten Mitarbeitern der Fahrzeughersteller und ihrer Verkaufsorganisation und von der moralischen Aufrichtung und Rückenstärkung durch einen begeisterten Leserstamm oder Gleichgesinnte aus der »Stern-Hobby«-Szene abhängig. Ihnen allen gilt mein Dank, aber auch all den Firmen, Institutionen und privaten Fahrzeugbesitzern, die ihre Wagen nicht nur für Fototermine zur Verfügung stellten. Denn über Autos, die man nicht selbst unter möglichst verschiedenartigen Bedingungen gefahren hat, läßt sich nur sehr hypothetisch schreiben. Dazu gehört auch der praktische Vergleich mit Konkurrenzmodellen und der permanente Erfahrungsaustausch mit Werkstätten, Verkäufern und vor allem Fahrzeugeignern im Familien-, Club-, Freundes- und Kollegenkreis – weniger allerdings das unvermeidliche Auto-Latein am Stammtisch.
Am Zustandekommen dieses Buches waren dankenswerterweise in vorderster Reihe Frau Ruth Witzel und Thomas Hartmann von der Presseabteilung der Daimler-Benz A.G., Frau Sigrid-Anja Illmann von der Zentralredaktion der Mercedes-Benz-Hauszeitschriften und Frau Eva-Maria Francke-Neu vom Archiv der Daimler-Benz A.G. beteiligt. Wesentliche Hilfen leisteten auch Bodo Buschmann von der Firma Brabus autosport in Bottrop, Georg Bohlender von der AMG Motorenbau, Wolfgang Fröschner, Bonn, meine Freunde Paul Dauer, Chicago, und Rüdiger Kranz, Bayreuth, die Mercedes-Benz-Vertretung A. Th. Scheuerecker & Sohn in Bayreuth, Achim Butz von der Firma Christian Miesen in Bonn, Veit Rettner vom Bayerischen Roten Kreuz, Ortsverband Bayreuth, sowie Inhaber und Mitarbeiter der Firmen Carrosserie Caruna im schweizerischen Spreitenbach, Binz GmbH & Co. in Lorch/Wttbg., Lorinser Sport-Service in Waiblingen und Conrad Pollmann GmbH in Bremen. Schließlich und endlich, aber umso nachdrücklicher, möchte ich hier zwei Menschen meinen Dank bekunden, die mir einmal mehr ein hohes Maß an Verständnis und strapazierfähiger Geduld entgegenbrachten und unverdrossen Hilfestellungen jeglicher Art leisteten: Halwart Schrader, der die Endredaktion dieses Bandes innehatte, und meiner Frau Elfi, die nicht nur langfristig Ressorts des Ehemannes im täglichen Leben mitübernehmen mußte, sondern sich auch ständig mit Rat und Tat an der Entstehung dieses Bandes beteiligte.

Heribert Hofner

Die fünfte Nachkriegs-Generation der gehobenen Mercedes-Mittelklasse (W 123) wurde zum bisher tüchtigsten Verkaufsrenner aus Untertürkheim – sie vermochte den Stern auf hohen Positionen der Zulassungsstatistiken zu plazieren:

Mercedes-Benz Typenreihe W 123

Mit dem Produktionsbeginn der erfolgreichen »Strich-Acht«-Modellreihe im Jahre 1968 setzte unverzüglich die Entwicklung der Nachfolger ein. Das Lastenheft war in drei Hauptgruppen gegliedert: Verbesserte Sicherheit in allen Bereichen, erhöhter Komfort und erweiterte Servicefreundlichkeit. Die Außenabmessungen und Innenraummaße sollten in etwa denen der Baumusterfamilie W 114/115 entsprechen, wobei allerdings eine Vergrößerung der Kopffreiheit im gesamten Interieur Bedingung war. Stilistisch wurde eine gemäßigte Aktualisierung angestrebt. Triebwerkstechnisch waren nur Überarbeitungen vorgegeben. Dagegen sollte der Führung der Vorderräder erhöhte Aufmerksamkeit geschenkt werden. Mochten diese Zielvorstellungen bescheiden erscheinen – mit der »Neuen Generation« war eine Modellreihe auf dem Markt, die in jeglicher Hinsicht auf längere Zeit keiner tiefgreifenden Verbesserung bedurfte: Ein rundum geglücktes, klares Styling, eine Schräglenker-Hinterachse auf der Höhe ihrer Zeit und eine bewährte Triebwerkspalette, deren Abrundung sich bei den Sechszylindern und den Dieseln bald abzeichnete, waren Marksteine für die siebziger Jahre, die für den W 123 bereits auf der Aktivaseite standen.

Im Herbst 1973 befanden sich die ersten Erlkönige der Folgegeneration im Straßenversuch. Abgesehen von langwierigen, aber letztlich routinemäßigen Abstimmungsarbeiten am Fahrwerk – besonders an der neuen Vorderradaufhängung – war das Auto im Frühjahr 1974 so gut wie serienreif. Der Produktionsanlauf drängte aber in keiner Weise und hätte auch den bei Daimler-Benz üblichen Modellwechsel-Rhythmus von sieben bis acht Jahren gestört. Für eine Ablösung der Mittelklassewagen bestand auch keinerlei Notwendigkeit: Die »Strich-Acht«-Modelle verkauften sich trotz Energiekrise nach wie vor

bestens, bei den Dieseln der Reihe W 115 war gar eine stetig steigende Nachfrage zu verzeichnen.
Im Juli 1975 wurde eine 60 Einheiten umfassende Vorserie der Baureihe W 123 aufgelegt, um die Produktionseinrichtungen vorzubereiten. Am 28. Januar 1976 erfolgte die offizielle Vorstellung vor der Fachpresse – nicht unbedingt die automobile Sensation des Jahres, aber immerhin die Präsentation einer noch abgerundeter und harmonischer wirkenden Limousine, die das Zeug zum Erfolgsmodell hatte und dazu ausersehen war, die Führungsposition von Daimler-Benz in der gehobenen Mittelklasse weiter auszubauen. Für das Gros der Modellreihe begann die Serienfertigung im Februar 1976, Ausnahmen bildeten allein die Sechszylinder: Während sich die beiden 2,8-Liter bereits seit Dezember 1975 in Produktion befanden, lief der motorisch am weitestgehenden überarbeitete 250 erst ab April 1976 vom Band.
Der Aufbau der Typenfamilie W 123 entsprach im wesentlichen dem der Neuen Generation: Die Vierzylinder-Benziner 200 und 230 waren ebenso im Programm verblieben wie die Diesel 200 D, 220 D, 240 D und schließlich der 300 D – der Fünfzylinder hatte nun eine logischere Typenbezeichnung erhalten. Bei den Sechszylindermotoren hatte man eine Straffung der Palette vorgenommen: Während die Doppelnockenwellen-280er mit Vergaser und Einspritzung im wesentlichen unverändert übernommen worden waren, nahm der 250 nun die Stelle des alten 230.6 ein und war in puncto Image einen Halbtonschritt tiefer angesiedelt als sein Namensvetter der »Strich-Acht«-Reihe. Die W 123-Typen erwiesen sich innerhalb kürzester Zeit als Volltreffer. Sie harmonierten mit dem Publikumsgeschmack derart deckungsgleich, daß zunächst mehrjährige Lieferfristen unvermeidlich waren und Jahreswagen von Werksangehörigen über dem jeweiligen Neuwagen-Listenpreis gehandelt wurden.
In ihren Abmessungen hatten sich die Neuen nicht allzu weit von den Vorgängern entfernt. Der Radstand hatte um vier, die Wagenlänge um 4,5 Zentimeter zugenommen. Der Zuwachs in der Breite war mit 1,6 Zentimeter unerheblich, und die Wagenhöhe war praktisch gleichgeblieben. Dennoch sahen die neuen Mittelklassewagen weniger kompakt aus als ihre Vorgänger, sie wirkten wesentlich breiter und länger – eine Folge des geschickten, die Horizontale wiederum stärker betonenden Styling. Die Formgebung der neuen Limousinen verkörperte einerseits noch deutliche Reminiszenzen an die W 114/115-Typen, andererseits war eine formale Annäherung an die S-Klasse-Modelle des Baumusters W 116 unverkennbar, wenn auch die Keilform hier nur zart angedeutet in Erscheinung trat.
Die Frontalansicht der W 123-Modelle wirkte durch die waagrecht angeordneten Leuchteinheiten stark horizontal betont. Die Motorhaube konnte dadurch flacher gehalten werden als beim »Strich-Acht«, und die beim Vorgänger – bedingt durch die senkrecht stehenden Scheinwerfer – immerhin noch deutlich konturierten Vorderkotflügel waren flachen, in der Silhouette völlig bündigen Seitenteilen gewichen. Während die Leuchten der Spitzenmodelle 280 und 280 E Halogen-Rechteckscheinwerfer mit integrierten Nebellampen umfaßten und denen der größeren W 116-Modelle nachempfunden waren,

Gegenüberliegende Seite: So wurde die sprichwörtliche Korrosionsfestigkeit der 123er überprüft – im hochprozentigen Salzbad im Untertürkheimer Versuchsgelände.

Rechts: Ein 280 E auf dem »Skid Pad«, der Rutschplatte mit wechselnden Fahrbahnbelägen und 100 Meter Durchmesser.

erhielten die übrigen Typen Rundscheinwerfer. Zwei ungleich große Haupt- und Nebellampen waren unter einer gemeinsamen Glasverkleidung angebracht, die ein problemloses Sauberhalten durch die wahlweise erhältliche Wisch-Wasch-Anlage ermöglichte. Nachdem ohnehin ein beträchtlicher Anteil der schwächer motorisierten Wagen – sei es aus Prestigegründen, sei es wegen der besseren Fahrbahnausleuchtung – nachträglich mit den Rechteckscheinwerfern umgerüstet wurden, eliminierte man dieses Unterscheidungsmerkmal Anfang September 1982 und stattete alle Versionen mit den Breitbandleuchten aus. Die Scheinwerfereinstellung war bei allen Modellen zunächst manuell, ab Januar 1979 pneumatisch an die jeweilige Belastung des Fahrzeugs angepaßt. Bei allen Ausführungen waren große, um die Karosserieecken gezogene Blinker integrative Bestandteile der Scheinwerfer.

Die nach wie vor traditionell geformte Kühlermaske zeigte sich in ihren Konturen gegenüber der zweiten Auflage der »Strich-Acht«-Modelle unverändert, wies aber einen in der Tiefe zierlicheren Edelstahlrahmen auf. Der kippbare Stern saß nun nicht mehr auf einer Kühlerverschlußimitation, sondern – analog zur Baureihe W 116 – mit seinem Gelenkfuß direkt in einer Vertiefung der Maske. Das innere Kunststoffschutzgitter war nicht mehr großkariert, sondern bestand aus horizontal angeordneten Stäben. Die dreiteiligen Edelstahlstoßstangen besaßen kräftige Gummieinsätze. Bei der bis zum 250 aufsteigenden Modellinie wiesen sie an den Ecken schwarze Abdeckungen aus Integralschaum auf, während sie bei den Zweihundertachtzigern bis an die vorderen Radausschnitte herangeführt waren.

Die Motorhaube konnte beim W 123 zusätzlich zur üblichen Schrägstellung auch senkrecht arretiert werden. Damit wurde nicht nur die Kollision von Mechaniker- und Heimwerkerköpfen mit der Kühlermaske vermeidbar – auch die zeitraubende Demontage beim Aus- und Einbau des Motors entfiel, denn durch den Fortfall des Fahrschemels verließen Mercedes-Triebwerke nun auf herkömmliche Weise ihren Platz nach oben. Auch die Entriegelung der Motorhaube war vereinfacht worden: Nach Betätigen des Haubenzuges unter der Instrumententafel schob sich ein elastischer Zuggriff aus dem Kühlergrill, mit dem die Sicherungsklinke gelöst werden konnte. Die Windschutz-

Oben: W 123-Studie im Maßstab 1:5 und Rohbaumodell.

Rechts: Vorserienmuster des W 123-Karosserie-Vorbaus.

Unten: Schnittmodell des 280 E.

scheibe war noch um eine Idee stärker geneigt als beim Vorgänger, besaß aber in etwa die gleiche Fläche. Dagegen war das Wischerfeld beträchtlich vergrößert worden: Die gleichlaufenden Scheibenwischer, die die »Schmetterlings-Anordnung« beim W 114/115 ablösten, bestrichen ein Scheibensegment von 78 Prozent.
In der seitlichen Perspektive war eine stilistische Verwandtschaft zum »Strich-Acht« unverkennbar – in der Presse wurde gar die formale Ähnlichkeit mit dem Vorgängermodell kritisiert. In der Tat hatte noch keine Mercedes-Benz-Neuentwicklung nach dem Kriege bezüglich des Designs so viel Familienähnlichkeit bewahrt wie der W 123: Besonders die Dachpartie, aber auch die Proportionen der Fahrgastzelle ließen auf den ersten Blick eine Weiterverwendung der Preßformen des Vorgängermodells vermuten. Dennoch war kein Blechteil vom 114/115 übernommen worden! Ein unmerkliches Ansteigen der Gürtellinie zur C-Säule hin war neben der konvex verlaufenden Seitenzierleiste die einzige Konzession an die Keilform, die längst en vogue war. Der als Sicherheitszelle ausgebildete Aufbau war in seiner Belastungsstatik dem bereits als überdurchschnittlich formstabil geltenden Fahrgastraum des Vorgängers überlegen: Eine erhöhte Seitensteifigkeit und eine Verstärkung der Dachstruktur durch Querschnittsvergrößerung der tragenden Profile boten eine vorbildliche Überrollfestigkeit. Trotz zierlicherer Ausbildung waren die A-, B- und C-Säulen belastbarer konzipiert. Die verbesserte Seitendruckfestigkeit der Türen und ein zusätzlicher Querträger unterhalb der Vordersitze boten wirksamen Schutz bei Seitenaufprall. Bei den Türgriffen entfiel der Druckknopf – zum Öffnen war nun keine gegenläufige Handbewegung mehr nötig, sondern lediglich das Ziehen eines ergonomisch griffgerecht gestalteten Bügels analog zur S-Klasse. Die seitlichen Einstiegsleisten wiesen nun ein schmutzabweisendes Profil auf, bei dem die Türen die Schweller überlappten und so verhinderten, daß die Beine der Insassen beim Ein- oder Aussteigen mit angespritztem Straßenkot in Berührung kamen.
Die Heckgestaltung wurde von den deutlich verbreiterten Rückleuchten beherrscht, die schmutzunempfindliche, stark profilierte Deckgläser trugen. Die linke Leuchteinheit besaß serienmäßig ein Nebelschlußlicht. Über der ab Herbst 1976 endlich in Serie heizbar ausgeführten Heckscheibe leitete nun eine Regenrinne das Schmutzwasser ab. Die hinteren Stoßstangen waren bei allen Ausführungen weiter zu den Radausschnitten hingezogen als bei den Hauptmodellen der »Strich-Acht«-Reihe. Der gewiß nicht kleine Kofferraum jener Modellfamilie konnte beim W 123 großflächiger gestaltet werden und erhielt so nach der Anzahl der Gepäckstücke eine effektivere Ladekapazität, wenn auch das Gesamtvolumen (500 Liter) nur wenig zugenommen hatte. Grund für die verbesserte Raumeinteilung war das von der rechten Mulde nun waagrecht unter den Kofferraumboden versetzte Reserverad, dessen verschlechterte Zugänglichkeit man ohne weiteres mit der statistisch unerheblichen Wahrscheinlichkeit einer Reifenpanne entschuldigen konnte. Auch die Verlegung des Kraftstofftanks außerhalb des Heckaufprallbereichs über die Hinterachse trug dazu bei. Erfreulich – vor allem für einkaufende Hausfrauen – war die angenehm niedrige Ladekante.
Das äußere Erscheinungsbild der Hundertdreiundzwanziger wandelte sich im Laufe der Produktionszeit nur unwesentlich. Erst im September 1982 wurden einige von außen erkennbare Verbesserungen eingeführt: Das Profil der Schmutzabweisblenden an den A-Säulen wurde geändert, die Hecksäulenblenden wurden ebenfalls modifiziert, um die Windgeräusche zu vermindern. Weniger augenfällig, dafür um so wirksamer waren die mehrfach verbesserten Korrosionsschutzmaßnahmen. Bereits ab Spätherbst 1976 wurden alle Schweißnähte am Wagenkörper PVC-beschichtet. Ab Herbst 1978 wurden die Unterseiten der vorderen Radkästen durch verschraubte Plastikschalen gegen Steinschlag und Schmutzansammlungen geschützt. Im Zuge der Modellpflege unterzog man die teilweise verzinkten Karosseriebleche stetig erweiterten Rostschutzmaßnahmen. An der Bodengruppe kamen zuletzt acht verschiedene Vorsorgebehandlungen zum Einsatz, von der Tauchgrundierung bis zur Wachsbeschichtung. Die nachträgliche Hohlraumkonservierung oder saisonale Versiegelung des Unterbodens erübrigte sich für den W 123-Besitzer.
Die Änderungen, die den Innenraum der Hundertdreiundzwanziger im Vergleich zu ihren Vorgängern betrafen, waren markanter als das Restyling der Karosserie. Die Abmessungen der Sitze waren zwar im wesentlichen beibehalten worden, stärkere Wölbungen der Rückenlehnen verbesserten jedoch die Seitenführung. Ab September 1982 wurde durch entsprechende Kehlungen der Vordersitzlehnen die Beinfreiheit der Fondpassagiere vergrößert. Gleichzeitig erhielt die Rücksitzbank zwei ausgeprägte Sitzmulden, die für erhöhten Seitenhalt sorgten, ohne den fünften Fahrgast eine zu unkomfortable Sitzposition erleiden zu lassen. Bei den beiden Spitzenmodellen war der Fahrersitz mit einer Höhenverstellung ausgerüstet, die auch für die übrigen Typen zunächst wahlweise erhältlich war, ab 1977 aber zur Serienausstattung zählte. Nach wie vor wurde die Neigung der Rükkenlehnen mit Handrädern an den Ruhesitzbeschlägen eingestellt – nicht unbedingt die bequemste und praktischste Lösung, wenn man sie beispielsweise mit dem Schnellarretierhebel beim Volvo vergleicht. An den Vordersitzen waren serienmäßig Kopfstützen montiert, deren Konturen ab Herbst 1982 schlanker wurden, um den Sichtwinkel zur Heckscheibe zu vergrößern. Ab jenem Zeitpunkt wurden sie außerdem durch einen Aluminiumrahmen versteift. Für die Hinter-

bänkler waren Kopfstützen gegen Aufpreis lieferbar. Die in Grundausstattung in Stoff mit Kunstledereinfassung gelieferten Polster konnten gegen Mehrpreis in den üblichen gehobenen Abstufungen Vollkunstleder (MB-Tex), Leder und Velours bezogen werden. Im Herbst 1982 wurde ein Teil der sechs Ausstattungsfarben geändert. Bei Grundausführung waren nun auch die Seitenbacken der Sitze mit Stoff bezogen. Gleichzeitig wurden die Geflechtimitation und das bei 280 und 280 E verwendete Rhombenmuster von einem einheitlichen Streifendessin abgelöst.

Das Armaturenbrett der neuen Modellreihe war stark überarbeitet worden und entsprach in der räumlichen Aufteilung dem der S-Klasse W 116. Die Instrumentenkonsole im Blickfeld des Fahrers umfaßte ein Kombiinstrument mit Tankinhaltsanzeige, Kühlmittelthermometer und Öldruckmesser. Im September 1982 kam bei den Modellen mit Ottomotor als vierte Skala eine mehr dem Zeitgeist entsprechende als wirklich sinnvolle Wirtschaftlichkeitsanzeige hinzu, deren Zeiger sich in einem ungegliederten Feld bewegte. Der in der Mitte liegende große Tacho war bei den Vierzylinder-Dieseln bis 160 km/h, beim 300 D bis 180 km/h, bei den sohc-Benzinern bis 200 km/h und bei den beiden 2,8-Liter-Modellen bis 220 km/h kalibriert. Die rechts vom Tacho plazierte elektrische Zeituhr konnte vorerst nicht mehr durch einen Drehzahlmesser ersetzt werden – ein Tourenzähler war erst ab Herbst 1982 ausschließlich für die Benzinmodelle als Sonderausrüstung lieferbar. Die Ablesbarkeit der Instrumente war wiederum verbessert worden: Die konkaven Deckgläser der mattschwarzen Skalen waren so geneigt, daß selbst unter ungünstigen Lichtverhältnissen keine irritierenden Spiegelungen auftraten. Unterhalb der Instrumentenkonsole waren sämtliche durch beleuchtete Symbole markierte Kontrolleuchten angeordnet: Fernlicht, Ladekontrolle, Bremsbelag-Verschleißanzeige, Warnlicht für Feststellbremse und Bremsflüssigkeitsvorrat, bei den Dieseln der Glühüberwacher sowie die Fahrstufenanzeige bei Plazierung des Automatik-Wählhebels am Lenkrad.

Der von jeher sinnvoll bestückte und links unter dem Lenkrad griffgerecht positionierte Kombischalter war in seinen Funktionen verbessert worden. Blinkleuchten, Umschaltung Abblend-/Fernlicht und Lichthupe wurden wie bisher ausgelöst, dagegen setzte man die Scheibenwischer nun durch Drehen des Steuerkopfes in Gang. Diese radiale Regelung umfaßte drei Betriebsstufen: Intervallwischen, normale und erhöhte Wischergeschwindigkeit. Dadurch entfiel der zusätzliche kleine Kippschalter. Drücken des Schalterkopfes löste nun den elektrischen Scheibenwischer aus, der die anfällige Fußbetätigung der Pumpe ablöste. Nach dem Sprühvorgang wurden – vom Intervallrelais gesteuert – automatisch die Wischer in Bewegung gesetzt. Eine wesentliche Verbesserung verkörperte der neukonzipierte große Lichtschalter links an der Unterkante der Armaturentafel, der nun – im Gegensatz zur bisherigen, einige Fingergymnastik erfordernden Praxis – mühelos zu bedienen war und dem bei der S-Klasse seit 1972 verwendeten Bauteil entsprach. Mit der ersten Zugstufe wurden die Nebelscheinwerfer zugeschaltet, die zweite Zugraste betätigte die Nebelrückleuchte, deren Funktion durch die im Knebelgriff integrierte Kontrolleuchte überwacht werden konnte. Ab Herbst 1976 erinnerte ein Warnsummer an das Ausschalten der Scheinwerfer beim Abstellen des Motors.

Im Grunde unverändert blieb vorerst das Vierspeichen-Sicherheitslenkrad mit der breiten Polsterplatte, die an den Seiten Hupkontakte aufwies. Im Herbst 1979 wurde der Lenkraddurchmesser um einen Zentimeter reduziert. Die gesamte Armaturenanlage war in ihrer statischen Berechnung energieabsorbierend ausgeführt, PVC-beschichtet und im ganzen glattflächiger gestaltet als bei den Vorgängern. Das Handschuhfach war voluminöser geworden, zusätzlich standen nach wie vor – allerdings wesentlich stabiler konstituierte – Ablagetaschen in den Vordertüren zur Verfügung. Über die Breite der Armaturentafel lief ein Zierstreifen, der beim Gros der Typen aus Kunstleder in der Ausstattungsfarbe, bei den 2,8-Liter-Spitzenmodellen aus Zebrano-Furnier bestand. Ein bis zum Wagenboden reichender Knieschutz bewahrte an der Armaturenbrett-Unterkante vor Knieverletzungen im Kollisionsfall. Vor der Windschutzscheibe waren an den A-Säulen zwei Lautsprecheröffnungen vorgesehen, deren Abstrahlrichtung nach oben wies. Die beiden Sonnenblenden waren organisch in die geschäumte Verkleidung der Windschutzscheibenoberkante versenkt. Eine ebenso gelungene Lösung stellte der in einer Aussparung der Hutablage untergebrachte Verbandkasten dar. Die vorderen Dreipunkt-Automatik-Sicherheitsgurte waren in die Mittelsäulen integriert. Zum Modelljahr 1980 wurde auch die Rücksitzbank serienmäßig mit Gurten ausgerüstet. Drei Jahre später gab es auch für die Mittelklasse für knapp 1800 Mark Aufpreis den im Lenkrad integrierten Airbag mit beifahrerseitigem Gurtstrammer.

Die Mittelkonsole bot Raum zum Einbau eines Radiogeräts und Montagemöglichkeit für diverse Kippschalter. Ein voluminöser Kippascher fand dort ebenso seinen Platz wie die Regelelemente des Heizungs- und Belüftungssystems. Ab September 1982 war die Konsole beim Topmodell 280 E mit Zebranoholz furniert. Zu diesem Zeitpunkt gab es für alle Ausführungen neugestaltete, griffgünstigere Fensterkurbeln und ein Verzögerungsrelais für die Innenbeleuchtung, das dem Fahrer nachts die Suche des Zündschlosses erleichterte. Auf Wunsch war ein Stahlschiebedach mit mechanischer oder elektrischer Betätigung lieferbar. Ebenfalls gegen Aufpreis konnten die W 123-Typen mit einer Unterdruck-Zentralverriegelung der Türen und des Kofferraums aus-

Mit Ausnahme der beiden 2,8-Liter waren die 123er in der Heckperspektive voneinander nicht zu unterscheiden.

gerüstet werden, die vom Fahrertürschloß gesteuert wurde. Die hubraumstärkeren Diesel und Benziner mit Fünf- bzw. Sechszylindermotor konnten mit dem Tempomat geordert werden. Die Regelelektronik dieses Systems gewährleistete ein Konstanthalten jeder Geschwindigkeit über 40 km/h, die über den Vierweg-Stellhebel am Lenkrad fixiert worden war, ungeachtet der Fahrbahnbeschaffenheit und ohne Betätigen des Fahrpedals.

Wiederum war der Wirkung von Heizung und Belüftung ein hoher Grad an Aufmerksamkeit geschenkt worden. Wie bei Daimler-Benz üblich, waren Warm- und Frischluftzufuhr für Fahrer- und Beifahrerseite getrennt regulierbar. Die neuentwickelten Bedienungselemente umfaßten je einen Heizungsdrehschalter pro Wagenseite, den Luftmengenregler, der die Hauptluftklappe und das dreistufige, nunmehr wesentlich geräuschärmere Radialgebläse steuerte, und den Luftverteilungshebel. In der Mitte und an den Seiten der Armaturenanlage waren insgesamt vier Frischluftdüsen eingelassen, die jeweils getrennt geöffnet und geschlossen werden konnten. Die Dauerentlüftung des Innenraums erfolgte über einen Schlitz unter der Heckscheibe und Kanäle zu den verblendeten Austrittsöffnungen in den C-Säulen. Gegen Aufpreis war eine Klimaanlage kompakter Bauweise – bei der Wärmetauscher und Verdampfer ein gemeinsames Bauteil bildeten – lieferbar.

Die Fahrwerkskonzeption der Baureihe W 123 entsprach dem bewährten Mercedes-Standard: ringsum Einzelradaufhängung mit Schraubenfedern, sorgfältig abgestimmt. Bezüglich der Hinterachse, die erst 1968 bei den »Strich-Acht«-Modellen eingeführt worden war, bestand natürlich keinerlei Notwendigkeit einer Weiterentwicklung. Lediglich geringfügige Formänderungen des bumerangartigen Achsträgers und des Drehstabstabilisators waren aus Einbaugründen – die Verlegung des Benzintanks über die Hinterachse spielte dabei eine wesentliche Rolle – unabdingbar. Wegen der bei hohen Geschwindigkeiten und voller Beladung nicht immer tadelfreien Richtungsstabilität – beispielsweise zeigten sich die Wagen unter diesen Umständen erhöht seitenwindempfindlich – wurde die Hinterachsgeometrie im Juni 1977 neu abgestimmt!

Neues gab es bei der Vorderachse: Seit der Modellreihe W 114/115 hatte man zum zweiten Mal nacheinander eine weitgehende Fortentwicklung vollzogen. In Anlehnung an die Vorderradaufhängung der S-Klasse W 116 war der als »Fahrschemel« bezeichnete Vorderachsträger aufgegeben worden. Stattdessen waren alle Elemente mit elastischen Lagern direkt mit Rahmenbodenanlage und Aufbau verbunden. Dadurch konnte die Radführung präzise gehalten werden. Die geschmiedeten unteren Querlenker besaßen eine sehr breite Basis, stützten sich aber im Gegensatz zur S-Klasse ohne Querjoch direkt am Karosserievorbau ab. Die oberen Querlenker waren wie beim W 116 am Drehstabilisator, der wiederum an der Karosserie gelagert war, angelenkt. Neu für die Mercedes-Mittelklasse waren der progressive Bremsnickausgleich und der Lenkrollradius Null, bei dem sich die Radmittelachse und die gedachte Verbindungslinie der oberen und unteren Trag- und Führungsgelenke im Reifenaufstandspunkt schnitten. Geradeauslauf und Richtungsstabilität auch bei scharfem Bremsen konnten damit spürbar verbessert werden. Die Achsschenkel waren keinerlei Drehmomenten unterworfen, ein Korrigieren der Lenkung – etwa bei schlechter Fahrbahnbeschaffenheit – beschränkte sich auf einsame Extremfälle.

Die Kugelumlauflenkung der Type L 1 Z, die mit drei Lenkradumdrehungen von Anschlag zu Anschlag ausreichend direkt übersetzt war, wurde beibehalten. Die Modelle 280, 280 E und 300 D erhielten serienmäßig die bewährte Servolenkung LSE 090, die unbestritten zu den besten auf dem internationalen Automarkt gehörte und durch ihre progressive Wirkungsweise stets den nötigen Fahrbahnkontakt vermittelte. Ab September 1978 zählte die Servolenkung auch beim 250 zur Grundausstattung. Erst ab September 1982 wurde auch der Rest der Modellreihe grundsätzlich damit ausgeliefert. Die Baureihe W 123 erhielt eine neukonzipierte Sicherheitslenksäule: Das Mantelrohr war kürzer geworden, ein Wellrohr ersetzte die Teleskopanordnung. Dadurch war im Falle eines Frontalaufpralls nicht nur ein Zusammenschieben, sondern auch ein seitliches Ausknicken dieses Übertragungsteils möglich. Diese axiale und radiale Verschiebbarkeit eliminierte auch bei Schrägkollisionen ein Eindringen der Lenksäule in den Fahrgastraum. Dazu trug auch die Anordnung des Lenkgetriebes hinter der Vorderachse bei.

Erstmals wurde eine Mercedes-Mittelklassereihe von vorneherein serienmäßig mit Gürtelreifen bestückt, wobei allerdings nicht übersehen werden soll, daß sich die Fahrwerke in alter Tradition des Hauses als fabrikatempfindlich erwiesen. Bei Nachrüstung empfiehlt sich ein Studium der Freigabeliste des Werks und entsprechender Testveröffentlichungen in Fachzeitschriften. Wie schon bei den Vorgängermodellen bewährten sich die Michelin-Reifen der Typen zX bzw. XZX und XVS beim W 123 hervorragend – sowohl hinsichtlich Fahrkomfort und Schräglaufwinkel als auch bezüglich der Lebensdauer der Pneus. Einer alten Mercedes-Sitte folgend, waren auch die Hundertdreiundzwanziger so knapp wie nur möglich bereift: 175 R 14 für die aufsteigende Linie bis zum 250 und 195/70 HR 14 für die beiden 2,8-Liter stellten wenig großzügig bemessene Dimensionen dar. Als paradox mußte erscheinen, daß der 250 bis einschließlich Baujahr 1979 mit bis 180 km/h zugelassenen SR-Reifen bestückt wurde, die zwar gemäß Höchstgeschwindigkeitsangabe des Fahrzeugherstellers gesetzlich gerade noch vertretbar, de facto aber den erfahrungsgemäß bis über 185 km/h streuenden Spitzen nicht mehr ganz angemessen waren. Mit Erscheinen des annähernd gleichschnellen 230 E wurde auch der 250 mit höherklassigen HR-Reifen ausgerüstet, bis er ab Modelljahr 1982 dann schließlich die Serie-70-Pneus der Spitzenmodelle erhielt und damit endlich auf staturgerechten Sohlen stand. Gegen beträchtlichen Aufpreis gab es auch beim W 123 die formvollendeten, geschmiedeten Fuchs-Leichtmetallräder, die als Original-Daimler-Benz-Aluräder bekannt wurden.

Die Bremsen entsprachen im Prinzip der seit einem Jahrzehnt üblichen Bauart: Scheibenbremsen an allen vier Rädern, betätigt durch ein Zweikreissystem mit getrennten Druckölkreisen für Vorder- und Hinterachse. Aber auch hier waren Verbesserungen zu verzeichnen: Ein Stufen-Hauptbremszylinder verstärkte beim Ausfall eines Bremskreises die Bremswirkung des anderen. Die Bremsleitungen waren nun kunststoffbeschichtet, um die Außenkorrosion zu vermindern. Die Bremsbelag-Verschleißkontrolle machte eine regelmäßige Sichtprüfung der Bremsklötze überflüssig: Ein im Bremsbelag eingelassener elektrischer Kontakt schloß bei Erreichen der zulässigen Abnutzungsgrenze den Stromkreis zur entsprechenden Kontrolleuchte. Die vorderen Bremszangen der Vierzylindermodelle waren nun an die der Sechszylinder angeglichen und verfügten über einen Kolbendurchmesser von 60 Millimeter. Dadurch konnten auch die vorderen Klötze vergrößert und im Verschleißvolumen um 35 Prozent erweitert werden. Die Feststellbremse wurde – wie bereits bei der »Strich-Acht«-Reihe – auf nicht unumstrittene Weise mit dem Fuß betätigt und per Hand gelöst. Allerdings hatte das Übersetzungsverhältnis des Feststellpedals eine Erweiterung zugunsten einer um 30 Prozent größeren Bremswirkung bei gleicher Pedalkraft erfahren. Der Entriegelungsknopf am Armaturenbrett löste die Arretierung aus Gründen der Aufprallsicherheit nicht mehr über eine starre Zugstange, sondern mit einer Kette.

Zum Modelljahr 1981 konnten auch die Modelle der Mittelklassereihe gegen den stolzen Mehrpreis von 2712 Mark mit dem Antiblockiersystem ausgerüstet werden, das in Zusammenarbeit mit Bosch entwikkelt worden war. Aufgabe des ABS ist, den Stillstand der Räder während des Bremsvorganges zu verhindern, um das Fahrzeug kontrollierbar zu halten – rutschende Autos sind nicht lenkbar. Das ABS entstand aus dem Gedankengut des »Stotterbremsens«. An jedem Rad wird dabei durch einen Sensor die Drehzahl überwacht – sobald ein Blockieren einsetzt, wird die Bremse für Sekundenbruchteile gelöst, indem ein Computer den Druck im Bremssystem vermindert. Dieser Vorgang kann sich bis zu zehnmal pro Sekunde abspielen – das Fahrzeug bleibt beim Bremsen auch auf glattem Untergrund voll lenkbar, der Bremsweg wird beträchtlich verkürzt. Gewiß ist das ABS ein Beitrag zur Sicherheit im zunehmend verdichteten Straßenverkehr – kein Wunder, daß die Realisierung dieser komplexen Einrichtung fast zwanzig Jahre in Anspruch nahm und ihre Vollendung erst finden konnte, als das Elektronik-Zeitalter seinem Höhepunkt zustrebte.

Bezüglich der Kraftübertragung unterschieden sich die Familienangehörigen der Reihe W 123 nur unwesentlich voneinander. Basisausstattung war bei allen Modellen ein Viergang-Synchrongetriebe mit Mittelschaltung. Bei den beiden dohc-Spitzenmodellen war auch der Rückwärtsgang synchronisiert – die Zwangspause zwischen dem Auskuppeln und dem Einlegen des Reversiergangs konnte bei normaler Leerlaufdrehzahl entfallen. Bei diesen Typen waren auch die Zahnräder des zweiten bis vierten Gangs durch Präzisionsschleifen aufwendiger bearbeitet worden, um auch bei hohen Geschwindigkeiten noch mehr Laufruhe zu gewährleisten. Weiterhin legte man beim 280 und 280 E die Antriebsübersetzung länger aus als beim Rest der Baureihe, was ebenfalls der Senkung des Geräuschpegels diente. Auf Wunsch war natürlich für alle Hundertdreiundzwanziger die Viergangautomatik der Ausführung W 4 B 025 mit Drehmomentwandler lieferbar – Aufpreis zunächst rund 1600 Mark. Der Wählhebel befand sich dabei in der Regel auf der Mittelkonsole und war aus Sicherheitsgründen teleskopartig zusammenschiebbar konzipiert. Wahlweise war auch ohne Mehrkosten die Anordnung des Wählhebels an der Lenksäule möglich. Obwohl bei den »Strich-Acht«-Sechszylindern (W 114) fast über die gesamte Bauzeit hinweg ein Fünfganggetriebe erhältlich war, wurde dieses Extra für den W 123 zunächst nicht vorgesehen. Erst zum Modelljahr 1981 bot man für alle Modelle ein von Getrag in Ludwigsburg gefertigtes Fünfganggetriebe mit Overdrive-Charakteristik zum Mehrpreis von rund 1000 Mark an, das weniger auf den sportlichen als auf den energiebewußten Fahrer zielte – Bestandteil des Mercedes-Benz-Energiekonzepts.

Eine deutlich verbesserte Servicefreundlichkeit war der Baureihe W 123 ins Lastenheft geschrieben worden: Bei allen Motortypen wurde nun der Ölwechsel von oben möglich. Zum Absaugen dient dabei das modifizierte Führungsrohr des Peilstabs. Nach positiven Erfahrungen mit der Verschleißresistenz bei allen Modellen konnten ab 1979 die Wartungsintervalle verlängert werden – bei den Benzinern

Klassisches Mercedes-Meublement: Der Arbeitsplatz des Fahrers in einem W 123.

Modell	200 (W 123 V 20, Bm. 123.020)	230 (W 123 V 23, Bm. 123.023)	200 (W 123 V 20, Bm. 123.220)	230 E (W 123 E 23, Bm. 123.223)
Produktionszeit	Februar 1976 – August 1980	Februar 1976 – September 1981	August 1980 – November 1985	Juli 1980 – November 1985
Motor	Reihen-4-Zyl. M 115.938	Reihen-4-Zyl. M 115.954	Reihen-4-Zyl. M 102.920	Reihen-4-Zyl. M 102.980
Bohrung × Hub; Hubraum	87 × 83,6 mm; 1988 cm³	93,8 × 83,6 mm; 2307 cm³	89, 0 × 80,25 mm; 1997 cm³	95,5 × 80,25 mm; 2299 cm³
PS (kW) bei n/min	94 (69) bei 4800/min	109 (80) bei 4800/min	109 (80) bei 5200/min	136 (100) bei 5100/min
Verdichtung	9,0			
Ventile, Steuerung	1 obenliegende Nockenwelle (sohc)			
Gemischaufbereitung	1 Flachstromvergaser Stromberg 175 CDT			mechan. Benzineinspritzung Bosch KA-Jetronic
Batterie	12 V 44 Ah	12 V 55 Ah		
Kühlmittelmenge	9,5 Liter	9,7 Liter	8,5 Liter	
Getriebe	mechan. 4-Gang-Getriebe			
Lenkung	Kugelumlauflenkung		Kugelumlauflenkung, ab September 1982 servounterstützt	
Bremsen	2-Kreis-Vierrad-Scheibenbremsen			
Bereifung	175 SR 14		175 R 14 88 S	175 R 14 88 H
Radstand; Spur vorne/hinten	2795 mm; 1488/1446 mm			
Gesamtabmessungen	4725 × 1786 × 1438 mm			
Leergewicht (Basisausrüst.)	1340 kg	1350 kg	1340 kg	1360 kg
Tankinhalt	65 Liter			
Höchstgeschwindigkeit	160 km/h	170 km/h	168 km/h	180 km/h
Stückzahlen (bis 31. 12. 1985)	158 772	196 185	217 315	245 882

auf 20 000 Kilometer, bei den Dieseln auf 15 000 Kilometer. Ein zentraler PreKilometer. Ein zentraler Prüfanschluß, den alle Ottomotoren aufwiesen, erleichterte den Service erheblich. Mit diesem Mehrfachstecker, zwei Meßwertgebern an der Schwungscheibe (OT-Geber) und an der Kerze (Trigger-Impulsgeber) sowie einem Digital-Prüfgerät wurde der Arbeitsaufwand der Drehzahl-Schließwinkel- und Zündzeitpunktkontrolle auf ein Minimum reduziert, die Meßgenauigkeit deutlich gesteigert. Die Diesel und der Sechszylinder-Vergasermotor des 250 erhielten neuentwickelte Ferrolastic-Kopfdichtungen, die ein Nachziehen der Kopfschrauben beim ersten Wartungsdienst überflüssig machten. Ein einmaliges Nachjustieren nach dem Motorprobelauf im Werk genügte. Bei den Dieselmotoren kamen neue Ölfilter zum Einsatz: Während bislang nur das Nebenstromfilter ausgetauscht und das Hauptstromfilter gereinigt wurde, waren nunmehr beide Filter in einer gemeinsamen Patrone verbaut, die von oben her zu wechseln war. Auch das Kraftstoffilter war bei den Dieseln nun eine Wegwerfpatrone. Der Senkung der Betriebskosten kam ohne Zweifel auch der für alle Modelle neuentwickelten Auspuffanlage zugute, die im Vergleich zu den Vorgängertypen für die doppelte Lebensdauer konzipiert war. Die Enden der Auspuffrohre waren bei allen Modellen in einem Winkel von 30 Grad zur Fahrbahn geneigt, um die Verschmutzung des Hecks durch Abgasrückstände zu vermeiden.
Wie bei den »Strich-acht«-Modellen konnte die Fahrwerksabstimmung beim W 123 mit dem Attribut »ausgewogen« am besten charakterisiert werden. Das Bewältigen hoher Kurvengeschwindigkeiten erforderte keinen Künstler am Volant. Beim Erreichen des Grenzbereichs wurde eine kaum merkliche Neigung zum Untersteuern spürbar. Selbst in schnell gefahrenen Kurven war das Heck allenfalls bei sehr schlüpfriger Fahrbahn oder provozierter Lastwechselreaktion zum Ausbrechen zu bewegen. Der einmal mehr in hohem Maße geglückte Kompromiß zwischen optimaler Fahrsicherheit und hervorragendem Fahrkomfort – man ist in dieser Hinsicht von Mercedes-Benz-Produkten ja von jeher verwöhnt – ergab erstklassige Federungseigenschaften. Straßenunebenheiten jeglicher in der Alltagspraxis erscheinenden Form und Größe wurden erstaunlich gut weggesteckt – dabei erwies sich aber die Dämpfung als straff genug, um einem Nachschwingen des Aufbaus entgegenzuwirken. Dröhngeräusche waren ohnehin schon längst eliminiert, seit man die Fahrwerke gürtelreifengerecht konzipierte, und gegen Windgeräusche ging man im Windkanal vehement vor – im Laufe der Produktionsdauer waren hier Erfolge durch kleine aerodynamische Kniffe festzustellen.
Noch ein Wort zu den vieldiskutierten Mercedes-Wintereigenschaften: Wie die meisten seiner Kollegen mit Standardantrieb bot auch der W 123 von Haus aus nicht die besten Voraussetzungen für gute Traktion auf winterlicher Fahrbahn – besonders galt dies für die kopflastigeren Fünf- und Sechszylinder. Die relativ geringe Belastung der Antriebsräder bedingte eben die Montage von M&S-Reifen und Ballastzuladung im Kofferraum. Mit diesen Hilfsmitteln können auch die heckgetriebenen Untertürkheimer selbst bei glattem Untergrund ihr Potential an Fahrsicherheit ausspielen und zeigen sich dann auch mit Durchschnittsfahrern hinter dem Lenkrad traditionell gut wintertauglichen Fronttrieblern als quasi ebenbürtig.
Der problemlose Betrieb, die ausgereifte, für hohe Zuverlässigkeit bürgende Konstruktion und die – im Vergleich zu den Vorgängern – vorbildhafte Rostimmunität ließen die Baureihe W 123 zum Mercedes-Erfolgsmodell Nummer Eins werden. Von sämtlichen Limousinen-Varianten wurden 2,4 Millionen Einheiten abgesetzt – ein neuer Produktionsrekord. Im Jahre 1982 konnte sich diese Typenfamilie in der bundesdeutschen Zulassungsstatistik den zweiten Platz hinter dem Volkswagen Golf erobern. Auch im folgenden Jahr waren die Mittelklasse-Mercedes immerhin noch auf Rang drei plaziert.

Vierzylinder-Benzinmodelle 200, 230, 230 E

Zunächst verzichtete man auf Neuerungen hinsichtlich der Triebwerke, die ohne Zweifel als betagt anzusprechen waren. Verrichteten doch die Vierzylinder-Ottomotoren ihrem Basiskonzept nach schließlich seit mehr als zwei Jahrzehnten ihren Dienst. Im Mai 1955 hatte die Vierzylinder-ohc-Maschine als M 121 im 190 SL ihren Einstand gefeiert; drei Generationen weiter waren die – wie bei den Vorgängern 200/8 und 230.4 als M 115 bezeichneten – Motoren am Ende ihrer Laufbahn angelangt. Darauf deuteten auch die nur in bescheidenem Umfang vorgenommenen Verbesserungen hin: Ein fünfflügliger Lüfter an Stelle des Vierblattventilators erhöhte die Kühlwirkung und senkte den Geräuschpegel. Das Luftfilter wurde mit einer temperatur- und lastabhängig gesteuerten pneumatischen Warmluftregelung versehen, die im Vergleich zur bisherigen, allein über die Temperatur gesteuerten Vorrichtung das Warmlaufverhalten günstig beeinflußte. Eine neuentwickelte Auspuffanlage verringerte die Geräuschentwicklung durch die weitgehende Verwendung von Reflexionsdämpfern – allerdings auf Kosten von etwas Motorleistung: Für den Zweilitermotor wurde nun bei unveränderter Nenndrehzahl von 4800/min 94 PS (69 kW) statt 95 PS (70 kW) beim 200/8 angegeben. Auch der 230 hatte eine Pferdestärke verloren und gab jetzt 109 PS (80 kW) ab. Das Höchstdrehmoment wurde bei diesem Aggregat nun erst bei einer um 200 bis 500/min höheren Drehzahl erreicht, bewegte sich aber noch auf dem gewohnten Wert.

Die Gemischaufbereitung besorgte beim 200 wie beim 230 nach wie vor der vom 230.4 her bekannte Stromberg-Flachstromvergaser der Type 175 CDT mit einem 44er Lufttrichter. Gewisse Mängel dieses Gaswerks, die den Kaltstart und den Kaltlauf betrafen, wurden in der Anfangsphase der Serie W 123 ruchbar. Zudem forderte die antiquierte Triebwerksauslegung nach wie vor ihren Tribut: Der Verbrauch des 200 war auch bei nicht unbedingt forcierter Fahrweise kaum unter 13 l/100 km zu bringen und der 230 war mit erfahrungsgemäß 15 Litern bei Mischverkehr natürlich noch durstiger. Der unzeitgemäß hohe Verbrauch war nicht das einzige Symptom der Senilität des M 115: Die beiden Triebwerksvarianten konnten mittlerweile in puncto Durchzugskraft mit anderen Vertretern der gehobenen Mittelklasse nicht mehr mithalten. Hinsichtlich ihrer Laufkultur ließen sie inzwischen noch deutlicher zu wünschen übrig – Erzfeind BMW trat in der gleichen Preiskategorie mit seidenweich arbeitenden Sechszylindern an. Da die Käufergruppe der Mercedes-Vierzylinder-Benzinmodelle kaum als leistungsorientiert anzusprechen war, fiel das Kaltblüter-Temperament von 200 und 230 nicht ins Gewicht. Dennoch waren eine Höchstgeschwindigkeit von 160 km/h für einen Zweiliterwagen (der 230 war um zehn Stundenkilometer schneller) und Beschleunigungszeiten von 15 bzw. 14 Sekunden für die übliche Spanne Null bis 100 km/h nur als recht bescheiden anzusprechen. Daß eine Neukon-

Oben: Bis zum 250 besaßen die Stoßfänger der 123er Ecken aus Kunststoff.

Unten: Fußball-Bundestrainer Erich Ribbeck übernimmt im Beisein von DFB-Trainer Berti Vogts und dem altgedienten Tourenwagen-Piloten Hans Heyer einen gar nicht so biederen Mercedes 230 E.

Die neue Motorengeneration der 123er – hier der Zweiliter-Vergasermotor M 102 V 20 des 200.

Die 2,3-Liter-Einspritzmaschine M 102 E 23 des 230 E mit der mechanischen K-Jetronic.

zeption gerade der Vierzylinder-Ottomotoren bitter notwendig war, ließ sich nicht von der Hand weisen.

Die Ablösung erfolgte im Sommer 1980, als der 200 ein völlig neues Triebwerk erhielt und mit dem 230 E Ersatz für den 230 bereitstand. Wenn auch in geringen Stückzahlen – etwa 2000 Wagen –, wurde der Vergaser-230 für einige Exportländer mit niederverdichtetem Motor noch bis September 1981 weitergebaut und der 200/M 115 befand sich gar – zumindest theoretisch – als Normalbenzinversion mit 84 PS noch bis zum Herbst 1983 im Angebot, war aber kaum gefragt. Die neue Motorengeneration M 102 war auf Drehmomentstärke und Wirtschaftlichkeit hin konzipiert worden. Der Zweiliter und sein größerer Bruder waren natürlich wiederum eng miteinander verwandt – in den Zylinderabmessungen unterschieden sie sich durch die um 6,5 Millimeter abweichende Bohrung. Die 100 Millionen Mark teuere Entwicklung dieser Triebwerke hatte im Frühjahr 1975 begonnen, die W 123-Vorserie mit den neuen Vierzylindern war im Oktober 1979 aufgelegt worden. Im Juli 1980 rollte der erste Serien-230 E vom Band, einen Monat später startete die Produktion des neuen 200. Zwar hatte Entwicklungschef Professor Breitschwerdt – seit 1. Dezember 1983 Daimler-Benz-Vorstandsvorsitzender – von jeher eingeräumt, daß kleinere Sechszylinder um zwei Liter Hubraum mehr Laufruhe böten als vergleichbare Vierer, beim M 102 blieb man jedoch aus mehreren Gründen bei der gewohnten Auslegung: Zum einen spielten natürlich Kostenüberlegungen eine Rolle, andererseits kann einem Vierzylinder eher Sparsamkeit anerzogen werden als einem Sechszylinder gleichen Volumens, da durch die geringere Zahl bewegter Massen allein schon die Reibwerte niedriger liegen.

Der Graugußblock des M 102 war um 15 Grad nach rechts geneigt eingebaut – auf einen Leichtmetallblock hatte man aus Gründen der Kalkulation verzichtet. Die Kurbelwelle war fünffach gelagert, besaß aber nun acht statt vier Gegengewichte. Wesentlich deutlicher als die Vorgänger waren die neuen Motoren zum Kurzhuber hin ausgelegt. Die überquadratische Relation von Bohrung und Hub senkte die Kolbengeschwindigkeiten und erlaubte Drehfreudigkeit. Andererseits stellen vergrößerte Kolbendurchmesser ein probates Rezept zur Drehmomenterhöhung im unteren Drehzahlbereich dar. Der Leichtmetall-Zylinderkopf spiegelte klassischen Motorenbau wider: Die Ventile waren V-förmig angeordnet und wurden von der obenliegenden Nokkenwelle, die nur noch von einer Einfachrollenkette getrieben wurde, über Kipphebel betätigt. Durch die V-Stellung der Ventile im Winkel von 45 Grad ergaben sich halbkugelförmige Brennräume. Der Ventildeckel wurde aus Magnesiumguß gefertigt, die Ölwanne bestand aus Aluminium. Der Hauptunterschied beider Motorvarianten lag in der Gemischaufbereitung: Während der Zweiliter nach wie vor von einem Stromberg-Gleichdruckvergaser 175 CDT genährt wurde, bestand die Versorgung des 2,3-Liter in einer mechanischen Kraftstoffeinspritzung der Type K-Jetronic von Bosch. Dieses System arbeitete ohne motorabhängigen Antrieb und dosierte den Kraftstoff kontinuierlich, entsprechend den von einem linear arbeitenden Luftmengenmesser ermittelten Werten. Daß die optimale Gemischaufbereitung eine hervorragende Kraftstoffausnutzung gewährleistete, versteht sich. Im Prinzip war die K-Jetronic bereits beim 280 E bzw. SE zweiter Auflage

Dr. Kurt Obländer (links im Bild), »Daimler-Motorenvater«, und Dr. Bernd Gottschalk, Leiter der Öffentlichkeitsarbeit, erläutern dem baden-württembergischen Wirtschaftsminister Dr. Rudolf Eberle (rechts) einen US-Katalysator.

und bei den Achtzylindern verwendet worden. Die Abstimmung auf den Vierzylinder erwies sich als geglückt, wenn man von anfänglichen Problemen mit fehlerhaften Warmlaufreglern absieht, die sich in erhöhtem Verbrauch äußerten. Ab September 1981 verbesserte die serienmäßig eingebaute Schubabschaltung die Wirtschaftlichkeit des 230 E-Motors weiter. Sie regelte die Kraftstoffzufuhr beim Gaswegnehmen ab und verminderte den Benzinverbrauch um durchschnittlich einen halben Liter. Auf langen Gefällstrecken oder auf tempobegrenzten Autobahnabschnitten näherte sich der Kraftstoffkonsum zuweilen gar dem Wert Null – erst unterhalb 1200/min setzte die Spritzufuhr wieder sanft ein, um ein Motorruckeln zu vermeiden.

Wie schon beim 1972 erschienenen dohc-Sechszylinder M 110 waren Ansaug- und Abgaswege beim M 102 im Crossflow-Prinzip angeordnet. Diese Querstrom-Gasführung wurde durch Quetschflächen in den Brennräumen, die eine Querverwirbelung des Kraftstoff-Luft-Gemisches bewirkten, auf wirkungsvolle Weise ergänzt. Beide Motorvarianten waren mit einer nahezu unbegrenzt wartungsfreien, kontaktlos gesteuerten Transistorzündung ausgerüstet, bei der ein Impulsgeber die Unterbrecherkontakte ersetzte. Ein thermostatisch geregelter Kühlluftventilator kam dem Wärmehaushalt und dem Leistungserhalt zugute. Der immens verbesserten Laufkultur dienten erleichterte Kolben, eine vergrößerte Schwungscheibe und ein neukonzipierter Schwingungsdämpfer. Der vibrationsarmen Laufcharakteristik kam nicht zuletzt auch der um mehr als drei Millimeter verkürzte Hub zugute. Zwar waren die neuen Motoren um rund sechs Prozent leichter als ihre Vorgänger – als Federgewichte in ihrer Hubraumklasse waren sie aber längst noch nicht einzustufen. Der Einspritzer wog beispielsweise komplett ausgerüstet 163 Kilogramm.

Das Verdichtungsverhältnis von 9:1 hatte sich gegenüber dem M 115 nicht geändert. Die Leistungssteigerung der neuen Vierzylinder resultierte in erster Linie aus der besseren Füllung und der optimierten Gasführung. Der Zweiliter-Vergasermotor gab 109 PS (80 kW) ab – soviel wie die alte 2,3-Liter-Vergasermaschine, allerdings bei einer um 400/min höheren Nenndrehzahl. Ebenso bemerkenswert war das bei unveränderter Tourenzahl auf 170 Nm gesteigerte maximale Drehmoment. Der Einspritzer leistete 136 PS (100 kW) bei 5100/min. Bei diesem Triebwerk war eine noch frappierendere Drehmomentsteigerung festzustellen: bei 3500/min stellten sich 205 Nm ein. Aus diesen Zahlen wird freilich die Durchzugskraft der neuen Motoren im unteren Drehzahlbereich nicht sofort deutlich – ein nicht zu unterschätzendes Plus gegenüber den trägen Vorgängern. Der 230 E ließ sich problemlos und ruckfrei aus 50 km/h im vierten Gang beschleunigen – kein Wunder, denn die flache Drehmomentkurve wies bei 2000/min bereits einen Wert von 190 Nm aus.

Auf der Internationalen Automobil-Ausstellung 1981 wurde eine Ausführung des 200 für Autogasbetrieb vorgestellt, die – stillschweigend und ohne Pressemitteilungen – im September 1982 zur Auslieferung bereitstand. Äußerlich war diese Version an der zweiten Tankklappe am rechten Hinterkotflügel erkenntlich. Wahlweise konnte der Motor mit dem Flüssiggas LPG – einem Butan-Propan-Gemisch – oder herkömmlich mit Superbenzin versorgt werden, wobei der Flüssiggaseinsatz den Vorteil der nahezu rückstandsfreien Verbrennung und schadstoffarmer Abgase bot. Der Gas-Druckbehälter faßte 72 Liter, war mit einer Füllstop-Einrichtung, die das Übertanken verhinderte, ausgerüstet und schränkte das Kofferraumvolumen um 30 Prozent ein. Der konventionelle Treibstofftank des Autogas-200 war in der Form geändert worden und faßte nur noch 56 statt 65 Liter. Dennoch vergrößerte sich der Aktionsradius dieser Sonderausführung natürlich beträchtlich. Am Motor waren keine tiefgreifenden Änderungen vonnöten – die zusätzlichen Aufbereitungsaggregate bestanden in einem zweistufigen Verdampfer mit Wärmetauscher, einer Mischbatterie am Vergaser und einem Umstellventil mit Kraftstoffwählschalter am Armaturenbrett. Federn, Stoßdämpfer, Räder und Reifen (195/70 SR 14) waren dem um 100 Kilogramm erhöhten Wagengewicht angepaßt. Bei Gasbetrieb verminderte sich die Motorleistung durch die Füllungsverluste um zehn Prozent auf 98 PS, die Beschleunigung wurde gegenüber der Serienausführung naturgemäß träger. Wegen des geringeren Energiewertes von LPG war dabei mit einem um 15 Prozent erhöhten Verbrauch zu rechnen. Die kaum gefragte Gasvariante des 200 war um rund 2500 Mark teuerer als der Serien-200.

Der serienmäßige 200 mit neuem Motor erreichte eine Spitzengeschwindigkeit von knapp 170 km/h und beschleunigte in 14,4 Sekunden (mit Automatikgetriebe in rund 16 Sekunden) von Null auf 100 km/h. Wesentlich temperamentvoller gab sich der 230 E: Seine vom Werk angegebene Spitze (180 km/h) und Beschleunigung (0–100 km/h in 11,5 Sekunden) wurden in unabhängigen Tests regelmäßig übertroffen. *auto motor und sport* ermittelte eine Normbeschleunigung von 10,9 Sekunden und eine Höchstgeschwindigkeit von 183 km/h. Im Verbrauch schlug der 230 E nicht nur seine Vorgänger und manche Klassenkonkurrenten, sondern auch seinen schwächeren Bruder. Die Schweizer *Automobil Revue* veröffentlichte einen Test-Gesamtverbrauch von 11,9 l/100 km, während der 200 (allerdings in Automatik-Version) im Schnitt 12,4 Liter konsumiert hatte. Dabei ist in Betracht zu ziehen, daß die Serie W 123 – vor allem im Vergleich zu den Rivalen Audi 100 5E oder gar Citroën CX – mit einem Luftwiderstandsbeiwert c_w = 0,44 aerodynamisch erheblich ungünstiger lag und mit rund 1,4 Tonnen ein ansehnliches Leergewicht auf die Waage brachte.

Gleichzeitig mit dem Ersatz der Triebwerke waren die Getriebe grundlegend verbessert worden. Eine Reduzierung der Synchronisierkräfte um 40 Prozent, kürzere Schaltwege und ein um zwei Zentimeter coupierter, sportiver Schalthebel ergaben eine noch leichtere und exaktere Schaltbarkeit. Wie bei den Getrieben der 2,8-Liter-Sechszylinder waren nun die Zahnflanken speziell bearbeitet, um besondere Laufruhe zu gewährleisten, und der Rückwärtsgang ebenfalls synchronisiert. Bei den Vierzylinder-Benzinmodellen beider Generationen waren die Gelenkwellen – anders als bei den Dieseln und Sechszylindern – drei- statt zweiteilig ausgeführt, um auch hier Vibrationsfreiheit zu erzielen. Trotz längerer Antriebsübersetzungen, die aufgrund des satten Drehmomentverlaufs keine Temperamenteinbußen befürchten lassen mußten, tourten die neuen Motoren im Bereich der Höchstgeschwindigkeit weit über ihren Nenndrehzahlen. Dabei ging das gedämpfte Summen der Triebwerke bei hohen Autobahngeschwindigkeiten in ein sonores Brummen über, das auf die Dauer nicht unbedingt angenehm wirkte. Beim 200 war der Achsantrieb nun im Verhältnis 3,69:1 statt 3,92:1 übersetzt, beim 2,3-Liter war die Verlängerung mit 3,58:1 statt 3,69:1 weniger ausgeprägt. Ein Fünfganggetriebe mit extrem langem Fünften erschien unumgänglich und war ab Ende 1980 als Extra lieferbar, dessen Verkaufsanteil trotz eines Auf-

Röntgenzeichnung des W 123. Ein Evergreen, seit 1976 im Daimler-Benz-Programm.

Modell	250 (W 123 V 25, Bm. 123.026) (250 lang, Bm. 123.028)	280 (W 123 V 28, Bm. 123.030)	280 E (W 123 E 28, Bm. 123.033)
Produktionszeit	April 1976 – Dezember 1985 (Langversion ab August 1977)	Dezember 1975 – Juli 1981	Dezember 1975 – Dezember 1985
Motor	Reihen-6-Zyl. M 123.920; ab Sept. 1979: M 123.921	Reihen-6-Zyl. M 110.923	Reihen-6-Zyl. M 110.984; ab März 1978: M 110.988
Bohrung × Hub; Hubraum	86 × 72,5 mm; 2525 cm³	86 × 78,8 mm; 2746 cm³	
PS (kW) bei n/min	129 (95) bei 5500/min; ab Sept. 1979: 140 (103) bei 5500/min	156 (115) bei 5500/min	177 (130) bei 6000/min; ab März 1978: 185 (136) bei 5800/min
Verdichtung	8,7; ab Sept. 1979: 9,0; ab Jan. 84: 9,4	8,7	8,7; ab März 1978: 9,0
Ventile, Steuerung	1 obenliegende Nockenwelle (sohc)	2 obenliegende Nockenwellen (dohc)	
Gemischaufbereitung	1 Doppelregistervergaser Solex 4 A 1		mechanische Benzineinspritzung Bosch KA-Jetronic
Batterie	12 V 55 Ah		
Kühlmittelmenge	10 Liter	10,3 Liter	
Getriebe	mechanisches 4-Gang-Getriebe		
Lenkung	Kugelumlauflenkung; ab September 1978 servounterstützt	Kugelumlauf-Servolenkung	
Bremsen	2-Kreis-Vierrad-Scheibenbremsen		
Bereifung	175 SR 14, ab Dez. 1979: 175 HR 14, ab Dez. 1981: 195/70 R 14 89 H (250 lang 185 HR 15 oder 185 R 15 93 H)	195/70 HR 14 oder 195/70 R 14 89 H	
Radstand; Spur vorne/hinten	2795 mm; 1488/1446 mm (250 lang: 3425 mm; 1477/1430 mm)	2795 mm; 1488/1446 mm	
Gesamtabmessungen	4725 × 1786 × 1438 mm (250 lang; 5355 × 1786 × 1480)	4725 × 1786 × 1438 mm	
Leergewicht (Basisausrüst.)	1360 kg (250 lang 1570 kg)	1455 kg	1460 kg
Tankinhalt	65 Liter, ab Juli 1981: 80 Liter	80 Liter	
Höchstgeschwindigkeit	180 km/h; ab Sept. 1979: 185 km/h	190 km/h	200 km/h; ab März 1978: 205 km/h
Stückzahlen (bis 31. 12. 1985)	122 864	33 206	126 375

Katalysator der zweiten Generation für den 230 E im Rahmen eines Modellversuchs.

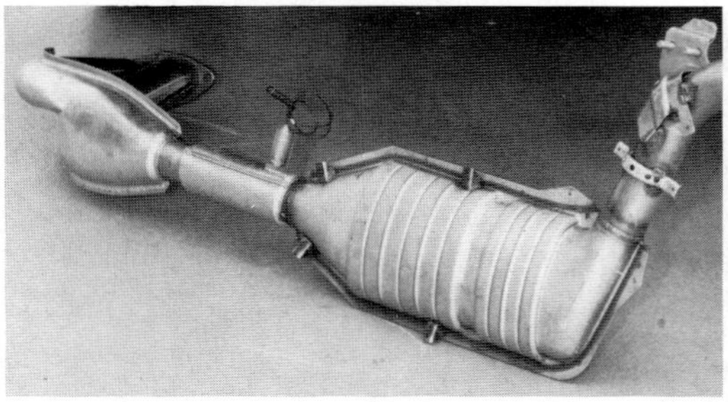

Ganz rechts: Bis Herbst 1982 waren die Rundscheinwerfer das Hauptmerkmal des 123.

preises von einem runden Tausender schnell auf 20 Prozent stieg. Dabei wich das fünfstufige Getrag-Getriebe aber vom gewohnten Mercedes-Benz-Klischee der Schaltpräzision erheblich ab...

Der Maschinenwechsel schlug sich natürlich auch pekuniär nieder: Der 200 kostete 690 Mark mehr als sein Vorgänger, der Einspritzer war 2125 Mark teuerer als der Vergaser-230. Die Listenpreise beliefen sich zunächst auf 22555 bzw. 25222 Mark. Bereits die erste Mercedes-Vierzylinder-Benzinergeneration hatte es auf bemerkenswerte Stückzahlen gebracht: Vom 200 erster Ausführung wurden in viereinhalb Jahren 158772 Exemplare gebaut, vom 230 in fünfeinhalb Jahren 196185 Einheiten. Den Nachfolgern stand das Prädikat des Erfolgsmodells jedoch in weitaus höherem Maße zu. Bis zur Einstellung der Fertigung im November 1985 hatten 217315 Wagen des 200 zweiter Auflage und 245882 230 E die Sindelfinger Hallen verlassen. Gerade der 230 E vermochte sich gegen seine Hauptkonkurrenten auf dem deutschen Markt, den BMW 525, einen Sechszylinder mit brillanten Laufeigenschaften, und gegen den Audi 100 5E, einen Fünfzylinder mit Frontantrieb, durchzusetzen, obwohl der Audi vom Preis und von den Fahrleistungen her leicht im Vorteil war. Im Verbrauch zeigte sich der 230 E dem BMW haushoch und auch dem Audi überlegen, im Fahrkomfort und in der Verarbeitungsqualität schlug er beide. Die letzte deutsche Preisnotierung für die kleinen Benzinmodelle der Baureihe W 123 vor dem Produktionsende der Limousine lautete auf 28329 Mark für den 200 und auf 31749 Mark für den 230 E. Damit stellten sie 1984 trotz ihrer mittlerweile etwas angestaubten Karosserie eine überlegenswerte Alternative zur nur wenig preisgünstigeren Kompaktklasse 190/190 E dar, hatten aber gerade gegen diese in jeder Hinsicht auf der Höhe ihrer Zeit befindlichen Rivalen aus eigenem Hause Federn lassen müssen: 1983 waren sie vom kleinen W 201 sowohl nach den Produktionsziffern als auch nach der inländischen Zulassungsstatistik geschlagen worden und hatten Stückzahlverluste von mehr als 20 Prozent erlitten.

Daran war wohl auch das zweifelhafte Flair des Auslaufmodells mit schuld – alle Welt harrte des W 124. Schließlich befand sich auch VAG mit dem Audi 100 durch einen Modellwechsel im Herbst 1982 auf dem Weg nach oben und betätigte sich erfolgreich im Felde potentieller, progressiv eingestellter Mercedes-Interessenten. Als dann im Januar 1985 die Nachfolgegeneration W 124 nicht nur eine überaus heile Autowelt, sondern beinahe eine Revolution verkörperte, war die Situation für Daimler-Benz über Nacht wieder zurechtgerückt. Die Hundertdreiundzwanziger waren trotz ihrer mannigfaltigen Qualitäten hierzulande ebenso schnell vergessen. Der »alte« 230 E blieb aber zumindest theoretisch im deutschen Lieferprogramm – wenn auch nur als teilkarossiertes Fahrgestell für Sonderaufbauten wie Ambulanzen oder Bestattungswagen. Anders auf manchen Exportmärkten: Da eine rechtsgelenkte Version des W 124 nicht sofort zur Verfügung stand, konnten Großbritannien und Australien erst ab Oktober 1985 mit dem neuen Modell beliefert werden. Für diese Länder – beides übrigens Märkte mit deutlich aufstrebender Tendenz für Daimler-Benz-Produkte – blieb der W 123 mit seinen wichtigsten Typen, vor allem aber dem 230 E, noch fast ein Jahr in der Verkaufspalette. Noch im Sommer 1985 schloß Daimler-Benz mit der Volksrepublik China einen Vertrag zur Lieferung von eintausend 200 und 230 E der Auslaufreihe, die zur Montage im »Automobilwerk Nummer Eins« im mandschurischen Changchun vorgesehen waren. Nach einer gut zehnjährigen Bauperiode der Modellreihe W 123 kommt einem das Kipling-Zitat *»Old soldiers never die – they just fade away«* in den Sinn.

Sechszylinder-Benzinmodelle 250, 280, 280 E

Die drei Sechszylinder an der Spitze der Modellreihe W 123 waren bezüglich ihrer Technik näher miteinander verwandt als zu Zeiten der Vorgängerfamilie und wiesen mehr Gemeinsamkeiten auf, als dies der abgekoppelte Status des 2,5-Liter erahnen ließ. Der Motor des 250, durch den sich dieser vor allem von seinen geringeren Brüdern unterschied, wurde von Daimler-Benz als Neuentwicklung bezeichnet. Näher an der Realität liegt aber wohl die Behauptung, daß die neue Maschine mit dem Code M 123 ein Konglomerat aus dem altehrwürdigen M 180 des Vorgängers 230.6 und dem Zweinockenwellen-Sechszylinder M 110 der Modelle 280 und 280 E darstellte. Mit dem 2,5-Liter M 130 des 250/8 erster Serie bestand dagegen trotz gleicher Ziffern auf dem Heckdeckel nur eine sehr weitläufige Verwandtschaft. Der Motorblock entsprach dem des 280 bzw. 280 E und wies die gleiche Bohrung und die gleichen Zylinderabstände auf. Durch Verbesserungen im Gießverfahren konnte mit dünneren Wandstärken gearbeitet und der paarweise Guß aufgegeben werden. So vermochte man nicht nur Gewicht zu sparen, sondern auch die 250er Blöcke auf der gleichen Transferstraße wie die 2,8-Liter zu fertigen. Die Kühlung der thermisch am stärksten beanspruchten Stellen erfolgte durch Einschnitte an den Zylinderoberkanten. Der Hubraum lag – steuerlich ungünstig – mit 2525 Kubikzentimeter über der 2,5-Liter-Grenze.

Der Kurbeltrieb des 250 erinnerte an den alten M 180 des 230.6: Statt der siebenfachen Lagerung der ehemaligen Mittelklasse-Sechszylinder M 114 oder M 130 gab es nur mehr vier Kurbelwellenlager. Werksseitig wurde dieser scheinbare Rückschritt mit einer Verminderung der Reibleistung begründet, die sich »günstig auf den Kraftstoffverbrauch« auswirkte. Daß diesbezüglich keine großen Erfolge erzielt wurden, ist hinlänglich bekannt. Freilich erwiesen sich jegliche Ängste um zeitgemäße Sechszylinder-Laufruhe – etwa nach Münchener Vorbild – als weitgehend gegenstandslos: Das Schwingungsverhalten der Kurbelwelle war mit neun statt drei Gegengewichten deutlich verbessert worden. In der Tat stellte der M 123 bis in den hohen Drehzahlbereich hinein vorbildliche Laufruhe unter Beweis.
Der ohc-Zylinderkopf und die Ventilsteuerung entsprachen ebenfalls der beim 230.6 verwendeten Ausführung. Allerdings wurde hier die Nockenwelle von einer Einfachrollenkette statt der gewohnten Duplexkette angetrieben – Vorbote einer technischen Strömung, die bei den Mercedes-Benzinmotoren der achtziger Jahre gang und gäbe werden sollte. Dem Zahnriemen verschloß man sich in Untertürkheim nach wie vor aus guten Gründen. Die Gemischaufbereitung des 250er Motors besorgte der bereits vom 280/8 her bekannte Solex-Doppelregistervergaser der Type 4 A 1, dessen erste Stufe nach dem herkömmlichen Festdüsenprinzip mit konstantem Lufttrichter- und Düsenquerschnitt arbeitete, dessen zweite Stufe aber in ihrer Wirkungsweise auf

dem vom Stromberg- und vom SU-Vergaser her geläufigen konstanten Unterdruck beruhte. Der Solex 4 A 1 wurde über den gesamten Teil- und Vollastbereich als gemischoptimiert und somit als sparsam charakterisiert – eine Beschreibung, die wahrlich nicht mit dem mäßigen Ruf dieses Vergasers in Einklang zu bringen war. Erfahrungsgemäß litt der 250 unter Übergangsschwächen bei Beschleunigung und Lastwechsel, unter Warmstartschwierigkeiten und unnötig hohem Verbrauch durch Gemischüberfettung. Der 250 besaß die gleiche Wasserpumpe wie die dohc-Motoren. Der neue Kunststofflüfter war mit einer magnetischen Hysteresiskupplung ausgerüstet, die den Ventilator bis zu einer Motordrehzahl von 2000/min starr mitlaufen ließ, bei steigender Tourenzahl die Lüfterdrehzahl aber konstant hielt, um Geräuschniveau und Leistungsverluste zu senken.

Der M 123 des 250 leistete zunächst 129 PS (95 kW) bei 5500/min – eine angesichts des Hubraums recht bescheidene Ausbeute, die einer spezifischen Leistung von 51 PS/Liter entsprach und bei dieser geringen Belastung erhöhte Lebensdauer und Zuverlässigkeit garantierte. Das Verdichtungsverhältnis von 8,7: 1 glich dem des alten 2,8-Liter M 130 aus dem 250/8. Das maximale Drehmoment wurde mit 196 Newtonmeter bei 3500/min angegeben – ein Wert, der auf satte Durchzugskraft schließen ließ, aber vom neuen Vierzylinder-Einspritzer 230 E deutlich übertroffen wurde. Um zu diesem in der Typenskala eine Stufe niedriger angesiedelten Modell, das sich damals bereits im Vorserienstadium befand, den Leistungsabstand einigermaßen zu erhalten, erfolgte im September 1979 für den 250 eine Leistungserhöhung: Durch Anheben der Verdichtung auf 9,0:1 stellten sich nun bei 5500/min 140 PS (103 kW) ein, und das Höchstdrehmoment stieg geringfügig auf 200 Newtonmeter bei unveränderter Nenndrehzahl.

Nach Herstellerangabe sollte der 250 mit 129 PS 180 km/h erreichen und in 11,5 Sekunden von Null auf 100 km/h beschleunigen. Da jedoch die meisten Motoren leistungsmäßig eher nach oben streuten, wie selbst Motoren-Entwicklungschef Dr. Obländer einräumte, waren 185 km/h und 10,5 Sekunden realistischere Werte, wie Tests erwiesen. Die 140-PS-Version war nur wenig schneller und lief laut einem Prüfungsbericht 187 km/h. Weniger glanzvoll bewährte sich der 250 hinsichtlich seines Kraftstoff-Appetits, der geradezu als zügellos bezeichnet werden konnte: Der nach der alten DIN-Norm 70030 angegebene Konsum von 11,8 l/100 km war auch unter günstigen Umständen nur schwer zu erzielen. Als praxisnäher mußten 16 bis 17 Liter gelten. Daß dieser Durst bei der Verwendung des 65-Liter-Tanks den Aktionsbereich des 250 stark einschränken mußte – 400 Kilometer bis zum Nachtanken waren nicht mehr zeitgemäß –, entschloß man sich endlich im Sommer 1981 nach hartnäckig geäußerter Kritik, den 80-Liter-Tank des 280 bzw. 280 E einzubauen.

Die schärfste Konkurrenz für den 250 kam aus dem eigenen Programm: Der 230 E brachte im Grunde die gleichen Fahrleistungen, glänzte mit verhältnismäßig niedrigen Betriebskosten, gab sich noch durchzugskräftiger, ließ hinsichtlich seiner Laufkultur die fehlenden

Links: Der wenig populäre Vergaser-280.

Unten: Bis Herbst 1982 blieben die Rechteckscheinwerfer den 280ern vorbehalten.

Rechts: Das gar nicht so profihafte Cockpit des Werks-Rallye-Mercedes 280 E.

zwei Zylinder kaum vermissen – und war um durchschnittlich 1400 Mark billiger. Diese Qualitäten engten natürlich die Verkaufschancen des 250, der ohnehin niemals ein Hit war, noch weiter ein: Mit dem Erscheinen des 230 E erlitt die Produktion des 250 Einbußen von über 70 Prozent! Belief sich die jährliche Fertigungsrate des 250 bis 1980 noch auf durchschnittlich 23 000 Einheiten, so fiel diese Ziffer nach dem Debüt des 230 E schnell auf weniger als 7000 ab. Insgesamt waren bis zum Produktionsauslauf im Dezember 1985 122 864 Exemplare des am Ende seiner Karriere 32 319 Mark teueren Zweihundertfünfziger hergestellt worden.

Wie schon bei der Vorgängerreihe gab es auch beim W 123 wieder eine deutlich gestreckte Langversion, die im August 1977 auf den Markt kam – neben zwei Dieseln auch einen 250-Achtsitzer. Bei dieser Großraumlimousine war der Radstand um 63 Zentimeter verlängert worden. Die Gesamtlänge nahm um den gleichen Wert und die Wagenhöhe um vier Zentimeter zu. Die Spurweiten waren wegen der Verwendung von Felgen mit geringerer Einpreßtiefe etwas schmaler als beim Normal-250. Das Leergewicht hatte um 210 Kilogramm zugenommen, das Temperament fiel dementsprechend ab: Der 250 lang lief auch mit dem 140-PS-Motor kaum mehr als 160 km/h. Die Langversion war mit Reifen der Dimension 185 R 15 93 H bestückt. Eine Niveauregulierung gab es bereits in Grundausstattung. Üblicherweise wurden die verlängerten 250er mit einer überbreiten Fondtür geliefert, als Sondermodell gab es aber auch eine Variante mit sechs gleichgroßen Türen. Der 250 mit langem Radstand wurde vorzugsweise als Hoteltaxi oder Mietwagen eingesetzt, durfte aber nicht selten auch die Rolle einer »Herrschaftslimousine« alten Stils spielen. Vor allem in Österreich und in der Schweiz sind diese Wagen zuweilen im Straßenbild zu sehen. Zuletzt kostete der lange 250 50 901 Mark – damit belief sich der Mehrpreis zum normalen 250 auf immerhin 18 000 Mark! Für Kranken- und Bestattungswagenaufbauten wurde auch ein teilkarossiertes Chassis des 250 lang geliefert – letzter Preis: 36 537 Mark. Dieser Torso und die achtsitzige Limousine blieben bis zum Jahresende 1985 im offiziellen Verkaufsprogramm.

Nicht ganz so relevant für den Chronisten sind wohl die beiden 2,8-Liter-Spitzenmodelle der Baureihe W 123. Die beiden dohc-Sechszylinder M 110 wurden nur vergleichsweise gering modifiziert von den Vorgängern übernommen. Die Vergaserversion hatte den nicht ganz problemlosen Solex-Doppelregistervergaser 4 A 1 beibehalten. Durch eine neue, wirkungsvoller gedämpfte Doppelauspuffanlage und eine von 9:1 auf 8,7:1 zurückgenommene Verdichtung – eine Maßnahme, die einen Sicherheitsabstand zur Kraftstoff-Klingelgrenze schaffen sollte – sank die Motorleistung von 160 auf 156 PS (115 kW) bei einer Tourenzahl von 5500/min.

Die Einspritzversion des M 110 erfuhr weitergehende Änderungen: Die elektronische Benzineinspritzung der Bosch-Bauart D-Jetronic wich einer mechanisch gesteuerten, antriebslosen Anlage der Bosch-Type K-Jetronic – entsprechend der des späteren 230 E. Neuer Auspuff und Verdichtungssenkung bewirkten auch beim 280 E einen Leistungsschwund, der sich in einem Rückgang um acht auf 177 PS (130 kW) bei 6000/min äußerte. Im Frühjahr 1978 wurde aber dem 280 E wieder zu alter Glorie verholfen: Die wieder auf 9:1 angehobene Verdichtung – Befürchtungen hinsichtlich der Kraftstoffverträglichkeit hatten sich letztlich als gegenstandslos erwiesen – sowie eine weitere Modifikation am Auspuff resultierten in wiederum 185 PS (136 kW), die zudem bereits bei 5800/min zur Verfügung standen. Die Drehmomentkurve war von diesen Änderungen kaum betroffen. Neu war beim 280 E auch eine kontaktlos gesteuerte Transistorzündung, die eine Schließwinkeleinstellung überflüssig machte.

Beide Motorvarianten erhielten zum Modellwechsel eine Reihe von Detailverbesserungen: Aus Gewichtsgründen wurden Leichtmetall-Wasser- und Ölkühler, erstere mit Kunststoff-Wasserkästen, verwendet, die ein Minus von fünf Kilogramm erbrachten. Der Visko-Lüfter wich einem elfflügligem Kunststoff-Ventilator mit Magnetkupplung. Einem Überdrehen der äußerst tourenfreudigen Triebwerke wurde durch einen Drehzahlbegrenzer im Verteilerläufer vorgebeugt. Die neuentwickelten Pleuel besaßen eine Einrichtung zur Druckschmierung der Kolbenbolzen. Zu den Kolbenböden führten Ölleitungen, um in dieser thermisch kritischen Zone einen Temperaturausgleich zu bewirken. Auch die Nockenlaufbahnen der beiden Nockenwellen erfuhren eine intermittierende Schmierung durch gesteuerte Spritzbohrungen in den Schwinghebeln.

Auch auf der zweiten Evolutionsstufe waren die Zweihundertachtziger temperamentvolle Automobile: Der 280 lief über 190 km/h und erreichte 100 km/h aus dem Stand in 10,6 Sekunden, für den 280 E lauteten diese Werte 202 km/h und 9,8 Sekunden. Leistungsorientierte Mercedes-Freaks konnten den 280 E beim schwäbischen Edeltuner AMG in einen regelrechten Asphaltbrenner verwandeln lassen: Dort waren drei Tuningstufen im Programm, die die Limousine auf 200, 215 oder 230 PS erstarken ließen und die Autos – ohne den Verbrauch über Gebühr zu erhöhen – bis zu 225 km/h schnell machten. Die Baureihe W 123 war gewiß nicht dazu ausersehen, sportlichen Lorbeer einzufahren – der 280 E erlangte jedoch zuweilen olympische Ehren: 1977 starteten – zwar unter privaten Bewerbern, wohl aber unter »offiziöser« Beteiligung des Werks – sieben Gruppe-1-280 E mit etwa 205 PS unter der Haube zur längsten Rallye der Welt, dem 34 000-Kilometer-Marathon London–Sidney, das immerhin eine Ausfallquote von 60 Prozent aufwies. Andrew Cowan führte einen 280 E zum Sieg,

Rechts: Der 280 E des polnischen Teams Zasada/Krupa bei der East African Safari des Jahres 1978.

Ganz rechts: Das britische Siegerteam Cowan/Malkin/Broad auf der letzten Etappe des 34 000-Kilometer-Marathons London–Sydney 1977.

Modell	200 D (W 123 D 20, Bm. 123.120)	220 D (W 123 D 22, Bm. 123.126)	240 D (W 123 D 24, Bm. 123.123) (240 D lang, Bm. 123.125)	300 D (W 123 D 30, Bm. 123.130) (300 D lang, Bm. 123.132)	300 D Turbodiesel USA (W 123 D 30 A, Bm. 123.133)
Produktionszeit	Febr. 1976 – März 1985	Febr. 1976 – März 1979	Febr. 1976 – Nov. 1985 (Langversion ab Aug. 1977)	Febr. 1976 – Nov. 1985 (Langversion ab Aug. 1977)	Aug. 1981 – Aug. 1985
Motor	Reihen-4-Zyl.-Diesel OM 615.940	Reihen-4-Zyl.-Diesel OM 615.941	Reihen-4-Zyl.-Diesel OM 616.912	Reihen-5-Zyl.-Diesel OM 617.912	Reihen-5-Zyl.-Diesel OM 617.952 mit Abgas-Turbolader
Bohrung × Hub; Hubraum	87 × 83,6 mm; 1988 cm^3	87 × 92,4 mm; 2197 cm^3	90,9 × 92,4 mm; 2399 cm^3	90,9 × 92,4 mm; 2998 cm^3	
PS (kW) bei n/min	55 (40) bei 4200/min; ab Febr. 1979: 60 (44) bei 4400/min	60 (44) bei 4200/min	65 (48) bei 4200/min; ab Febr. 1979: 72 (53) bei 4400/min	80 (59) bei 4000/min; ab Sept. 1979: 88 (65) bei 4400/min	123 (91) bei 4350/min; ab Sept. 1983: 125 (92) bei 4350/min
Verdichtung	21,0				21,5
Ventile, Steuerung	1 obenliegende Nockenwelle (sohc)				
Gemischaufbereitung	Diesel-Reiheneinspritzpumpe Bosch				
Batterie	12 V 66 Ah; ab Sept. 1982 12 V 88 Ah; ab Dez. 1983 12 V 72 Ah	12 V 88 Ah	12V 88 Ah; ab Dez. 1983: 12 V 72 Ah		12 V 90 Ah; ab Sept. 1983: 12 V 92 Ah
Kühlmittelmenge	10,2 Liter	10,6 Liter	9,6 Liter; ab Febr. 1979: 10 Liter	11 Liter	12 Liter
Getriebe	mechanisches 4-Gang-Getriebe				4-Gang-Wandler-Automatik
Lenkung	Kugelumlauflenkung; ab Sept. 1982 servounterstützt	Kugelumlauflenkung	Kugelumlauflenkung; ab Sept. 1982 servounterstützt	Kugelumlauf-Servolenkung	
Bremsen	2-Kreis-Vierrad-Scheibenbremsen				
Bereifung	175 SR 14 oder 175 R 14 88 S		175 SR 14 oder 175 R 14 88 S (Langversionen 185 HR 15 oder 185 R 15 93 H)		195/70 SR 14 oder 195/70 R 14 90 S
Radstand; Spur vorne/hinten	2795 mm; 1488/1446 mm		2795 mm; 1488/1446 mm (Langversionen 3425 mm; 1477/1430 mm)		
Gesamtabmessungen	4725 × 1786 × 1438 mm		4725 × 1786 × 1438 mm (Langversionen 5355 × 1786 × 1480 mm)		4848 × 1786 × 1438 mm
Leergewicht (Basisausrüst.)	1375 kg	1380 kg	1385 kg (240 D lang 1585 kg)	1445 kg (300 D lang 1630 kg)	1625 kg
Tankinhalt	65 Liter				80 Liter
Höchstgeschwindigkeit	130 km/h; ab Febr. 1979: 135 km/h	135 km/h	138 km/h; ab Febr. 1979: 143 km/h	148 km/h; ab Sept. 1979: 155 km/h	163 km/h
Stückzahlen (bis 31. 12. 1985)	378 138	56 736	454 780	331 999	75 261 (nur für USA, Japan)

Tony Fowkes plazierte sich mit einem Schwesterwagen als Zweiter, zwei weitere 280 E befanden sich unter den ersten Zehn des Gesamtklassements, nur zwei Wagen waren ausgefallen. Auch bei der Teilnahme an der East African Safari in Kenia 1978 wurde noch ein offizieller Werkseinsatz der 280 E geleugnet und nur von einer »Unterstützung von Privatfahrern« gesprochen, was angesichts der Verpflichtung von Stars wie Sobieslaw Zasada und Joghinder Singh wenig glaubhaft erschien. Die Daimler-Mannen fielen ungeheueren Regenfällen zum Opfer – drei 280 E blieben auf der Strecke, der Pole Zasada plazierte sich als Sechster. Bei der Südamerika-Rallye im gleichen Jahr lief Tony Fowkes mit einem 280 E als Dritter hinter zwei 450 SLC ein. Die Rallye-Saison 1979 wurde offenherziger angegangen, eine Werksbeteiligung nicht mehr kaschiert – Teamchef Waxenberger avancierte vom Koordinator zum Einsatzleiter. Die Safari sah zwei 280 E unter Andrew Cowan und dem Inder Joghinder Singh auf den Rängen vier und elf. Alle weiteren Einsätze dieses und des folgenden Jahres wurden mit den großen Achtzylinder-Coupés und der Coupéversion der Baureihe W 123 (280 CE) gefahren. Die Domäne der von Haus aus zwar ausreichend spurtstarken, aber angesichts ihres soliden Eigengewichts wenig sportiven 280 E waren Langstreckenveranstaltungen, bei denen die Wagen ihr außerordentliches Stehvermögen unter Beweis stellen konnten. So errangen Privatfahrer bei der Tour d'Europe nicht selten vordere Plazierungen. Als Fehlschlag erwies sich dagegen ein 280 E-Einsatz der »Scuderia Kassel«, hinter der die Kasseler Werksniederlassung steckte, bei der Deutschen Rallyemeisterschaft 1979 unter dem Fahrer Johannes Breuer: Bei acht Läufen, bei denen letztlich Sprintwertungen und weniger ein extremes Durchhaltevermögen eine herausragende Rolle spielten, konnte niemals eine Plazierung unter den ersten Zehn des Gesamtklassements erreicht werden.
Hinsichtlich seines Kraftstoffkonsums erwies sich der 280 E – in Relation zum Leistungsvermögen – als besserer Futterverwerter als der 250. Beide 2,8-Liter-Versionen verbrauchten im Mischverkehr etwa 16 l/100 km, wobei der Einspritzer aber eher nach unten streute und bei gefühlvollem Umgang mit dem Gaspedal auch mit 12,5 Liter auskommen konnte, wie ein Test der *Australian Financial Times* bewies. Nicht nur aus diesem Grunde war der Vergaser-280 das unpopulärere Modell. Er erreichte nie nennenswerte Stückzahlen, die Produktionsziffern bröckelten ständig ab. Als Konsequenz wurde die Fertigung des 280 nach 33 206 Exemplaren im Juli 1981 eingestellt. Dagegen wurde der 280 E auch nach der Präsentation des 300 E der Baureihe W 124 vor allem in Rechtslenker-Ausführung bis Dezember 1985 weitergebaut und brachte es auf 126 375 Einheiten. Mit einer durchschnittlichen Jahresproduktion von 16 000 Exemplaren spielte auch er gewissermaßen eine Außenseiterrolle, die nicht zuletzt in Zusammenhang mit dem hohen Kaufpreis stand. Der Einstandspreis des 280 E betrug 26 985 Mark, der 280 kostete anfangs 24 997 Mark. Nach der letzten W 123-Inlandspreisliste waren für den 280 E Ende 1984 39 900 Mark zu bezahlen. Sein Erzrivale BMW 528i war um 1500 Mark billiger, dazu schneller und sparsamer, wenn auch in Haltbarkeit und Finish unterlegen. Diese Preisrelation schlug sich natürlich in den Produktions- und Zulassungsziffern nieder. 1983 wurden mehr als dreimal so viele 2,8-Liter-BMW als 280 E gebaut und doppelt so viele auf dem Heimatmarkt abgesetzt. 1980 hatte der Mercedes noch eindeutig die Nase vorn gehabt.

Dieselmodelle 200 D, 220 D, 240 D, 300 D, 300 D Turbodiesel (USA)

Die von der »Strich-Acht«-Reihe her bekannte Diesel-Palette war, zumal sie stetig steigende Verkaufszahlen aufwies, in ihrer vollen Breite auch in der Baureihe W 123 zu finden, wobei sich technische Änderungen in Grenzen hielten. Da die Dieselmotoren im Laufe der Jahre leistungsmäßig arg ins Hintertreffen geraten waren, taten PS-Spritzen not. Im Februar 1979 erfuhren 200 D und 240 D Leistungssteigerungen – der Zweiliter von 55 PS (40 kW) auf 60 PS (44 kW), der 240 D von 65 PS (48 kW) auf 72 PS (53 kW). Durch diese Maßnahme

Oben: USA-Ausführung des 300 D mit den ausladenderen DOT-Stoßstangen.

Rechts: Im April 1982 lief in Sindelfingen bereits der einmillionste W 123-Diesel vom Band.

Links: Ab September 1982 präsentierten sich alle 18 W 123-Versionen einheitlich mit Rechteckscheinwerfern.

Oben: 240 D, 300 D und 250 wurden auch mit einem um 53 Zentimeter verlängerten Radstand angeboten.

Links: Bei einem Versuchswagen vom Typ 240 D wurde erstmals eine Geräuschkapselung des Motors getestet.

Rechts: Aus dem Straßenbild nicht wegzudenken – W 123-Diesel-Taxi.

wurde der 60 PS starke 220 D überflüssig und im März 1979 aus dem Programm genommen. Im September 1979 erhielt auch der 300 D acht Mehr-PS, die durch einige Modifikationen an der Einspritzpumpe bewirkt wurden.
Neben den Wartungsvereinfachungen durch geänderte Filter nahmen die Diesel auch an den technischen Verbesserungen der gesamten Modellreihe teil. So erhielten sie geräuschärmere und wirkungsvollere fünfflügelige Lüfter. 240 D und 300 D wurden mit gewichtssparenden Leichtmetall-Ölkühlern ausgerüstet. Beide Typen bekamen ein in den Ölfilter integriertes, thermostatisch gesteuertes Ventil, das den Fluß zum Ölkühler temperatur- statt druckabhängig regelte und zu kürzeren Anwärmzeiten beitrug. Als Fortschritt wurde die im September 1977 vollzogene Zündschlüsselanlassung des 240 D gewertet: Der Anlaßvorgang einschließlich des Vorglühens wurde – wie bereits beim Dreiliter-Diesel – jetzt mit einer Hand mit dem Zündschlüssel vorgenommen.
Ab August 1977 gab es auch vom 240 D und vom 300 D – parallel zum 250 – Limousinen und teilkarossierte Fahrgestelle für Sonderaufbauten, jeweils mit verlängertem Radstand. Der 240 D wurde auch als Normalchassis – vorzugsweise für Krankenwagenkarosserien – geliefert. Der Ambulanzenmarkt in Mitteleuropa wurde von Fahrzeugen auf Mercedes-Benz-Basis ebenso beherrscht wie bislang die Taxiszene. Führende Hersteller für derartige Aufbauten sind Miesen und Binz in Deutschland und Visser in den Niederlanden.
Die Mercedes-Diesel hatten kaum mit Flauten zu kämpfen und stellten knapp die Hälfte aller produzierten Wagen der Baureihe W 123. Mit Abstand erfolgreichstes Modell war der 240 D, der eine durchschnittliche Jahresfertigung von 70 000 Wagen aufwies. Ein 240 D war es auch, der im April 1982 als einmillionster W 123-Diesel mit Blumen gefeiert vom Band lief. Vom 200 D und 300 D wurden jährlich etwa 50 000 Exemplare gebaut. Vom 220 D hatten während seiner kurzen Lebensspanne 56 736 Wagen das Werk verlassen. Die übrigen D-Typen hatten neue Produktionsrekorde eingefahren: Bis zum Ende ihrer Bauzeit waren 378 138 200 D, 454 780 240 D und 331 999 300 D entstanden. Die W 123-Diesel blieben nicht zuletzt wegen des nordamerikanischen Markts, auf dem sie sich – allerdings mit eingeschränkter Typenvielfalt – ungeheuerer Popularität erfreuten, wo aber die Typprüfung nach DOT und EPA ein langwieriges Unterfangen darstellt, noch ein Dreivierteljahr nach Vorstellung der Baureihe W 124 mit ihren neuentwickelten Ölmotoren in Produktion.
Ein Spezialmodell für den US-Markt stellte der zum Modelljahr 1982 erschienene 300 D Turbodiesel dar – eine 300 D-Limousine mit dem aufgeladenen Fünfzylinder-Diesel, der in Europa nur in den T-Limousinen (sprich Kombis) erhältlich war. Dieses 123-PS-Aggregat mit

Oben: Die verlängerten 123er boten acht Fahrgästen Platz.

Unten: Die W 123-Langversionen werden nicht nur gewerblich genutzt – nicht selten tun sie auch mit herrschaftlichem Chauffeur als wirtschaftliche Repräsentationslimousinen Dienst.

einem Abgas-Turbolader des amerikanischen Herstellers Garrett AiResearch verhalf dem Exporttyp zu Fahrleistungen, die in der Relation zur 55-Meilen-Geschwindigkeitsbegrenzung des Ziellandes um so mehr als erstaunlich gelten konnten. Ab Modelljahr 1984 verkörperte der Turbo-Dreiliter die einzige für die Mercedes-Mittelklasse in US-Version vorgesehene Antriebsquelle. Schließlich war auch der Dieselmotor längst weltweit salonfähig geworden!

In zweiter Generation entstanden bei Daimler-Benz Konfektions-Coupés (C 123) auf Großserienbasis. Ihr Verkaufserfolg stellte die Vorgänger in den Schatten:

Mercedes-Benz 230 C und CE, 280 C und CE, 300 CD Coupé

Im Sommer 1976 wurde der Bau der erfolgreichen »Strich-Acht«-Coupés fast gleichzeitig mit den zugehörigen Limousinen nach sechseinhalb Jahren und mehr als 67 000 Einheiten eingestellt. Wie bei Daimler-Benz üblich, mußten Interessenten für eine Neuauflage des Großseriencoupés der Mittelklasse geraume Zeit bis zum Erscheinen des Nachfolgers ausharren: Die C-Modelle auf Basis der Baureihe W 123 gingen erst nach einem Dreivierteljahr in Produktion. Ein intensives Engagement der Karosserieentwicklung unter Professor Breitschwerdt mit den neuen Limousinen hatte einen parallelen Serienbeginn der Coupés verzögert.

Im Herbst 1976 liefen die Vorserien an, die ersten Zweitürer bewegten sich ungetarnt im Straßenversuch. Die offizielle Vorstellung der C/CE-Modelle erfolgte auf dem Genfer Salon im März 1977. Die Serienfertigung ließ allerdings noch auf sich warten: Im April 1977 begannen die Sechszylinder-Coupés mit den gewohnten Typenbezeichnungen 280 C und 280 CE vom Band zu laufen. Im Juni 1977 folgte der 230 C, der eine Neukonzeption darstellte: Statt eines ursprünglich auch für die zweite Generation in logischer Abfolge projektierten 250 C mit dem neuen Sechszylinder M 123 wurde relativ spät umdisponiert und stattdessen erstmalig mit dem 2,3-Liter M 115 eine Vierzylinder-Coupévariante geschaffen. Alle Triebwerke entstammten unverändert der Großserie, auch die Elemente von Kraftübertragung, Vorderradaufhängung und Schräglenker-Hinterachse waren mit denen der Limousinen identisch und der selben Evolution unterworfen.

Im Gegensatz zu den Vorgängermodellen wurde bei den neuen Mittelklasse-Coupés der Radstand der Basismodelle nicht übernommen, sondern um 85 Millimeter gekürzt, um den dezent sportlichen Charakter der Fahrzeuge zu unterstreichen. Obwohl die Wagenlänge um die gleiche Differenz geschrumpft war, wirkten die 123-Coupés durch die lockere Gesamtstilistik kaum kürzer als die Limousinen. Dagegen wurde die Beinfreiheit auf der Rückbank ärger eingeschränkt als bei den Vorläufern: Eine Besetzung mit vier normalwüchsigen Fahrgästen konnte auf längeren Strecken zur Tortur werden – aber eine derartige Transportaufgabe lag wohl auch nicht im Sinne der geistigen Väter der C-Modelle. Diese Autos waren, wie sich ihr Schöpfer Dr. Hans Scherenberg ausdrückte, als »Alternative für Individualisten« gedacht und hatten sich einer 2+2-Konzeption genähert, obgleich sie nach wie vor für fünf Personen zugelassen waren. Der Durchstieg zu den Fondsitzen gestaltete sich indessen dank der überdimensionierten Türen mühelos. Die Dachhöhe der neuen Typen war gegenüber den Limousinen um 43 Millimeter vermindert worden – eine Reduzierung, die in etwa der der »Strich-Acht«-Coupés entsprach. Die serienmäßig mit Höhenregulierung versehenen Vordersitze – Zuggriffe an den Seiten ermöglichten beim Zurückschieben der Sitze ein Absenken – vermochten jedoch Kollisionen der Insassenköpfe mit dem Wagendach zu verhindern.

Mehr als bei den W 114-Coupés wirkte das Styling bei den Nachfolgern homogen, aus einem Guß. Auf das modische, der zweiten SL-Generation nachempfundene Pseudo-Pagodendach war verzichtet worden. Die Silhouette blieb zwar eng verwandt, das vergrößerte, stark gewölbte Rückfenster ließ den Dachaufbau jedoch besser mit dem weniger kantigen Wagenkörper harmonieren. Auch der Übergang der zierlicher anmutenden C-Säulen in die Karosserieflanken war eleganter gelöst, war weicher, fließender – das Dach wirkte nun nicht mehr aufgesetzt wie ein Hardtop. Die durchgehende seitliche Fensterfläche – natürlich gab es keine Mittelpfosten – war dagegen in ihrer Formgebung kaum verändert worden. Die breite, mit den Regenleisten kombinierte Eloxaleinfassung entsprach in ihrer gerundeten Trapezform fast der der Vorgänger. Auch die Windschutzscheibe war stilistisch identisch. Durch den verkürzten Radstand und das bis zum Auslauf des hinteren Radausschnittes zurückgezogene Heckfenster konnte die beim »Strich-Acht«-Coupé noch zu bemängelnde Überakzentuierung des Wagenhecks vermieden werden. Dennoch belief sich das nutzbare Kofferraumvolumen unverändert auf knapp 500 Liter. Die A-Säule war wegen der Schrägstellung der Windschutzscheibe naturgemäß länger als bei der Limousine und mußte wegen des fehlenden Mittelpfostens stabiler ausgebildet werden. Kühlergesicht und Heckgestaltung entsprachen dem Erscheinungsbild der 2,8-Liter-Limousinen – auch das Vierzylinder-Coupé wies die Halogen-Breitbandleuchten der gehobenen Versionen auf.

Wie schon ihre Vorgänger zeigten sich die W 123-Coupés einen Hauch luxuriöser ausgestattet als ihre viertürigen Pendants. Der Zierstreifen am Armaturenbrett und die Mittelkonsole waren mit splittersicherem Walnuß-Wurzelholz furniert. In Fortsetzung alter Mercedes-Coupépraxis wurden die Rückenlehnen der Vordersitze wiederum unterdruckverriegelt. Die Sperriegel dieses Systems, dem erfahrungsgemäß leider nur eine begrenzte Lebensdauer beschieden war, wurden entweder automatisch beim Öffnen der Türen durch Kontaktstifte oder von Hand mit Druckschaltern in den Lehnen gelöst. Die Fondsitzbank, die eigentlich aus zwei Einzelsitzen bestand, wies in ihrer Mitte eine großzügig dimensionierte Ablageschale mit an der Vorderseite integriertem Kippascher und eine klappbare Armlehne auf. Für den Fall der

Links oben: Die C 123 Coupés kombinierten eine sportlich-individuelle Linienführung mit der technischen Basis der Limousinen.

Rechts: In der Front- und Heckansicht unterschied nur der niedrigere Dachaufbau die Coupés von den Stammtypen.

S-DY 6121

Mitnahme eines dritten Fondpassagiers konnte die Ablage mit einem mitgelieferten Polster abgedeckt werden. Im Gegensatz zu den Limousinen wiesen die Coupés serienmäßige Handschuhkastenschlösser auf. Auch die Servolenkung zählte von Anfang an bei allen Versionen – auch beim 230 C – zur Basisausstattung. Selbstverständlich waren die C-Modelle den gleichen Detailänderungen unterworfen wie die Mittelklasse-Limousinen. So gab es ab September 1982 modifizierte Innenausstattungen mit neuen Polsterfarben und -dessins und eine andere Vollteppichbodenauskleidung.
Auch im mechanischen Bereich kamen natürlich alle Verbesserungen der Baureihe 123 auch den Coupés zugute. Wichtigste Neuerung auf diesem Gebiet war der im April 1980 vollzogene Ersatz des Vergasermotors M 115 durch den neuentwickelten M 102 mit mechanischer Einspritzung der Bosch-Type K-Jetronic, der die neue Typenbezeichnung 230 CE bedingte. Zwei Monate später – im Juni 1980 – wurde die Produktion des Vergaser-230 C eingestellt. Bereits im März jenes Jahres hatte man die Fertigung des nicht sonderlich beliebten 280 C mit Vergasermotor aufgegeben. Während sich bei den Limousinen der Automatikanteil auf ein rundes Drittel belief, wurde über die Hälfte der Coupés mit Automatikgetriebe geordert.
In ihren Fahreigenschaften stachen die Coupés vom Rest der Modellreihe etwas ab: Prinzipiell konnte man bei den Zweitürern ebenso von einem ausgewogenen, sorgfältig abgestimmten Fahrwerk sprechen, bei ungestümer Kurvenfahrt schwand allerdings das neutrale Fahrverhalten, deutliche Lastwechselreaktionen wurden spürbar. Für dieses im Normalfall kaum zutagetretende Symptom war der verkürzte Radstand ebenso verantwortlich wie für den merklich eingeschränkten Federungskomfort; kurzwellige Fahrbahnunebenheiten brachten die Karosserie zum Schütteln.
Wie von Mercedes-Coupés nicht anders zu erwarten, drückte sich die Sportivität dieser Modelle trotz der immerhin geringeren Fahrzeuggröße und des Wegfalls zweier Türen mit ihren gewichtigen Schließ- und Fenstermechanismen und ihrer massiven Struktur keineswegs im Gewicht aus: Im Gegenteil – bei den Vierzylindern war das Leergewicht ohne Sonderausstattung sogar um 25 (230 C) bzw. 30 Kilogramm (230 CE) höher angesiedelt als bei den Limousinen, da die Coupés eine reichhaltigere Serienausrüstung aufwiesen. Erst bei den im Equipment identischen Sechszylinder-Coupés kam die Blecheinsparung mit zehn Kilogramm zum Tragen. Durch die intensive Schallisolierung besonders zum Motorraum hin, durch die größeren Windschutz- und Heckscheiben – Verbundglas ist nun einmal schwerer als Stahlblech – und durch die Säulenversteifungen konnte die Chance eines weitergehenden Abspeckens nicht wahrgenommen werden.
Dieser Umstand sorgte auch dafür, daß sich die Fahrleistungen trotz besserer Aerodynamik nur mäßig vom Temperament der Limousinen abhoben – die Werkangaben für Höchstgeschwindigkeit und Beschleunigungsvermögen waren jeweils identisch. Die Testberichte unabhängiger Fachzeitschriften spiegelten jedoch ein bescheidenes Plus für die Coupés wider. Beispielsweise erreichte ein von *auto motor und sport* geprüfter 230 CE eine Spitze von 186,8 km/h und war damit um rund vier km/h schneller als eine vom gleichen Blatt examinierte Limousine vergleichbaren Typs. Für die Spanne Null bis 100 km/h benötigte der 230 CE 10,3 Sekunden gegenüber 10,9 Sekunden beim 230 E. Beim 280 CE fiel der Zugewinn an Temperament im Vergleich zur Limousine wegen der günstigeren Gewichtsrelation in der Regel deutlicher aus, auch wenn die Herstellerangaben hier tiefstapelten.
Die Fahrleistungen des 280 CE stellten nicht zuletzt auch den Hintergrund für ein gewisses motorsportliches Engagement dieses Modells dar. Ende 1979 baute die »Scuderia Kassel« mit direkter Unterstützung des Werks drei Rallye-Coupés auf – zwei Gruppe-1-Autos mit 220 bis 225 PS für Holger Bohne und Johannes Breuer und ein großzügiger verbessertes Gruppe-2-Fahrzeug, das schließlich 240 PS leistete und auf 1250 Kilogramm abgemagert war, für den Schweden Ingvar Carlsson. Bei der Rallye Monte Carlo 1980 belegten diese Wagen die Ränge elf, 18 und 27 im Gesamtklassement. Im gleichen Jahr wurden diese Coupés bei sechs Läufen zur Deutschen Rallyemeisterschaft eingesetzt, wobei sie sich stets ganz vorne (Ränge drei bis sechs) plazieren konnten und bei der Saarland-Rallye unter der Besatzung Bohne/Ahrens sogar den Gesamtsieg davontrugen. Weniger glücklich verlief die zaghafte Werksbeteiligung mit einem Gruppe-2-280 CE bei drei Läufen zur Rallye-Weltmeisterschaft 1980. Während die Achtzylinder-Coupés bei der Rallye Akropolis, der Rallye Codasur in Argentinien und der Neuseeland-Rallye zumindest Achtungserfolge erzielen konnten, fiel das Sechszylinder-Coupé unter Ingvar Carlsson bzw. Andrew Cowan jeweils mit technischem Defekt aus. Ein interessanter Versuch bahnte sich auch auf der Rundstrecke an, als der Moerser H. W. Claassen 1981 einen 280 CE mit Pierburg-Einspritzung als Renntourenwagen präparierte und sich damit um den Veedol-Langstrekkenpokal bewarb. Vordere Positionen vermochten nicht eingefahren zu werden, wenn auch respektable Nürburgring-Rundenzeiten unter Beweis gestellt wurden. Bald verschwand dieses Auto aber wieder in der Versenkung.

Links: Man kann sich die in hohen Stückzahlen produzierten 123er nicht unbedingt als zukünftige Sammlerobjekte vorstellen – die Coupés mit ihrem klassisch-schönen Styling verfügen jedoch schon jetzt über einen Liebhaberkreis in aller Welt.

Weniger auf Leistungsvermögen als auf Wirtschaftlichkeit und günstiges Abgasverhalten hin angelegt war eine weitere, allerdings dem nordamerikanischen Markt vorbehaltene Coupé-Version – der 300 CD, der wiederum in zwei sukzessiven Varianten existierte. Das luxuriöse W 123-Coupé war hier mit dem Fünfzylinder-Vorkammerdiesel OM 617 des 300 D motorisiert. Dieses erste Diesel-Coupé der Welt erschien im September 1977 als US-Modell des Jahrgangs 1978 parallel zum äußerlich baugleichen 280 CE. Mit 80 PS – Mercedes-Benz of North America gab die Leistung entsprechend amerikanischer Normen mit 77 *net horsepower* nach SAE an – konnte natürlich von keinem nennenswerten Temperament die Rede sein, zumal sich das Leergewicht

Links: Durch Umdrehen der Ablagemulde zwischen den Rücksitzen wurde beim C 123 ein Polsterplatz für einen dritten Fondpassagier geschaffen.

Unten: »Fahrfreude für Individualisten« ist der Titel, den dieses Daimler-Benz-Foto trägt.

Rechts: Das Kraftwerk des 280 CE – zwei obenliegende Nockenwellen, KA-Jetronic und der für den europäischen Markt nicht serienmäßige Zusatzlüfter vor dem Kühler.

durch eine überaus reichhaltige Grundausrüstung (Klimaanlage, Automatikgetriebe, Stereoradio, Zentralverriegelung, elektrische Fensterheber, wärmedämmendes Glas und Tempomat) auf wuchtige 1575 Kilogramm belief. Dennoch verkaufte sich der sparsame 300 CD jenseits des Atlantiks hervorragend, da das 55-Meilen-*speed limit* einer potentiellen Leistungsentfaltung ohnehin im Wege stand. Im Herbst 1979 wurde der Output des OM 617 auf 83 SAE-Netto-PS (88 DIN-PS) angehoben und ab Modelljahr 1981 lieferte man den 300 CD serienmäßig mit Leichtmetallrädern. Zum Modelljahr 1982 wurde wegen des vom *Department of Transport* überwachten »Flottenverbrauchs« – dem mittleren Konsum aller in den USA angebotenen Typen eines Fabrikats – die Einfuhr von Mercedes-Benzinmodellen unter drei Liter Hubraum eingestellt. Dieser Restriktion fiel auch der »drüben« durch den per Lambdasonde geregelten Katalysator auf 145 DIN-PS gedrosselte 280 CE zum Opfer. Um diese Lücke einigermaßen füllen zu können, erhielt der 300 CD eine Leistungsspritze in Form des Dreiliter-Turbodieselmotors. Dieses Aggregat, dem mit einem Garrett-Lader mehr Leben eingehaucht wurde, war bereits längere Zeit in die US-Version 300 SD der S-Klasse eingebaut worden und leistete 120 SAE-Netto-hp bzw. 125 DIN-PS. Der Hinweis »Turbodiesel« war Bestandteil der Typenbezeichnung und prangte an Stelle des vorherigen »Diesel«-Schriftzugs rechts am Kofferdeckel der US-Coupés. Wiederum war der Fünfzylinder ausschließlich mit der Viergang-Automatik gekoppelt. Im Herbst 1983 wurde die Leistung des zwangsbeatmeten Diesels geringfügig auf 123 SAE-Netto-PS (128 DIN-PS) angehoben. Damit hätte man zwischen Laramie und Baltimore 170 km/h schnell sein können, wenn Washington nicht anderer Meinung gewesen wäre... Eine mit 3,07:1 ungewöhnlich lange Antriebsübersetzung sorgte für kommodes Fahren mit niedrigem Drehzahlniveau. Im übrigen waren die US-Coupés – wie in der Heimat ursprünglich die Limousinen 200 bis 250 – stets mit den doppelten Rundscheinwerfern ausgerüstet, allerdings mit *sealed beam*-Einsätzen.

Typisch für die C 123-Coupés: die voll versenkbare seitliche Fensterfront nach US-Hardtop-Art und die Gurthöcker.

Die Konfektionscoupés der Baureihe 123 waren – wie die übrigen Daimler-Benz-Produkte – keineswegs preisgünstige Automobile, aber sie waren mit vernünftigen Differenzbeträgen zu den entsprechenden Limousinen preisgerecht angesiedelt. Der 230 C hatte einen Einstandspreis von 25 064 Mark und war – man möge dabei die gehobene Ausrüstung bedenken – 5000 Mark teuerer als der Viertürer. Der 280 C kostete anfangs 29 848 Mark und der 280 CE 31 835 Mark – die Sechszylinder erforderten einen Exklusivitätszuschlag von jeweils 3750 Mark. Der 230 CE kostete bei seinem Erscheinen 31 414 Mark und war bei Redaktionsschluß im Frühherbst 1985 bei 38 532 Mark angelangt. Zu diesem Zeitpunkt kostete der 280 CE 45 657 Mark.

Der 230 CE lag auf der Preisebene des zu Unrecht wenig geliebten Opel Monza 2.5i, der ein großzügiges Raumangebot und bessere Fahrleistungen bot, und des Alfa Romeo GTV 6/2.5, der über ein begeisterndes Triebwerk verfügte, aber bei Komfort und Verarbeitung ins Hintertreffen geriet, wenn er auch echte Sportlichkeit vermittelte. Ebenfalls leistungsfähiger war das um 5000 Mark billigere Audi Coupé 2.2 GT, das zudem noch einen echten Fünfsitzer mit limousinenartiger Kopffreiheit auf allen Plätzen verkörperte – eleganter war es aber gewiß nicht. Der 280 CE war so teuer wie der Porsche 944, der dem Mercedes-Coupé als ein mit weniger Kompromissen gebauter 2+2-sitziger Sportwagen glatt davonlief und im Grunde nur bedingt vergleichbar war. Der Opel-Spitzentyp Monza GSE war kaum preisgünstiger als das W 123-Top-Coupé, gab sich im Äußeren weniger dezent und verblüffte innen mit futuristischer Elektronikspielerei, war aber hoher Fahrleistungen fähig. Schließlich hätte man im Jahre 1985 auf den Preis eines Mercedes 280 CE auch 2000 Mark drauflegen können, um einen – allerdings reichlich nackten – 280 S der Oberklasse des Hauses zu erwerben.

Der Verkaufserfolg ist den großseriennahen 123er Coupé nicht abzusprechen. Sie kamen auf eine durchschnittliche Jahresproduktion von mehr als 12 000 Exemplaren – allerdings mit absteigender Tendenz. Das Zugpferd war dabei der 230 CE, von dem allein jährlich sechs- bis siebentausend Wagen die Bänder verließen. Bis zum Produktionsschluß der C 123-Reihe im August 1985 waren von der Vierzylinder-Einspritzversion 29 858 Einheiten gefertigt worden. Der Vorgänger 230 C hatte es auf 18 675 Stück gebracht. Beim 280 CE sank der jährliche Fertigungsanteil von 6000 Fahrzeugen auf ein Viertel ab; bis August 1985 waren 32 138 Wagen entstanden. Vom 280 C waren im Jahr kaum mehr als 1000 Autos verlangt worden – mit 3704 Stück bis zum Produktionsstopp erwies er sich als das unpopulärste Modell. Die Stückzahlen des reinen Exporttyps 300 CD waren dagegen beachtlich: Jährlich wurden rund 2000 Diesel-Coupés nach Nordamerika verschifft. Der 300 CD in Saugversion brachte es auf 7502 Exemplare, sein Turbo-Nachfolger war zum August 1985 mit 8007 Wagen in den Annalen verzeichnet.

Trotz zwar gedämpften, aber im ganzen konstanten Zuspruchs wurden die »kleinen« Coupés früher als die noch ein Vierteljahr dahintröpfelnden W 123-Limousinen aus dem Lieferprogramm gestrichen. Die letzten, im Hochsommer 1985 ausgelieferten Vertreter dieser bildhübschen Karosserievariante galten unter Kennern sogar als eine Art Geheimtip, zumal das Folgemodell von Daimler-Benz erst für Frühjahr 1987 avisiert wurde.

Modell	230 C (C 123 V 23, Bm. 123.043	230 CE (C 123 E 23, Bm. 123.243)	280 C (C 123 V 28, Bm. 123.050)	280 CE (C 123 E 28, Bm. 123.053)	300 CD/USA (C 123 D 30, Bm. 123.150)	300 CD Turbodiesel USA (C 123 D 30 A, Bm. 123.153)
Produktionszeit	Juni 1977 – Juni 1980	April 1980 – August 1985	April 1977 – März 1980	April 1977 – August 1985	Sept. 1977 – August 1981	Sept. 1981 – August 1985
Motor	Reihen-4-Zyl. M 115.954	Reihen-4-Zyl. M 102.980	Reihen-6-Zyl. M 110.923	Reihen-6-Zyl. M 110.984; ab März 1978 M 110.988	Reihen-5-Zyl.-Diesel OM 617.912	Reihen-5-Zyl.-Diesel OM 617.952 mit Abgas-Turbolader
Bohrung × Hub; Hubraum	93,8 × 83,6 mm; 2307 cm^3	95,5 × 80,25 mm; 2299 cm^3	86 × 78,8 mm; 2746 cm^3		90,9 × 92,4 mm; 2998 cm^3	
PS (kW) bei n/min	109 (80) bei 4800/min	136 (100) bei 5100/min	156 (115) bei 5500/min	177 (130) bei 6000/min; ab März 1978: 185 (136) bei 5800/min	80 (59) bei 4000/min; ab Sept. 1979: 86 (64) bei 4200/min	123 (91) bei 4350/min; ab Sept. 1983: 125 (92) bei 4350/min
Verdichtung	9,0		8,7	8,7; ab März 1978: 9,0	21,0	21,5
Ventile, Steuerung	1 obenliegende Nockenwelle (sohc)		2 obenliegende Nockenwellen (dohc)		1 obenliegende Nockenwelle (sohc)	
Gemischaufbereitung	1 Flachstromvergaser Stromberg 175 CDT	mechan. Benzineinspritzung Bosch KA-Jetronic	1 Doppelregisterverg. Solex 4 A 1	mechan. Benzineinspritzung Bosch KA-Jetronic	Diesel-Reiheneinspritzpumpe Bosch	
Batterie	12 V 55 Ah				12 V 88 Ah; ab Sept. 1980: 90 Ah	12 V 90 Ah; ab Sept. 1983: 92 Ah
Kühlmittelmenge	10 Liter	8,5 Liter	10 Liter		11 Liter	12 Liter
Getriebe	mechanisches 4-Gang-Getriebe				4-Gang-Wandler-Automatik	
Lenkung	Kugelumlauf-Servolenkung					
Bremsen	2-Kreis-Vierrad-Scheibenbremsen					
Bereifung	195/70 HR 14 oder 195/70 R 14 89 H					
Radstand; Spur v./h.	2710 mm; 1488/1446 mm					
Gesamtabmessungen	4640 × 1786 × 1395 mm				4763 × 1786 × 1395 mm	
Leergewicht (Basisausrüst.)	1375 kg	1380 kg	1445 kg	1450 kg	1575 kg	1625 kg
Tankinhalt	65 Liter		80 Liter			
Höchstgeschwindigkeit	170 km/h	180 km/h	190 km/h	200 km/h; ab März 1978: 205 km/h	145 km/h; ab Sept. 1979: 150 km/h	163 km/h
Stückzahlen (bis 31. 12. 85)	18 675	29 858	3 704	32 138	7 502 (nur für USA)	8 007 (nur für USA)

Nach sorgfältigem Abwägen der Marktsituation stieg Daimler-Benz 1978 in die obere Kombiklasse ein. Trotz hoher Preise war die Nachfrage nach den T-Modellen (S 123) nur schleppend zu befriedigen:

Mercedes-Benz 200 T, 230 T/TE, 250 T, 280 TE, 240 TD, 300 TD und 300 TD Turbodiesel

Fast alle Großserienhersteller bieten im Pkw-Bereich seit den frühen fünfziger Jahren weltweit eine Karosserievariante an, die in ihrem Einsatzbereich gleichermaßen auf Berufswelt, Hobby, Sport und die Gestaltung des Familienlebens zielt und sich zunehmender Beliebtheit erfreut – den Kombinationswagen oder kurz Kombi. Diese in den USA ab 1941 popularisierte Karosserieform gewann in Europa umsomehr an Boden, als sie sich hier in der zweiten Hälfte der sechziger Jahre in Ausstattung, Image und Verwendung deutlich vom bloßen Lieferwagen zu distanzieren begann und zur freizeitbetonten Vielzwecklimousine wurde. Renommierte Fabrikate wie Mercedes-Benz oder Jaguar und sportiv geprägte Marken wie Alfa Romeo oder BMW standen damals noch abseits und überließen die Hinwendung zum »Edelkombi« den Massenproduzenten, allen voran VW, Opel, Peugeot und Ford. Während Daimler-Benz in der »Flossen«-Epoche halboffiziell den in Zusammenarbeit mit dem seinerzeitigen belgischen Importeur IMA entwickelten »Universal« im Programm führte, ohne namhafte Stückzahlen anzupeilen, gab es bei der darauffolgenden »Strich-Acht«-Reihe keine derartige Bemühung mehr. Man räumte das Feld zugunsten unabhängiger Karosserieformen, die die Baureihe W 114/115 in Miniserien zu sündhaft teueren und nicht immer eleganten, zuweilen auch mäßig verarbeiteten Kombis umstrickte – neben weniger bekannten Blechschneidern dies- und jenseits des Atlantiks vor allem Binz und Miesen in Deutschland und der Firma Crayford in Großbritannien.

Dennoch wurde in der Projektphase des Folgemodells der Bedarf nach einer Mehrzwecklimousine von den Untertürkheimern klar erkannt: Die Baureihe W 123 wurde – was der Öffentlichkeit verborgen blieb – von Anfang an in drei Karosserievarianten geplant: Limousine, Coupé und Kombi. Natürlich hatte die Entwicklung der Limousinen Vorrang und das Coupé-Programm sollte ohne störend lange Unterbrechung Anschluß an die Vorgänger finden. Unter diesen Gesichtspunkten erlangten die Kombis erst im Herbst 1977 Serienreife: Im September dieses Jahres entstand eine Vorserie von fünf Wagen mit drei verschiedenen Triebwerken, die nicht zuletzt der Präsentation der langerwarteten Modellreihe auf der gleichzeitig stattfindenden IAA in Frankfurt dienten und sprichwörtlich in letzter Minute fertig wurden. Bei ihrem Debüt erwiesen sich die »T-Modelle« auf Anhieb als Verkaufsschlager – die Auftragsbücher waren nach wenigen Tagen prall gefüllt, die Lieferfristen stiegen schnell auf zwei Jahre. Die Folge der unausgeglichenen Relation zwischen Nachfrage und Angebot war wieder einmal eine eklatante Überbewertung auf dem Jahres- und Gebrauchtwagenmarkt. Daimler-Benz vermied in allen Promotion-Bereichen peinlichst den Terminus »Kombi«, um jeglichen Nutzfahrzeug-Bezug auszuschalten und den Komfortcharakter dieser Mehrzweckautos zu unterstreichen. Im Laufe ihrer Bauzeit erging man sich in einer reichhaltigen Nomenklatur für diese Typen: Vom schlichten »Mercedes T« – wobei das »T« laut Presseabteilung für den weiten Bereich Transport bis Touristik stand – über die komfortbetonende Bezeichnung »T-Limousinen« bis zum ab 1981 offiziell gebrauchten Wort »T-Modelle« laborierte man mit Wortgestalten, die auch in Fremdsprachen verwendbar waren.

Nicht alle W 123-Modelle waren auch als T-Versionen lieferbar. Auf die schwächsten Triebwerksvarianten 200 D und 220 D sowie 200, die in ihren Kategorien eine Untermotorisierung bedeutet hätten, war ebenso verzichtet worden wie auf den leistungsmäßig ohnehin zu nah am gleichgroßen Einspritzer angesiedelten 280. Die gestraffte T-Palette umfaßte demnach zunächst die Modelle 240 TD, den Fünfzylinder-Diesel 300 TD, die Vergaser-Benziner 230 T und 250 T sowie den 280 TE mit der K-Jetronic. Der Serienanlauf erfolgte für alle Versionen gleichzeitig im Mai 1978 im umfunktionierten Werk Bremen-Sebaldsbrück. Dieser bedeutende Zweigbetrieb weist eine traditionsreiche Vergangenheit auf: Es handelt sich dabei um die 1938 von Carl F. W. Borgward errichtete Produktionsstätte, in der ab 1954 die legendäre, in Leistungsvermögen, Formgebung, Verarbeitungsqualität und Lebensdauer mit Mercedes-Benz-Personenwagen vergleichbare Isabella und später der wahlweise luftgefederte »Große Borgward« P 100 entstanden. Nach dem aufsehenerregenden Borgward-Konkurs im Sommer 1961 gingen die Fabrikanlagen an Rheinstahl-Hanomag (ehemals Tempo-Vidal) über. Die Produktion von leichten Nutzfahrzeugen wurde 1969 vom Rechtsnachfolger Hanomag-Henschel GmbH, dessen Stammkapital 1970 wiederum in voller Höhe von Daimler-Benz übernommen wurde, weitergeführt. Die »Bremer Transporter« mit dem Mercedes-Stern waren bald ein fester Begriff. Inzwischen ist die Bremer Dependance ein reines Pkw-Werk, nachdem die Transporterfertigung bis 1983 vollständig nach Düsseldorf in die ehemalige Auto-Union-Fabrikanlagen verlagert wurde. Das Bremer Werk arbeitet im Produktionsverbund mit Sindelfingen – die Pkw-Montage läuft dort nach exakt den gleichen Richtlinien und Steuervorgängen ab. Dem

Oben links: Die T-Modelle der Baureihe S 123 waren gleichermaßen für Beruf und Freizeit konzipiert.

Rechts: Die wesentlichen Stilelemente der Limousinen blieben bei der T-Reihe erhalten.

Produktionsanlauf der T-Modelle ging ein Training der Mitarbeiter an einem Pilotband mit Videoschirm voran, bei dem jeder Handgriff des Fertigungsablaufs einige hundert Male geübt wurde – nicht zuletzt, weil ein beträchtlicher Anteil der Sebaldsbrücker Belegschaft aus teilweise branchenfremden Anlernkräften bestand. Selbstverständlich gelten im Bremer Werk die gleichen Qualitätsmaßstäbe wie im Mutterwerk Sindelfingen, die entsprechenden Kontrollen sind dieselben. Dennoch wurden im ersten Herstellungsjahr der T-Modelle Verarbeitungsmängel bekannt, die aber schnell eliminiert werden konnten. Den typischen Kinderkrankheiten der Anfangsphase konnte man in Bremen in der ersten Zeit der Pkw-Fertigung nicht ganz so gelassen gegenüberstehen wie die schwäbischen Kollegen – das zeigte auch der nicht ganz problemfreie Produktionsanlauf des Kompaktmodells 190 (W 201) in Sebaldsbrück. Die Werkanlagen an der Weser waren auf eine Fertigungskapazität von 125 Kombis pro Arbeitstag ausgelegt – eine Erweiterung fand trotz der zunächst drängenden Nachfrage niemals statt.

Die T-Modelle entsprachen triebwerkstechnisch den jeweiligen Basislimousinen der Baureihe W 123 und waren mit diesen auch hinsichtlich Fahrwerk, Karosserie und Ausstattung eng verwandt. Bauartänderungen der Limousinen trafen größtenteils auch für die Kombis zu. So wurde im April 1980 – ein Vierteljahr vor dem entsprechenden Maschinenwechsel bei den Limousinen! – der 230 T durch den 230 TE mit dem neuentwickelten Einspritzmotor M 102 mit der Bosch-K-Jetronic ersetzt, der ungleich besser mit dem naturgemäß schwergewichtigen Auto harmonierte. Im Oktober 1980 folgte eine Variante, die ursprünglich für den US-Markt ausersehen war, dann aber auch – allerdings einzig und allein mit der T-Karosserie – zu Hause angeboten wurde: der 300 TD Turbodiesel. Nachdem auf der IAA 1977 bereits das US-Exportmodell 300 SD der S-Klasse (siehe Baureihe W 116 in Band 5) mit dem Fünfzylinder-Turbodiesel vorgestellt worden war, wurde dieses bewährte Triebwerk nun – quasi als marktforschender Versuchsballon – in Europa auch im Kombi angeboten. Dabei hatte man den OM 617 in seinen triebwerkstypischen Eigenschaften weiter optimiert: Trotz einer Leistungssteigerung um 38 Prozent – der 300 TD/T leistete bei 4350/min 125 PS – und der noch wesentlicheren Drehmomenterhöhung um 42 Prozent war der spezifische Verbrauch gegenüber dem Saugmotor gesunken. Gleichzeitig verringerten sich die Schadstoffemissionen des ohnehin relativ »sauberen« Fünfzylinders. Der Garrett-Lader sorgte – allerdings mit turbotypischer Verzögerung beim Beschleunigen – für die Vorverdichtung der Ansaugluft und damit für eine optimierte Zylinderfüllung. Im November 1980 schließlich erhielt die Kombifamilie mit dem 200 T ein siebtes Mitglied als zusätzliche Alternative nach unten. Der neue Zweiliter-Vergasermotor M 102 war stark genug, den Kombi mit brauchbarem Temperament vorwärtszubewegen, zumal er bereits im unteren und mittleren Drehzahlbereich kräftig zulegen konnte. Der 250 T, der von schleppendem Absatz geplagt war und im 230 TE zudem einen scharfen Konkurrenten gefunden hatte, erschien ab September 1982 nicht mehr im Mercedes-Benz-Lieferprogramm.

Fahrzeuge der T-Reihe dienten wegen ihres zusätzlichen Raumangebots nicht selten als Versuchsträger für den Betrieb mit Alternativenergien. Nach der Erprobung eines batteriebetriebenen Forschungskombi mit einem 61 PS (30 kW) starken Elektromotor und 100 Kilometer Reichweite ab April 1982 wurden im Oktober 1984 fünf für Wasserstoff-Benzin-Betrieb umgerüstete 280 TE privaten Betreibern aus dem Bereich der Sozialdienste in Berlin zur Verfügung gestellt. Die Kombis dieses Breitenversuchs besaßen neben dem konventionellen Kraftstofftank einen Tieftemperatur-Hydridspeicher für den drucklos verflüssigten Wasserstoff, der dem Motor gleichzeitig mit dem Benzin zugemessen wurde. Der teilweise Ersatz des Benzins führte zu einer fünfzehnprozentigen Verbrauchssenkung im Teillastbereich – besonders relevant im Großstadtverkehr – und erbrachte günstigere Abgaswerte. In den Vereinigten Staaten und Kanada war nur eine einzige Variante der breitgefächerten T-Familie erhältlich – ab März 1979 der 300 TD und ab Oktober 1980 ersatzweise die Turbodiesel-Ausführung. Das Fahrwerk der T-Modelle war an die bei der Serienausführung um bis zu 700 Kilogramm erhöhte Zuladung angepaßt worden. Die Federung war straffer als bei den Limousinen ausgelegt, ohne jedoch unkomfortabel zu wirken. Die Bereifung hatte eine großzügigere Dimensionierung erfahren – in Serie wurde die Größe 195/70 R 14, je nach Modell in S- oder H-Spezifikation, montiert. Auf Wunsch gab es

Oben rechts: Für den Einsatz als Taxen waren die Diesel-Versionen der T-Reihe auf ideale Weise geeignet.

Links: Für Urlaub und Sport gab es als offizielles Zubehör ein vielfältiges Dachtransportsystem – im Bild zwei Gepäckcontainer von je 155 Liter Fassungsvermögen.

bei allen Versionen mit Ausnahme des 280 TE verstärkte Federn und Reifen der Type 175 HR 15, die eine nochmals um bis zu 140 Kilogramm gesteigerte Zuladung zuließen. Diese Nutzfahrzeugattribute, die den Fahrkomfort spürbar einschränkten, schlugen anfangs mit einem Aufpreis von 470 Mark, am Ende der Bauzeit mit 661 Mark zu Buche. Zur Grundausstattung zählte dagegen der hydropneumatische Niveauausgleich, der den limousinenhaften Charakter der T-Reihe in hohem Maße mitprägte. Die Niveauregulierung an der Hinterachse ermöglichte ein stabiles Fahrverhalten auch bei voll genutzter Ladekapazität und bot sogar eine gegenüber den Limousinen weiter beruhigte Straßenlage: Die leichte Untersteuertendenz war beim T nochmals vermindert worden. Beladen verhielten sich die Edelkombis gutmütiger als die viertürigen Limousinen, für die die Niveauregulierung ein Extra darstellte.

Die Karosserien der T-Reihe waren bis zur B-Säule mit den Limousinenaufbauten identisch. Die Fondtüren wiesen kantigere Konturen auf. Die Bodengruppe war den Einsatzzwecken entsprechend verstärkt worden. In der Seiten- und in der Heckansicht sahen die T-Modelle keinen Deut weniger elegant aus als die Limousinen. Eher wirkten sie – wie so oft bei Kombis – formal ausgewogener. Die nach vorne geneigte C-Säule, das dritte Seitenfenster mit seiner breiten, eloxierten Wasserabweisrinne und der um 45 Grad abgeschrägte Heckabschluß des Dachaufbaus ließen keinerlei Lieferwagenimage aufkommen. Es gab nicht wenige Leute, die die T-Modelle für hübscher als die Limousinen hielten – im Prestige waren die Kombis ohnehin nicht unterlegen. Die Hecktür schwenkte an zwei unsichtbar im Dach integrierten Scharnieren nach oben. Zwei langhubige, ebenfalls zwischen Wagenhimmel und Dach untergebrachte Gasfedern schränkten den Kraftaufwand beim Betätigen der schwergewichtigen Heckklappe auf angenehme Weise ein – jedoch erwies sich der Schließvorgang wegen der hervorragenden Abdichtung in der Praxis als problematisch. Die Hecktür war sowohl per Schlüssel als auch mit einem Sicherungsstift – wie die übrigen Türen – von innen zu verriegeln, wobei man den Schließvorgang natürlich auch der wahlweise lieferbaren Zentralverriegelung überlassen konnte. Da die Heckscheibe naturgemäß stark zum Verschmutzen neigte, gab es hinten eine serienmäßige Wisch-Wasch-Anlage mit großem, leicht zugänglichem Flüssigkeitsbehälter. Ein zusätzlicher rechter Außenspiegel zählte ebenfalls zur Grundausstattung, ab 1982 war er von der Mittelkonsole aus elektrisch einstellbar. Mit einem elektrisch betätigten Schiebedach konnten die T-Modelle nicht ausgerüstet werden, da sich die Verlegung des Teleflexzugs samt Führungshülse zwischen Elektromotor und Dachausschnitt in den Dachsäulen als nicht besonders praktikabel erwies.

Die ebene, tiefliegende Ladefläche der T-Reihe wurde mit hochwertigem, strapazierfähigem Teppichboden ausgelegt. Sie war bei Normalbestuhlung 1,23 Meter lang und 1,43 Meter breit. Dabei belief sich das nutzbare Kofferraumvolumen – bis in Sitzhöhe gemessen – auf 460 Liter, bei Beladung bis zum Dach auf 788 Liter, gemäß VDA-Norm gar auf 879 Liter. Für einen Kombi der gehobenen Mittelklasse waren dies aber durchaus keine exzeptionellen Werte. Natürlich war der Stauraum stufenweise zu erweitern: Zunächst konnte die Fondsitzbank – bei der Serienausführung im Ganzen, bei der auf Wunsch lieferbaren geteilten Ein-Drittel-Zwei-Drittel-Version auch teilweise – umgeklappt werden. Zu diesem Vorgang waren die hinteren Kopfstützen abzunehmen, das Sitzkissen senkrecht zu stellen und die Rückenlehnen nach der Entriegelung bis zur Waagrechten nach vorne zu schwenken. Dadurch verlängerte sich der Laderaum auf 1,78 Meter. Zur weiteren Gewinnung von Transportfläche war das vertikal gestellte Fondsitzkissen nach Entriegelung der Klappscharniere herauszunehmen – die Länge des Stauraums wuchs dadurch auf 2,03 Meter, das Volumen auf 825 Liter, bei Nutzung bis in Dachhöhe auf 1544 Liter an. Zur Beförderung von Langgut konnte schließlich der Beifahrersitz in Liegeposition gebracht werden. Die serienmäßig montierte Mittelarmlehne zwischen den Vordersitzen stellte gleichzeitig eine Sicherung gegen rutschendes Ladegut dar, wenn sie nach oben geklappt wurde.

Für den Urlaub mit der Großfamilie, Gruppenreisen oder Kleinumzüge existierten noch weitere Möglichkeiten zur Erweiterung der Transportkapazität: Unter dem Laderaumboden war ein flaches Staufach angeordnet, das mit einem Knebelgriff geöffnet wurde. Diese Einsenkung bot auch Raum für die auf Sonderwunsch lieferbare, je nach

Links: 280 TE-Versuchsträger mit Wasserstoff-Hybrid-Antrieb aus dem Jahre 1983.

Oben: Betanken des Hydridspeichers bei der Wasserstoff-Straßenerprobung.

Rechts: Der 300 TD Turbodiesel stellte einen typischen Langstrecken-Reisewagen dar.

Polsterbezug bis über 1500 Mark teuere Klappsitzbank, die entgegen der Fahrtrichtung plaziert war und das Sitzangebot um zwei Plätze vergrößerte. Die Fondsitzbank wurde für diesen Fall mit drei Nackenstützen ausgestattet. Mit Hilfe der formschönen, verchromten Dachreling, die anfangs mit 224 Mark in der Sonderausstattungsliste verzeichnet war, ab März 1979 jedoch zur Grundausstattung zählte, konnte auch das mit 100 Kilogramm Tragkraft recht robust konstituierte Wagendach zu Transportaufgaben herangezogen werden.

Oben: Das Triebwerk des 300 TD Turbodiesel, mit 115 PS angekündigt und schließlich mit 125 PS realisiert.

Rechts: Batterie-Forschungs-Pkw mit 41 PS (30 kW) starkem Elektromotor und 600 Kilogramm schwerem Nickel-Eisen-Akku.

Ursprünglich war man zum Erwerb spezieller Halterungen für Sportgeräte auf den freien Zubehörhandel angewiesen – Daimler-Benz lieferte zunächst nur eine Gepäckbrücke für 616 Mark, die an den Befestigungspunkten der Reling fixiert wurde. Im Laufe der Bauzeit kamen aber werksseitig vertriebene Gepäckcontainer, Ski- und Skischuhboxen, Ski- und Fahrradhalter sowie Surfboard- und Bootträger dazu.
Der Gepäcksicherung diente das wahlweise lieferbare Doppelrollo, das in der letzten T-Preisliste mit 559 Mark zu Buche schlug. Es war an der Rückenlehne der Fondsitzbank montiert und auch bei umgeklappter Lehne benutzbar. Die waagrechte Komponente, die in eine Halterung an der Hecktür einrastete, bot Sichtschutz für das Gepäck. Das senkrecht zu den Befestigungspunkten am Dachhimmel auslaufende Sicherheitsnetz schützte vor rutschender Ladung oder bissigen Hunden. Für besonders massive Transportgüter war auch eine spezielle Lastenverankerung am Ladeboden lieferbar. Das Eratzrad war links im Laderaum stehend untergebracht und mit einer Teppichbodenverkleidung elegant abgedeckt. Gegenüber ruhten Warndreieck und Verbandkasten griffbereit unter einer Klappe in der Seitenverkleidung.
In ihren Fahrleistungen lagen die Mercedes-Kombis gemäß den Herstellerangaben auf dem Niveau der zugehörigen Limousinen, in der

Praxis erwiesen sie sich aber – wohl wegen des aerodynamisch günstiger skulpierten Hecks – als etwas schneller. So lief der 280 TE laut *auto motor und sport*-Messung stramme 207 km/h und beschleunigte in 9,3 Sekunden von Null auf 100 km/h. Auch andere T-Versionen wurden von dem genannten Fachblatt getestet: Der 200 T erreichte eine Spitze von 173 km/h und benötigte für den Meßspurt 15,1 Sekunden. Für den 230 TE und den 300 TD Turbodiesel lauteten diese Werte 186,5 bzw. 170,6 km/h und 10,8 bzw. 14,6 Sekunden. Dabei konzedierte die größte deutsche Automobil-Fachzeitschrift der aufgeladenen Diesel-Variante eine gleichmäßige Kraftentfaltung über den gesamten Drehzahlbereich – bei Turbomotoren sicherlich keine Selbstverständlichkeit, und bei weitem nicht alle 300 TD/T vermochten mit dieser Geschmeidigkeit aufzuwarten.

In ihren Betriebskosten lagen die T-Modelle über den entsprechenden Limousinen, da sie aufgrund ihres durchschnittlich um 100 Kilogramm höheren Eigengewichts erfahrungsgemäß einen Liter Kraftstoff für 100 Kilometer Fahrstrecke mehr konsumierten und dabei die Werkangabe übertrafen. Schon der Anschaffungspreis der T-Versionen lag beträchtlich über dem der Basismodelle – beispielsweise kostete ein 230 T im Jahre 1978 4368 Mark mehr als die 2,3-Liter-Limousine erster Ausführung. Wenn man in Betracht zieht, daß sich die entsprechenden Kombi-Mehrpreise bei Ford und Opel bei 600 Mark bewegten und selbst der kaum als Sonderangebot geltende Volvo-Fünftürer P 245 einschließlich Niveaumat an der Hinterachse nur einen Aufpreis von knapp 3000 Mark erforderte, muß man die T-Modelle fast in Oberklasse-Gefilden ansiedeln. Allerdings änderte sich die Marktsituation seit 1978 beträchtlich.

Der in seiner Heimat wenig populäre 300 TD Turbodiesel – Einstandspreis 37 143 Mark – war nur wenig preisgünstiger als die billigste S-Klasse-Limousine des Typs 280 S. Nur knapp darunter lag der sanftmütige und leistungsfähige 280 TE. Er kostete am Ende seiner Karriere 45 500 Mark. Selbst der am Anfang des T-Tarifs plazierte 200 T stellte mit 33 630 Mark keineswegs einen Gelegenheitskauf dar. Dennoch standen die Mercedes-T-Limousinen um die Mitte der achtziger Jahre im Vergleich zu ihren Mitbewerbern um den Markt der gehobenen Kombi-Klasse nicht mehr im Abseits: Der Ford Granada Turnier 2,8i

Modell	200 T (S 123 V 20, Bm. 123.280)	230 T (S 123 V 23, Bm. 123.083)	230 TE (S 123 E 23, Bm. 123.283)	250 T (S 123 V 25, Bm. 123.086)
Produktionszeit	November 1980 – Dezember 1985	Mai 1978 – April 1980	April 1980 – Dezember 1985	Mai 1978 – August 1982
Motor	Reihen-4-Zyl. M 102.920	Reihen-4-Zyl. M 115.954	Reihen-4-Zyl. M 102.980	Reihen-6-Zyl. M 123.920 ab Sept. 1979: M 123.921
Bohrung × Hub; Hubraum	89,0 × 80,25 mm; 1997 cm³	93,8 × 83,6 mm; 2307 cm³	95,5 × 80,25 mm; 2299 cm³	86 × 72,5 mm; 2525 cm³
PS (kW) bei n/min	109 (80) bei 5200/min	109 (80) bei 4800/min	136 (100) bei 5100/min	129 (95) bei 5500/min ab Sept. 1979: 140 (103) bei 5500/min
Verdichtung	9,0			8,7; ab Sept. 1979: 9,0
Ventile, Steuerung	1 obenliegende Nockenwelle (sohc)			
Gemischaufbereitung	1 Flachstromvergaser Stromberg 175 CDT		mechan. Benzineinspritzung Bosch-KA-Jetronic	1 Doppelregistervergaser Solex 4 A 1
Batterie	12 V 55 Ah			
Kühlmittelmenge	8,5 Liter	9,7 Liter	8,5 Liter	10 Liter
Getriebe	mechan. 4-Gang-Getriebe			
Lenkung	Kugelumlauflenkung; ab Sept. 1982 servounterstützt	Kugelumlauflenkung	Kugelumlauflenkung; ab Sept. 1982 servounterstützt	Kugelumlauf-Servolenkung
Bremsen	2-Kreis-Vierrad-Scheibenbremsen			
Bereifung	195/70 R 14 90 S	195/70 SR 14	195/70 R 14 90 H	195/70 HR 14 oder 195/70 R 14 90 H
Radstand; Spur vorne/hinten	2795 mm; 1488/1453 mm			
Gesamtabmessungen	4725 × 1786 × 1470 mm			
Leergewicht (Basisausrüst.)	1455 kg (bei erhöhter Zuladung 1470 kg)	1470 kg (1485 kg)	1475 kg (1490 kg)	1495 kg (1510 kg)
Tankinhalt	70 Liter			
Höchstgeschwindigkeit	168 km/h	170 km/h	180 km/h	180 km/h; ab Sept. 1979: 185 km/h
Stückzahlen (bis 31. 12. 1985)	18 855	6 884	42 253	7 704

kostete 1984 35 000 Mark, wies eine größere Ladefläche, aber eine geringere Ladehöhe auf und entsprach in seinen Fahrleistungen fast dem Mercedes-Top-Kombi 280 TE. In der bundesdeutschen Zulassungsstatistik trat der luxuriöse Kölner aber kaum in Erscheinung. Die Citroën-Typen CX Break und Familiale – letzterer achtsitzig – verkörperten relativ erfolgreiche Importwagen. Hier reichte die Preisskala bis 37 000 Mark für den CX TRD Turbo Break, der im Temperament mit dem 300 TD/T gleichauf lag, aber das Plus eines deutlich großzügigeren Raumangebots für sich verbuchen konnte. 1982 wurden in der Bundesrepublik 3000 CX-Kombi zugelassen, ein Jahr später waren es 2600. Noch erfolgreicher – 1983: 3200 Neuzulassungen – waren die

◂Hinsichtlich ökonomischer Kraftstoffverwertung und ausgeprägter Leistungsfähigkeit setzte der 300 TD/T neue Diesel-Akzente.

Modell	280 TE (S 123 E 28, Bm. 123.093)	240 TD (S 123 D 24, Bm. 123.183)	300 TD (S 123 D 30, Bm. 123.190)	300 TD Turbodiesel (S 123 D 30 A, Bm. 123.193)
Produktionszeit	Mai 1978 – Dezember 1985	Mai 1978 – Dezember 1985	Mai 1978 – Dezember 1985	Oktober 1980 – Dezember 1985
Motor	Reihen-6-Zyl. M 110.984	Reihen-4-Zyl.-Diesel OM 616.912	Reihen-5-Zyl.-Diesel OM 617.912	Reihen-5-Zyl.-Diesel OM 617.952 mit Abgas-Turbolader
Bohrung × Hub; Hubraum	86,0 × 78,8 mm; 2746 cm^3	90,9 × 92,4 mm; 2399 cm^3	90,9 × 92,4 mm; 2998 cm^3	
PS (kW) bei n/min	185 (136) bei 5800/min	65 (48) bei 4200/min; ab Febr. 1979: 72 (53) bei 4400/min	80 (59) bei 4000/min; ab Sept. 1979: 88 (65) bei 4400/min	125 (92) bei 4350/min
Verdichtung	9,0	21,0		21,5
Ventile, Steuerung	2 obenl. Nockenwellen (dohc)	1 obenliegende Nockenwelle (sohc)		
Gemischaufbereitung	mechan. Benzineinspritzung Bosch-KA-Jetronic	Diesel-Reiheneinspritzpumpe Bosch		
Batterie	12 V 55 Ah	12 V 88 Ah		
Kühlmittelmenge	10 Liter		11 Liter	12,5 Liter
Getriebe	mechan. 4-Gang-Getriebe			4-Gang-Wandler-Automatik
Lenkung	Kegelumlauf-Servolenkung	Kugelumlauflenkung; ab Sept. 1982 servounterstützt	Kugelumlauf-Servolenkung	
Bremsen	2-Kreis-Vierrad-Scheibenbremsen			
Bereifung	195/70 HR 14 oder 195/70 R 14 90 H	195/70 SR 14 oder 195/70 R 90 S		
Radstand; Spur v./h.	2795 mm; 1488/1453 mm			
Gesamtabmessungen	4725 × 1786 × 1470 mm			
Leergewicht (Basisausrüst.)	1545 kg	1505 kg (1520 kg)	1565 kg (1580 kg)	1610 kg (1625 kg)
Tankinhalt	70 Liter			
Höchstgeschwindigkeit	205 km/h	143 km/h	148 km/h; ab Sept. 1979: 155 km/h	165 km/h
Stückzahlen (bis 31. 12. 85)	19 775	38 897	36 870	28 216

Wohlbekannt sind die weiß-blauen T-Modelle des Mercedes-Benz-Kundendienstnetzes – hier ein vollausgerüsteter Werkstattwagen.

Peugeot 505-Fünftürer, die dicht an die 30 000-Mark-Grenze heranreichten. Auch die altgedienten Volvo-Kombis der Baureihen 245 und 265 – ab 1982 nur 240 – verfügten über einen festen Kundenstamm, zumal ihr Laderaum praxisgerechte Abmessungen aufwies. 1983 wurden auf dem deutschen Markt 3000 Exemplare der soliden Schweden abgesetzt, deren Turbo-Version leistungsmäßig nur knapp unter dem 280 TE angesiedelt war, aber eben auch 37 000 Mark kostete.

Wie schon die Limousinen der Baureihe W 123 hatten auch die T-Modelle keine Schwierigkeiten, sich gegen ihre Klassenrivalen durchzusetzen: Sie nahmen in den Kombi-Zulassungsziffern des Heimatmarktes regelmäßig Rang zwei hinter dem eine volle Etage tiefer residierenden VW Passat Variant ein und stellten hier sogar noch eine steigende Tendenz zur Schau: 1982 waren in Deutschland 17 000 T-Limousinen ausgeliefert worden, 1983 19 500 und 1984 trotz des arbeitskampfbedingten Produktionsausfalls von Mai bis Juli immerhin noch 16 100. Darunter befanden sich nicht wenige Taxis – alle Versionen außer dem 280 TE konnten werksseitig bereits mit dem sogenannten »Taxi-Paket« einsatzfertig geliefert werden. Entsprechend ihrer Hauptverwendung erwiesen sich die T-Diesel insgesamt als erfolgreicher als ihre Benzin-Pendants.

Den Stückzahl-Leader verkörperte aber der 230 TE, der es bis zum Serienauslauf im Dezember 1985 auf 42 253 Exemplare brachte, gefolgt vom 240 TD mit 38 897 Einheiten und vom 300 TD mit 36 870 Wagen. Der Turbodiesel erreichte nicht zuletzt durch seinen unverhältnismäßig hohen Nordamerika-Exportanteil eine Produktionsziffer von 28 216. Erst auf dem fünften Rang innerhalb der T-Familie plazierte sich wieder ein Benziner – der 280 TE, von dem 19 775 Stück hergestellt wurden. Der 200 T hat es angesichts seiner relativ kurzen Bauzeit nur auf eine Stückzahl von 18 855 bringen können. Vom 1980 abgelösten 230 T waren 6884 Wagen gebaut worden. Der 250 T führte stets ein Außenseiterdasein und war mit bescheidenen 7704 Exemplaren vertreten – ab 1981 wies die Produktionschronik für ihn jährlich nur noch dreistellige Ergebnisse aus. Alles in allem hatten sich die Kombis aus Bremen trotz ansehnlicher Preise schnell auf dem Markt etablieren und einen festen Freundeskreis erobern können – eine Erfolgsbilanz, die nun den T-Modellen der Nachfolgereihe W 124, vorgestellt auf der Frankfurter IAA im September 1985, als gesundes Fundament zur Verfügung steht.

Topmodell der Reihe W 123: Ein früher 280 E an der Côte Sauvage, Bretagne.

BT K 400

Mehr denn je zuvor wurde die Konzeption der Baureihe W 126 von der Vernunft geleitet – die veränderte Energiesituation prägte erstmals ein Automobil der europäischen Luxusklasse:

Mercedes-Benz 280 S/SE/SEL, 380 SE/SEL, 500 SE/SEL, 260 SE, 300 SE/SEL, 420 SE/SEL, 560 SEL, 300 SD/SDL

Noch ehe die weitgehend revidierte Modellfamilie W 116 der S-Klasse in Serie ging, begann im Herbst 1971 die Entwicklungstätigkeit an der Folgegeneration der *senior line*. Zunächst wurde eine umfangreiche Galerie von Vorstudien erstellt, die sich teilweise noch eng an den Hundertsechzehner anlehnten, zum anderen aber zuweilen skurrile und futuristische Züge trugen. In den ersten beiden Jahren der Projektierungsphase ging man noch von einem Beibehalten des Radstandes der Baureihe W 116 (2865 Millimeter) aus. Das Lastenheft sagte über die endgültige Gestalt der S-Klasse-Nachfolger nur wenig Konkretes aus: Sie sollten ein Maximum an Komfort und Leistung bieten, gestützt auf neueste Forschungsergebnisse. Da es zu Beginn der siebziger Jahre in Sachen Energieversorgung bereits wahrnehmbar kriselte, sollte in die Konzeption der großen Limousinen zudem eine Reduzierung des Kraftstoffverbrauchs einbezogen werden. Zum obersten Leitgedanken des Gesamtauftrags wurde die Treibstoffeinsparung aber erst nach dem Ölembargo des Winters 1973/74 erhoben. Die empfindliche Ölverknappung brachte große Wagen – ungeachtet ihres Status – vorübergehend ins Aus. Die Ächtung wahrer und vermeintlicher *gas guzzlers* durch breite Volksschichten wurde allerdings eher in einer Art Ventilwirkung durch sozialen Neid als durch ökologische Überlegungen ausgelöst. Eine Anti-Auto-Lobby begann, auf breiter Ebene das Symbol für Unabhängigkeit und Mobilität anzugreifen. Für die Kraftfahrzeugindustrie war ein abrupt einsetzender Prozeß des Umdenkens geboten.

Um den Durst der großen Modelle in den Griff zu bekommen, mußte in Untertürkheim und Sindelfingen dreigleisig vorgegangen werden – mit Hilfe triebwerkstechnischer Lösungen, durch aerodynamische Prioritäten und mit einer gründlichen Abmagerungskur. Gerade die Gewichtsreduzierung bereitete zunächst Kopfzerbrechen und löste intensive Diskussionen unter Leitung von Chefingenieur Friedrich van Winsen aus. Ein *downsizing* – eine drastische Verkleinerung der Hauptabmessungen zum Erzielen einer geringeren Verkehrsfläche – kam nicht in Frage, da es ohne Zweifel unzumutbare Abstriche an Komfort und Raumangebot mit sich gebracht hätte. Die Mercedes-S-Limousinen erreichten im Vergleich zum Bundesdurchschnitt mit 25 000 Kilometern exakt die doppelte Jahresfahrleistung und waren meist mit mehr als zwei Personen besetzt. Eine Einschränkung des Fondraumes hätte sich in dieser Preiskategorie als Fauxpas erweisen müssen. Folglich bemühte man sich um eine technische Lösung des Gewichtsproblems, die allerdings ebenfalls eine unverhältnismäßig hohe Steigerung der Entwicklungskosten bedeutete, zumal der innegehabte Qualitätsstandard in keinerlei Beziehung geopfert werden durfte. Ausgefeilte Detailarbeit an der Rohkarosserie und der Einsatz neuer Werkstoffe ließen ein Abspecken um 50 Kilogramm zu.

Diese Abmagerungskur bestand vor allem in einem Optimieren der Stahlstruktur: Durch das computergestützte Design (CAD) konnten der Gebrauch hochzugfester Stahllegierungen und die verwendeten Materialstärken genau auf die Bedürfnisse der jeweiligen Komponenten zugeschnitten werden. Statt konventioneller Stahlbleche kamen neuartige niedriglegierte Stähle bei der Bodengruppe, bei den seitlichen Rahmenprofilen und bei den Dachlängsträgern zur Anwendung. Diese HSLA-Stähle (*high strength low alloy*) sind mit Zusätzen von Titan, Niob und Vanadium legiert, besitzen die doppelte Festigkeit herkömmlichen Kohlenstoffstahls, sind deshalb dünner walzbar und damit leichter.

Aber auch eine Vielzahl anderer Bauteile war in das Weightloser-Programm aufzunehmen, wobei die jeweiligen Konstruktionsteams eng begrenzte Vorgaben erhielten. Insgesamt 31 Baugruppen, vom Wagenboden bis zum Tank, von den Leichtmetallmotoren bis zu den Stoßstangen, waren von den Erleichterungsmaßnahmen betroffen. Die Wagenheizung hatte beispielsweise fünf Kilogramm weniger zu wiegen als die der Baureihe W 116 – durchaus kein leichtes Unterfangen für die Entwicklungscrew. Die Vordersitze sollten bei ungeschmälertem Komfort drei Kilogramm leichter werden und selbst bei kleineren Bauteilen wie den Türschlössern waren Gewichtseinsparungen vorgeschrieben worden. In der Summe aller Maßnahmen sprach Daimler-Benz in Presseverlautbarungen von einem Gewichtsschwund gegenüber der alten Modellreihe, der – je nach Typ, aber stets in Grundausstattung – bis zu 280 Kilogramm betragen konnte. Da die Neuen der Baureihe W 126 aber – so behaupteten die Stuttgarter Promotionleute durchaus nicht ohne eine gewisse Logik – leistungsmäßig jeweils eine Etage höher angesiedelt waren als ihre eigentlichen W 116-Vorgänger, ergab sich ein noch extremeres Bild: Der neue 280 SE konnte auf diese Weise durchaus auch als Nachfolger des 350 SE gesehen werden, zumal er 115 Kilogramm leichter war, während zum bezeichnungsgleichen Vorläufer ein Minus von 55 Kilogramm bestand. Ähnlich lagen die Dinge zwischen 380 SE und 450 SE – minus 135 Kilogramm. Der 500 SEL, der mit dem 450 SEL 6.9 vergli-

Oben links: 186 Pferdestärken – 185 davon in einem 280 SE, dem populärsten Modell der Baureihe 126.

Rechts: W 126 im Projektstadium, Maßstab 1:1. Im Hintergrund Designkonzepte der Frühphase.

Oben: Einer der letzten 230 CE, Sommer 1985.

Rechts: 280 CE mit versenkten Seitenscheiben.

280 CE
K DL 837

chen wurde, spielte – nicht zuletzt aufgrund des wesentlich leichteren Motorblocks – jene propagierte Abmagerung um 280 Kilogramm ein. Ein weiterer, allerdings kaum bequemer zu beschreitender Weg zur Verbrauchsminderung bestand in der hochgradig verbesserten Aerodynamik der neuen S-Klasse. Neben der Herabsetzung des Luftwiderstands-Beiwertes c_w von 0,41 auf 0,36 durch eine Reihe formgestalterischer Kniffe wurde auch die Stirnfläche verkleinert, was in einer Reduzierung der Wagenbreite um 45 Millimeter resultierte.

Dank geschickter Stilistik und durch die breiter gewordene Spur sah man den Hundertsechsundzwanzigern aber nicht an, daß sie schmäler geworden waren. Daß die Sitzbreite durch eine derartige Maßnahme nicht ungebührlich eingeschränkt werden mußte, hatten die Karosseriebauer längst gelernt. Fortgesetzte Windtunnel-Testreihen führten schließlich zu einem um 14 Prozent niedrigeren Luftwiderstand. Der c_w-Wert der neuen S-Klasse galt 1979 geradezu als sensationell und stellte kurzzeitig eine Weltbestleistung für Limousinen dar.

Als Strömungsverhältnisse und Gewichtseinsparung souverän beherrscht wurden, konnte man sich dem Raumangebot der großen Limousinen zuwenden. Kein sinnvolles Argument sprach nun mehr dafür, grundsätzliche Eingriffe an der Bemaßung vorzunehmen – bezüglich Insassenkomfort hatte die S-Klasse schließlich ihren Ruf zu verteidigen. Entgegen den Prognosen schwarzseherischer »Experten« wurden die Topmodelle hinsichtlich ihres Status weder abgewertet noch verwässert – Daimler-Benz bekannte sich zur Größe: Der Radstand wurde um sieben Zentimeter – beim 500 SE wegen der abweichenden Hinterradaufhängung um 6,5 Zentimeter – gestreckt, bei den Langversionen wuchs er gar um elf Zentimeter (500 SEL: 10,5 Zentimeter). Dadurch konnte das bei den 116ern bei welliger Fahrbahnoberfläche leicht spürbare Stampfen unterdrückt werden. Gemäßigter fiel das Längenwachstum der Wagen aus: Die Normalversionen hatten um 3,5 Zentimeter, die L-Ausführungen sogar um ganze 7,5 Zentimeter zugelegt.

Ab Frühjahr 1978 wurden die noch mehr oder minder handgeschneiderten Prototypen der kommenden Typenfamilie auf dem werkseigenen Testgelände erprobt. Im darauffolgenden Sommer begann der Straßenversuch, der sozusagen weltweit stattfand: Einige Versuchswagen wurden im Herbst 1978 an einem der heißesten Punkte Amerikas, im kalifornischen Death Valley, gesichtet. Im Winter 1978/79 waren die 126er serienreif. In den Monaten Februar bis Mai 1979

Links: Zunächst gab es die 126er in vier äußerlich identischen Grundbaumustern.

Unten: Die ergonomisch perfekte Armaturenanlage der S-Klasse W 126.

Rechts: W 126 in Zweitauflage mit Retuschen an den Kunststoffteilen.

wurde die Vorserie erstellt. Sie umfaßte gerade eine Handvoll Wagen mit Normalradstand, die neben den Produktionsvorbereitungen und den üblichen Detailverbesserungen auch der Werbeabteilung als Fotoobjekte für die Verkaufsliteratur dienten. Am 12. Juli 1979 fand in Sindelfingen die interne Präsentation vor Vertretern der Daimler-Benz-Gesamtorganisation statt, im September 1979 schließlich das öffentliche Debüt auf der Frankfurter IAA. Die vier »kurzen« Modelle der Baureihe W 126 gingen allerdings erst im Dezember 1979 bzw. Januar 1980 in Produktion. Mit der auslaufenden Baumusterfamilie W 116 ergab sich eine bis zu neun Monaten dauernde Überschneidung, da der US-Markt für die Neuen bis September 1980 tabu war. In Australien wurden noch im Laufe des Jahres 1981 auf Vorrat gebaute W 116-Rechtslenker verkauft. Nach einer im Herbst 1979 gebauten Vorserie von vier Fahrzeugen – ein 500 SEL wurde noch rechtzeitig zur IAA fertig – nahm man im Juni 1980 auch die Herstellung der Langversionen auf.

Die Baureihe W 126 umfaßte zunächst acht Modelle, nachdem der 6.9 entbehrlich geworden war. An der Basis befand sich der wenig populäre 280 S, der nach wie vor nur mit Normalradstand lieferbar war. Die drei Einspritzer 280 SE, 380 SE und 500 SE waren auch als SEL-Versionen erhältlich. Die Typenhierarchie war nun einer veränderten Deutung unterzogen worden: Ab dem 280 SE ersetzten die 126er jeweils das bei den 116ern noch eine Stufe höher residierende Modell, wobei die Zylinderzahl nicht unbedingt eine Rolle spielte.

Die Karosserien der Hundertsechsundzwanziger ähnelten in den Grundzügen durchaus denen ihrer Vorgänger – eine stilistische Verwandtschaft war unverkennbar. Das Designteam unter der Regie von Bruno Sacco hatte den Kompromiß aus der Erfüllung aerodynamischer Erfordernisse und den Konzessionen an den zumeist konservativ geprägten Geschmack der S-Klasse-Klientel hervorragend gelöst. Die große Modellreihe präsentierte sich deutlich funktioneller und schlichter. Überspitzte Vokabeln wie ›schmucklos‹ und ›nackt‹, die zunächst aus den Reihen langjähriger, prestigebewußter Oberklassekäufer ertönten, waren unter dem Aspekt der noch nicht vollzogenen Umgewöhnung zu sehen. Daß die Wagen aber weniger repräsentativ wirkten, wie in der Fachpresse unterstellt wurde, konnte nicht ernsthaft akzeptiert werden. Chromüberfluß und Blechornamentik hatten längst aufgehört, den Stellenwert eines Autos zu charakterisieren.

Links: 380 SE (W 126) mit den bei diesem Modell nicht sehr häufigen Serien-Raddeckeln.

Rechts: Inserat aus dem Jahre 1921. Der »gute Stern« war damals noch nicht durch einen Ring eingefaßt.

Der nach den Flanken hin stark gerundete, deutlich angeschrägte Bug wurde vom nach wie vor traditionell konturierten, aber wiederum breiter und niedriger gewordenen Kühlergrill beherrscht. Optisch weitaus divergenter zeigten sich die vorderen Leuchteinheiten: Während die Scheinwerfer bei der Baureihe W 116 streng rechteckig ausgeführt waren und bis an die Kühlermaske heranreichten, wirkten sie beim W 126 durch den stilistischen Trick einer »Mongolenfalte« der Motorhaubenkante fernöstlich-exotisch. Sie waren wie bei den Vorgängern mit den verrippten, nun großflächigeren Blinkleuchten kombiniert, die weit um die Ecke in die flacher gewordenen Seitenteile hineinreichten. Halogen-Fern- und -Abblendlicht wurden durch serienmäßig integrierte Halogen-Nebelscheinwerfer ergänzt. Bei genauerer Betrachtung augenfällig wurde die aerodynamisch fast perfekte Passung der Leuchteinheiten in das Karosserieblech. Gegen Aufpreis gab es eine unauffällig plazierte Wisch-Wasch-Anlage für die Scheinwerfer, dagegen zählte die pneumatische Leuchtweitenregelung zur Grundausstattung.
Die Motorhaube – ursprünglich in Leichtmetallausführung geplant, dann aber doch in Stahlblech gefertigt – fiel flacher ab als beim Vorgänger und hatte an den Kanten günstigere Abrundungsradien erhalten. Zusätzlich zur Normalstellung konnte sie zum Aus- und Einbau des Motors auch im Winkel von 90 Grad geöffnet werden. Vor der Windschutzscheibe war die Motorhaube zu einer Art Abrißkante hochgezogen, die die ruhenden Scheibenwischer abdeckte. Damit waren die vollversenkten Wischer aus der Strömungslinie genommen, die verbesserte Windschlüpfigkeit brachte eine Geräuschminderung mit sich. Eine derartige Styling-Maßnahme hatten die Amerikaner allerdings längst vorpraktiziert. Ein positiver Nebeneffekt bestand dabei in der herabgesetzten Verletzungsgefahr von Fußgängern und Zweiradfahrern im Kollisionsfall. Wie die Praxis zeigte, neigte der Wischerschacht dazu, von Laub oder Schnee verstopft zu werden – glücklicherweise besaßen die Wischer einen Überlastungsschutz. Auch das Wischerfeld von 77 Prozent der Frontscheibenfläche, gegenüber den Vorläufern eine Vergrößerung von fünf Prozent, vermittelte nicht nur eitel Freude, denn es bot durch ungünstigen Schnitt dem Beifahrer bessere Sichtverhältnisse als dem Fahrer. Andererseits wurde der Kunde durch den leichten Zugang zu Wischermotor und -gestänge und der damit verbundenen Kosteneinsparung von 25 Prozent im Reparaturfall entschädigt.
Die überaus großflächigen Stoßfänger entbehrten nun erstmals bei einem Mercedes-Benz-Personenwagen jeglichen Zierrats und bedeuteten eine krasse Abkehr von der bisher gepflogenen Bauweise, einem satt verchromten, relativ schmalen Stahlprofil mit kräftigen Gummi-Schutzleisten. Nun war ein nachgiebig konstituiertes Aluminium-Preßteil mit einer dicken Polyurethanhaut verkleidet. Der vordere Stoßfänger – von einer Stoßstange konnte man mit bestem Willen nicht mehr sprechen – war direkt an das Frontpaneel angesetzt und ging in die tief abwärtsgezogene Bugschürze über, die im Hochgeschwindigkeitsbereich den Auftrieb an der Vorderachse verminderte, unter dem Wagenboden Unterdruck erzeugte und dadurch die Fahrstabilität positiv beeinflußte. Natürlich stand auch hier das Styling unter der Priorität des hauseigenen Windkanals. Im Endeffekt war an dieser Partie ein ganzes Aufgabenbündel zu lösen: Neben der aerodynamischen Funktion hatten die Stoßfänger Karambolagen mit einer Aufprallgeschwindigkeit bis zu vier km/h schadlos zu überstehen, d. h. sie durften sich nur vorübergehend verformen, und mußten auch bei energiereicheren Remplern noch Beschädigungen der Wagenfront verhindern. Es versteht sich beim Magerkonzept der S-Klasse von selbst, daß hier bei aller scheinbaren Massivität beträchtliches Gewicht einzusparen war. Und dieses Ziel wurde trotz der Widerstandsfähigkeit der verwendeten Materialien auch erreicht. Letztlich meldete auch der Kundendienst seine Forderung nach einfacher Auswechselbarkeit an. Die elastischen Kunststoffteile der Stoßfängereinheiten mochten zwar zunächst bei einem hochglanzverwöhnten Publikum Mißfallen erregen – noch heute verstummt der oft bitter geäußerte Vorwurf nicht, daß nun auch bei Daimler-Benz das Plastikzeitalter seinen Einzug gehalten habe –, ganz schmucklos brauchten die Autos nicht auszusehen: Die Polyurethan-Komponenten wurden je nach georderter Wagenlackierung in drei verschiedenen Grau- bis Brauntönen eingefärbt. Darüberhinaus bestand die reichlich wahrgenommene Möglichkeit, die Stoßfänger in privater Initiative in der Karosseriefarbe lackieren zu lassen.
In der Seitenansicht wirkten die S-Klasse-Limousinen dritter Generation trotz deutlicher Reminiszenzen an die Vorgänger bei einer gemäßigt keilförmigen Silhouette flacher und gestreckter. Dieser Eindruck beruhte zum einen auf einer stärkeren Neigung der A- und C-Säule, denn effektiv waren die Wagen sogar um fünf Millimeter höher als die W 116-Modelle. Andererseits trugen zu der horizontal betonten Optik auch die breiten seitlichen Schutzleisten aus hochfestem Polyurethanschaum bei. Dieser verrippte Flankenschutz stellte ein weiteres Mercedes-Novum dar. Er verlief auf Stoßfängerhöhe im unteren Türendrittel zwischen den Radausschnitten, hatte neben Parkbeschädigungen Steinschlag- und Streusalzschäden an den Türen zu verhindern und war im Havariefall leicht auszuwechseln. Auch für dieses Kunststoff-Ensemble war die Farbenpalette der hinteren und vorderen Stoßfänger vorgesehen.
Die neuentwickelten Tür-Zuggriffe stellten ein Produkt strömungstechnischer und sicherheitsorientierter Untersuchungen dar. Ein erst-

malig angewandtes Schließsystem mit ingeniösen Vierbahnschlüsseln, versenkte Verriegelungsknöpfe innen sowie weitere, aus verständlichen Gründen nicht öffentlich bekundete Sicherheitsmaßnahmen wirkten den in erschreckendem Maße zunehmenden Diebstählen hochklassiger Mercedes-Limousinen entgegen und bildeten einen effektvollen Schutz vor Autoknackern zumindest aus der Nicht-Profi-Sparte. Für die neue S-Klasse wurde eine verbesserte, nach dem Bi-Druck-System arbeitende Zentralverriegelung konzipiert, die zunächst als zuschlagpflichtige Sonderausstattung zur Verfügung stand, ab Herbst 1981 aber in die Basisausrüstung einbezogen wurde.
Auch der von innen einstellbare Außenspiegel mit Kunststoffgehäuse war in das aerodynamisch optimierte Gesamtkonzept integriert worden und an der bemerkenswerten Freiheit von Windgeräuschen in hohem Maße beteiligt. An den A-Säulen verhinderten die längst bewährten wasserabweisenden Blenden ein Verschmutzen der Seitenfenster. Stufenlose Übergänge zwischen Dachpfosten und Türrahmen und nach innen verlegte Regenleisten entsprachen dem Bestreben nach strömungstechnischer Vollkommenheit, die man an dieser Stelle allerdings erst mit der überarbeiteten »Phase zwei« der Baureihe W 126 im Herbst 1985 erreichte. Formal nicht unumstritten waren die glatten Radblenden aus Polyamid, die im Gegensatz zu den bisherigen aus rostimmunem V4A-Stahl gefertigten Radzierdeckeln, da wenig strukturiert, recht plump wirkten. Auch hier stand 1985 – ganz im Gegensatz zur langfristig ausgelegten Daimler-Praxis – stilistisch besser gelungener Ersatz bereit. Außerdem kam jene Kritik nur wenig zum Tragen, weil die überwiegende Mehrheit der W 126-Limousinen mit den Fuchs-Leichtmetallrädern der gewohnten Bauart bestellt oder nachgerüstet wurde.
Die geringsten Unterschiede im Styling der S-Klasse-Neuauflage zu den Vorläufern ergaben sich in der Heckansicht – sieht man von den glattflächigen Stoßfängern mit integrierter Schürze ab. Zwar war die sanfte Abrißkante des Kofferdeckels leicht angehoben worden, die höheren Rückleuchten bewirkten aber einen optischen Ausgleich. Sie entsprachen in ihrer Grundform denen des W 116, waren aber deutlich kürzer. Eine Nebelschlußleuchte war serienmäßig einbezogen.
Bei aller äußerer Funktionalität vermittelte der Innenraum eine salonähnliche Atmosphäre, die von modischen Stileinflüssen und störanfäligen Elektronikspielereien freigehalten wurde. Traditionsgemäß gab es handgefertigte Sitze mit atmungsaktivem und bewährt langlebigem Stahlfederkern und luftdurchlässiger Polsterauflage mit wollwattegefüllten Vollpfeifen, feuchtigkeitsableitend und Daimler-typisch straff gefedert: Bei erster Fühlungnahme wirkten sie wenig anschmiegsam, um dann aber in puncto Konditionserhalt der Insassen bei längerem Sitzen ihre Vorzüge auszuspielen. Nicht zuletzt dank der körpergerechten Lehnenauswölbung und der extrem dauerhaften Bezugsstoffe – als Sonderausstattung konnte man unter acht verschiedenen Macharten aus MB-Tex, Leder und Velours wählen – zählten die Mercedes-Sitze zweifellos zu den besten der Weltproduktion. Durch Kehlungen in den Vordersitzlehnen konnten 25 Millimeter Beinfreiheit im Fond gewonnen werden.
Innenbreite und Kopffreiheit auf den vorderen Plätzen hatten etwas abgenommen, die Dachhöhe über den Fondpassagieren war indessen um mehr als acht Zentimeter angehoben worden. Eine der frappierendsten Komponenten der Wohnlichkeit in den 126ern war der erstklassige Geräuschkomfort. Das Pianissimo der 116er galt bereits als vorbildlich, die Neuen bewiesen jedoch, daß noch eine Steigerung möglich war. Über die flüsternden Triebwerke, die nach allen Regeln der Kunst vollzogene Fahrwerksdämpfung und die ausgefeilte Aerodynamik hinaus drosselten eine Leichtmetall-Schottwand zwischen Motorraum und Interieur, doppelte Türabdichtungen ringsum, ausgeschäumte C-Säulen, verbesserte Fensterschacht-Dichtleisten und eine modifizierte Belüftungsanlage den Geräuschpegel auch bei höheren Geschwindigkeiten fast bis zum Nullwert.
Falls das Platzangebot im Fondraum nicht genügte, stand bei den SEL-Versionen jetzt ein zusätzlicher Knieraum von 14 Zentimetern zur Verfügung. Ein 500 SEL konnte jedoch dennoch kein Ersatz für den verblichenen 600 oder gar dessen Pullman-Ausführung sein. Auf gewissen außereuropäischen Märkten schien noch immer ein Bedarf an Super-King-Size-Varianten zu bestehen, der von kleinen Spezialfirmen dies- und jenseits des Atlantiks auf der Basis der Baureihe W 126 befriedigt wurde. Auch im Hause Daimler-Benz prüfte man ernsthaft die Möglichkeiten für die Produktion derartiger rollender Salons: Seit den frühen achtziger Jahren wurden dort immer wieder immens verlängerte 126er mit einem großen dritten Seitenfenster im Versuch beobachtet. Zu einer Kleinserienfertigung konnte man sich jedoch, wohl aus wirtschaftlichen Überlegungen, nicht entschließen und überließ in dieser Disziplin das Feld weiterhin unabhängigen Karosseriebauern und Veredlern.
Die Armaturenbretter der 126er boten im Vergleich zu den Vorgängern nur ein vergleichsweise mildes Restyling. An der Plazierung der Instrumente und Bedienungselemente hatte sich nichts geändert. Hingegen war auf die Neukonzipierung der Heizungsanlage viel Mühe verwandt worden: Nun bestand die Möglichkeit, die Innenraumtemperatur für beide Wagenseiten getrennt auf das Grad genau einzustellen. Ein elektronisch arbeitendes Temperatur-Regulierungssystem – sprachlich etwas unglücklich als »Heizmatic« bezeichnet – konnte mit Werten zwischen 16 und 32 Grad Celsius programmiert werden. Im Innenraum verteilte Wärmefühler steuerten das Regelgerät unabhän-

Oben: Ein 230 E des Jahrgangs 1981.

Rechts: Coupé 230 C vor Schloß Türnich bei Köln. Wagenbesitzer: Wolfgang Fröschner.

gig von der Außentemperatur. Nach dem Erwärmen der Luft im Fahrgastraum sorgte die Heizmatic für ein Konstanthalten der Temperatur bei jeder Fahrgeschwindigkeit. Ab September 1985 war ein zusätzliches Umschalten auf Umluft möglich, um ein schnelleres Heizen bei extremer Kälte sicherzustellen. Analog zu der bei der Roadster-Baureihe R 107 seit 1971 üblichen Praxis verliefen beim W 126 Warmluftkanäle in den Türen. Auch dem Belüftungssystem war verstärkte Aufmerksamkeit geschenkt worden. Die Mittelkonsole wurde, sofern nicht die gar nicht so selten georderten Extras Kli maanlage oder Klimatisierungsautomatik eingebaut waren, von zwei großen Drehschaltern beherrscht: dem vierstufigen Luftmengenregler und dem Luftverteilungsschalter. Der Fondraum besaß eine separate, individuell einstellbare Frischluftzufuhr mit zentraler Düse an der Hinterseite der Mittelkonsole, die ab 1985 auch auf Warmluftzufuhr umgestellt werden konnte.

Mehr als einen netten Gag stellte die dritte kleinformatige Sonnenblende in der Mitte unter dem abblendbaren Innenspiegel dar. Sie verhinderte die Blendung des Fahrers bei niedrigem Sonnenstand. Die Feststellbremse hatte einen neuen, ergonomisch günstiger gestalteten Entriegelungsgriff erhalten. Die Taste des Handschuhfachschlosses saß nun endlich auf der fahrerzugewandten Seite und half, riskante Akrobatik während der Fahrt zu vermeiden. Das geschäumte Oberteil der Armaturenanlage war in sechs, der Dachhimmel in drei verschiedenen Farbtönen – je nach georderter Innenausstattung – ausführbar. Instrumentenbrett und Mittelkonsole waren mit einer splittersicheren Edelholzauflage, beispielsweise Zebrano, versehen. Gegen Mehrpreis war auch Wurzelnußfurnier lieferbar, das beim 560 SEL ab Herbst 1985 zur Grundausstattung gehörte.

Selbstverständlich war in die Konzeption der neuen S-Klasse ein Höchstmaß an passiver Sicherheit eingeflossen. Der Karosserievorbau hatte einen längeren Verformungsweg erhalten. Zudem war diese Knautschzone in Abschnitte gestaffelter Festigkeit unterteilt, um der Sicherheitszelle des Fahrgastraumes noch mehr Wirksamkeit zu verleihen – ein Novum für den gesamten Automobilbau. In Verbindung mit dieser Maßnahme waren die vorderen Querträger neu angeordnet und die Längsprofile bis zum Wagenheck verlängert worden. Die vorderen Dachsäulen bildeten mit dem Dach einen Rahmenverbund, der eine erhöhte Überrollfestigkeit aufwies. Das Gurtsystem war überarbeitet worden: Die vorderen Dreipunktgurte konnten dank einer Dreifach-Höhenverstellung der jeweiligen Körpergröße der Insassen angepaßt werden.

Im Herbst 1985 erfuhr die Baureihe W 126 neben der Motorisierung durch eine neue Triebwerkspalette eine ganze Reihe von Modellpflegemaßnahmen, die die Karosserie betrafen – ein für Daimler-Benz typisches Merkmal der Aktualisierung vor einem bevorstehenden Modellwechsel, sofern man auch in diesem Fall den Acht- bis Neun-Jahres-Rhythmus in Betracht zog. Doch letztlich trog der Schein: Im Winter 1985/86 wurde der für 1987 anvisierte Ersatz der 126er auf das Jahr 1990 verschoben. Das Facelifting des Jahres 1985 bezog sich in erster Linie auf die neugestalteten Stoßfänger, die nun stufenlos in die Bug- und Heckschürzen übergingen. Diese Spoiler waren tiefer und steiler abwärtsgerichtet. Der Abtrieb an der Vorderachse konnte dadurch um weitere 30 Prozent verbessert werden. Ein geänderter Unterbau mit neuen Biegeträgern und eine optimierte Zusammensetzung des Polyurethanschaums erhöhte die Widerstandsfähigkeit der Stoßfänger bei Kleinkollisionen. Auch der Flankenschutz war optisch und aerodynamisch wirkungsvoll modifiziert worden. Er war glattflächig gestaltet und nunmehr – wie auch die Stoßfänger – in vier neuen Metalliclackierungen von chinchilla bis fregattblau lieferbar, die sich wie bisher in fester Zuordnung zu den Wagenfarben befanden, aber im Kontrast dazu geschmackvollere Farbkombinationen erlaubten. Die Heckscheibe besaß nun einen neugeformten Chromzierrahmen mit schlankerem Profil. Ebenso erlaubten tiefer in die Dichtgummis eingebettete Zierstäbe an den Seitenfenstern eine nahezu außenhautbündige Verglasung – dadurch war ein weiteres Quentchen Windschlüpfigkeit zu gewinnen.

Auch die Innenausstattung der 126er erfuhr im September 1985 eine aktualisierende Überarbeitung. Die Rücksitzbank – im Untertürkeimer Jargon hieß sie »Fondsitzanlage« – erhielt analog zur brandneuen Mittelklasse-Baureihe W 124 Keileinlagen in den äußeren Sitzkissen und eine verbesserte Plazierung der Außengurtschlösser in Mulden der klappbaren Mittelarmlehne. Die bisher aus PVC gefertigten Haltegriffe am Dachrahmen wichen geschäumten Schienen. Das Kombiinstrument wurde um eine Reihe von Kontrolleuchten für Glühlampenausfall und die Flüssigkeitsstände von Motoröl, Kühlmittel und Scheibenwaschwasser ergänzt. Gänzlich neu war die sogenannte »Dachbedieneinheit« über der Windschutzscheibe, die jedoch weder einen Bordcomputer noch eine Serviceintervall-Anzeige nach Münchener Muster umfaßte. Daimler-Benz blieb seiner Devise der kritischen Distanz zur Renommierelektronik treu. Daher enthielt dieses Bauteil lediglich so profane Dinge wie die Innenleuchte mit Verzögerungsschalter und integriertem Leselicht für den Beifahrer, eine blinkende Aufforderung zum Gurtanlegen, den Sensor für die Innenraum-Klimatisierung und den Schalter für das als Sonderausstattung lieferbare Schiebe-Hubdach.

Rechts: Die geschmiedeten Original-Daimler-Benz-Leichtmetallräder stehen den 126er Limousinen wirklich hervorragend.

S-EC 1911

ZOLL
DOUANE
200 m
D
D UV 627

Links: Ein 126er der ersten Ausführung – 280 SE.

Oben: 280 TE – ideale Kombination eines Geschäfts- und Ferienautos.

Bemerkenswerter war die dreimalige Neuordnung des Triebwerksprogramms der S-Klasse seit 1979. Die erste Motorengeneration umfaßte je zwei Sechszylinder- und V8-Maschinen. Die beiden Reihen-Sechszylinder des Baumusters M 110 waren alte Bekannte – die seit 1971 eingesetzten Doppelnockenwellen-Drehzahlkünstler mit dem Solex-Doppelregistervergaser 4 A 1 und 156 PS (115 kW) beim 280 S und der Bosch-KA-Jetronic und 185 PS (136 kW) beim 280 SE. Die beiden Achtzylinder waren dagegen jüngeren Datums und mit Zielrichtung W 126 neu konzipiert worden, wobei allerdings das größere Aggregat seinen Einstand bereits in kleiner Stückzahl im 450 SLC 5.0 des Jahres 1978 gegeben hatte. Die V8-Motoren fußten auf der Vorgängergeneration, mußten aber den veränderten Zeitbedingungen angepaßt werden.
Die Weiterentwicklung war von den Vorgaben Leistungssteigerung, Verbrauchssenkung, Verbesserung von Laufruhe und Emissionsverhalten sowie von der allgemeinen Gewichtseinsparung geprägt. Der 3,8-Liter-V8 des 380 SE bzw. SEL mit dem Code M 116 und dessen Fünfliter-Pendant M 117 in den Typen 500 SE/SEL waren sohc-Leichtmetalltriebwerke und aufgrund des veränderten Werkstoffeinsatzes rund 40 Kilogramm leichter als die entsprechenden Motoren der Baureihe W 116. Eine ausführliche Beschreibung dieser Konstruktion ist im Kapitel 380/500 SL auf den Seiten 103 und 104 des Bandes 5 in der BLV-Reihe »Mercedes-Benz Automobile« nachzulesen. Hier sei kurz wiederholt, daß der V8 der 380er bei 5500/min 218 PS (160 kW) abgab und 9,0:1 verdichtet war, der Fünfliter eine Höchstleistung von 240 PS (177 kW) bei 4750/min zu Protokoll brachte und ein Verdichtungsverhältnis von 8,8:1 aufwies. Trotz ihrer gewagt erscheinenden metallurgischen Konzeption stellten sich die Leichtmetallmotoren als in hohem Maße standfest und langlebig heraus. Bei dem in Stahlformen vollzogenen Niederdruck-Kokillengußverfahren konnte man auf die bei den C 111-Wankelmotoren gewonnenen Erfahrungen zurückgrei-

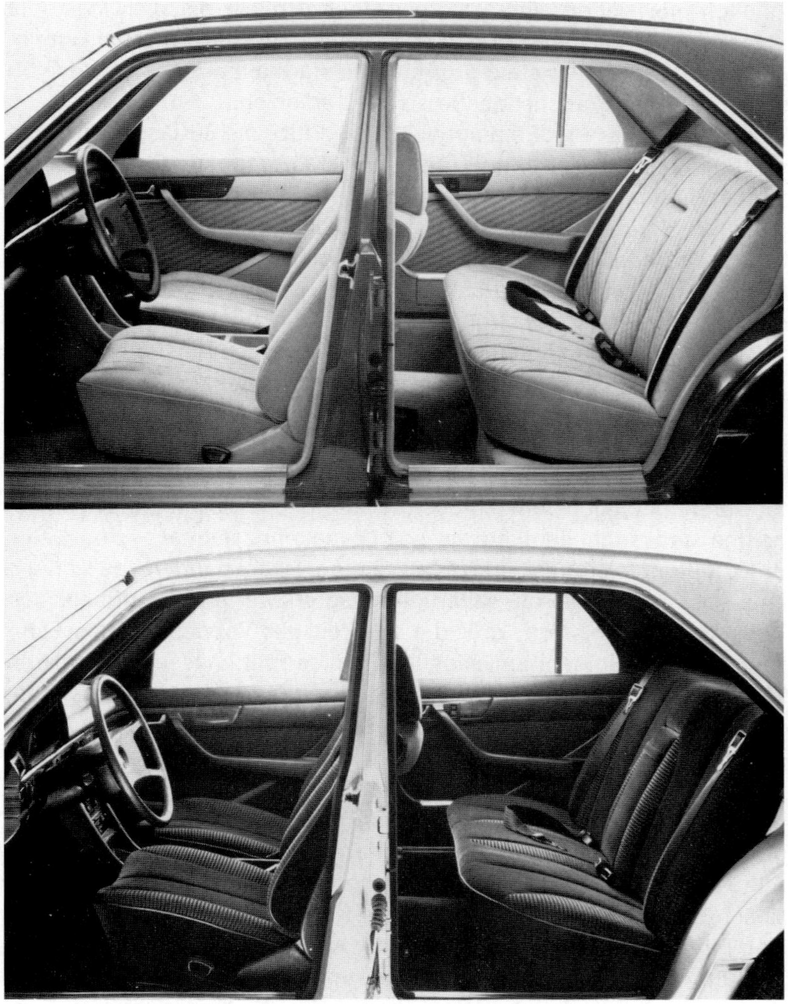

Links: Das Flaggschiff der überarbeiteten Baureihe W 126 – der 560 SEL mit den Leichtmetallrädern der zweiten Generation.

Oben: Interieur der S-Klasse-Limousinen, darunter die Velours-Ausstattung.

fen. Jeder der beiden Alu-V8-Motoren hatte vor dem Serienanlauf rund 25 000 Prüfstandsstunden hinter sich. Probleme tauchten anfangs allein hinsichtlich der Dauerhaftigkeit der Leichtmetallteile der mechanischen K-Jetronic auf.

Im Rahmen des Mercedes-Benz-»Energiekonzepts« wurden die vier Motoren hinsichtlich ihrer Wirtschaftlichkeit mehr oder minder gründlich überarbeitet und ab September 1981 in die Serie übernommen. Dem Vergaser-Sechszylinder wurden mit bloßen Abstimmungsarbeiten an der kontaktlos gesteuerten Transistorzündung und an der Gemischaufbereitung die vergleichsweise geringsten Modifikationen zuteil. Beim Sechszylinder-Einspritzer wurde die Leerlaufdrehzahl abgesenkt, ebenfalls der Zündzeitpunkt vorverlegt und die Warmlaufregulierung im Hinblick auf ein schnelleres Erreichen der Betriebstemperatur verändert. Dadurch konnte der Verbrauch des 280 SE um rund zehn Prozent gesenkt werden. Ein weiteres Sparpotential verkörperte die beim M 110 E – analog zum M 102 E des 230 E – erstmals verwendete elektronische Schubabschaltung: Im Schubbetrieb, beispielsweise bei Bergabfahrt, wird die Kraftstoffzufuhr bei Loslassen des Fahrpedals unterbrochen. Bei erneutem Gasgeben erfolgt eine unmerkliche Freigabe des Treibstoffzuflusses, wobei sich dieser Wechsel – im Gegensatz zu anderen handelsüblichen Systemen – völlig ruckfrei vollzieht.

Die Achtzylinder wurden weitaus tiefgreifenden Maßnahmen unterzogen: Beim Fünfliter erfuhr die Verdichtung eine Erhöhung von 8,8 auf 9,2:1. Dadurch ergab sich in Verbindung mit einer veränderten Nokkenwellenabstimmung ein optimiertes Verbrauchskennfeld, d. h. eine Verbesserung des Verbrauchsverlaufs unter einer Vielheit von Fahrzuständen. Gleichzeitig verkürzte man die Warmlaufphase durch einen mit Zeitverzögerung einsetzenden Kühlmittelkreislauf, wobei bei kaltem Motor völlig auf eine Zirkulation verzichtet wurde. Nachdem statistisch ermittelt worden war, daß die Triebwerke bei reinen Stadtfahrten durchschnittlich zu 31 Prozent leerliefen, konzipierte man als weiteres Verbrauchsregulativ eine elektronische Leerlauf-Drehzahlabsenkung, die die Tourenzahl konstant bei 500/min gegenüber vorher 725/min hielt. Voraussetzung war eine betriebswarme Maschine. Zusammen mit einer verbesserten Kraftstoffzerstäubung der K-Jetronic ergab sich im Leerlauf eine Ersparnis von gut 40 Prozent. Feinarbeiten im Inneren, wie schwächer dimensionierte Pleuellagerzapfen, führten zu einer Senkung der Reibleistung. Schließlich nahm man Modifikationen an der Zündanlage vor. Dieses Konvolut an Eingriffen führte zu der – leicht zu verschmerzenden – Leistungseinbuße von neun Minder-PS (7 kW) bei unveränderter Nenndrehzahl. Weitaus relevanter war, daß das maximale Drehmoment von 41,2 mkg nun bereits bei einer Tourenzahl von 3000/min (vorher 3200/min) bereitstand.

Das aufgezeigte Bündel von verbrauchsoptimierenden Maßnahmen kam in vollem Umfang auch dem 3,8-Liter-V8 zugute. Darüberhinaus erfuhr dieses Triebwerk mit einer Änderung der Zylinderabmessungen die tiefschürfendste Umgestaltung, da langhubiger ausgelegt: Die

Bohrung wurde um vier Millimeter zurückgenommen, der Kolbenhub um 7,1 Millimeter verlängert. Dieses überraschende Vorgehen, das immerhin ein aufwendiges Umstellen von Werkzeugmaschinen bedingte, zeigt, daß man über die Leistungscharakteristik des 380ers alles andere als glücklich gewesen war. Laufruhe, Verschleißfestigkeit und Wirtschaftlichkeit konnten nach dem traditionellen Daimler-Benz-Selbstverständnis, wenn auch weit über dem Klassendurchschnitt, noch nicht als Nonplusultra gelten. Auch der Wärmehaushalt des Leichtmetall-M 116 stellte noch kein Optimum dar. Daher wurden die Brennräume kompakter gestaltet, um die Ableitungsverluste zu vermindern. So erfuhr die Verdichtung auch hier eine Erhöhung um 0,4 Punkte. Durch die Hubverlängerung gewann der 3,8-Liter an Elastizität, war aber – im Gegensatz zu seinem großen Bruder – noch immer auf höhere Drehzahlbereiche angewiesen, um flott zur Sache zu gehen. Von höherer Bedeutung für die Praxis war jedoch die ausgeprägte Verbesserung des Drehmomentverlaufs, die in erster Linie den veränderten Nockenwellen-Steuerzeiten zuzuschreiben war: Das Höchstdrehmoment stieg zwar nur vergleichsweise gering um 0,6 mkg auf 31,1 mkg an, wurde aber bereits bei einer Drehzahl von 3250/min an Stelle der bisherigen 4000 Touren erreicht. Der Preis für diesen Gewinn an Sanftmut bestand in einem spürbaren Leistungsverlust – der M 116 gab nur noch 204 PS (150 kW) ab und hatte an Biß verloren. In der Tat war der Mercedes-Benz 380 SE zweiter Auflage seinem Urahnen 280 SE 3.5 hinsichtlich seiner Temperamentsentwicklung sogar leicht unterlegen.

Derartige Gedankengänge dürfen aber nicht vom Leitmotiv des Mercedes-Benz-Energiekonzepts ablenken – der Reduzierung von Kraftstoffverbrauch und Schadstoffemissionen. Das Resultat dieses Unterfangens konnte sich durchaus sehen lassen – die überarbeiteten Achtzylindermodelle stellten eine um 19 bis 22 Prozent verbesserte Wirtschaftlichkeit unter Beweis. Gegenüber der Vorgängergeneration ergab sich unter Einbezug der Herabsetzung von Gewicht und Luftwiderstand sogar eine Konsumminderung von mehr als 30 Prozent. Die elektronische Schubabschaltung blieb den Achtzylindern aber bis zum Herbst 1985 versagt.

Das Energiekonzept wurde von Daimler-Benz als kontinuierliche Trendbewegung interpretiert, als »bedeutender Beitrag zur Lösung des Energieproblems und zur Sicherung der Zukunft des Personenwagens«. Gewiß besaß dieses Einsparprogramm letztlich auch eine Alibifunktion, um die großen Wagen in den kritischen Augen des mehr und mehr umweltbewußten Durchschnittsbürgers bestehen lassen zu können. Natürlich ging's hier auch ein wenig um das Firmenimage: Mit schlechtem Beispiel voranzugehen, kann man sich eben um so weniger leisten, je prominenter man ist. Auch Bonner Reformpläne spielten hier sicher keine untergeordnete Rolle – beispielsweise die immer wieder diskutierten und schließlich doch verworfenen Überlegungen, die Hubraumsteuer durch eine stark angehobene Mineralölsteuer, eine Verbrauchsabgabe also, zu ersetzen.

Vier Jahre später – im September 1985 – erfuhr die S-Klasse eine noch weitergehende Umstrukturierung ihrer Motorenpalette. Die beiden Sechszylinder wurden durch völlige Neuentwicklungen ersetzt, der 3,8-Liter-V8 zum 4,2-Liter aufgestockt, während nun ein 5,6-Liter-V8 das Spitzentriebwerk verkörperte. Lediglich die Fünfliter-Maschine blieb – mit Ausnahme von Modifikationen des Ansaugtraktes – unangetastet im Programm. Von allen Varianten wurden grundsätzlich zwei Ausbaustufen angeboten – mehr oder weniger leistungsdifferenziert: KAT als schadstoffarme Version mit lambdageregeltem Drei-Wege-Katalysator – von Daimler-Benz als »Sonderausstattung Abgasreinigungsanlage« bezeichnet – und RÜF für Rückrüstfahrzeuge, die voll für den späteren Einbau eines gesteuerten Katalysators vorbereitet waren. Lediglich vom 5,6-Liter existierte – gewissermaßen als Ausnahme und auch deutlich als solche gekennzeichnet – noch eine dritte, betont leistungsstarke ECE-Version. Dabei handelte es sich um eine Ausführung, die die »alten« Abgasgrenzwerte der Europäischen Wirtschaftskommission, d. h. die zur Zeit der Vorstellung des Fahrzeugs noch gültigen Emissionsnormen, erfüllt. Alle elf lieferbaren Motorenbauarten haben eine Vielzahl zeitgemäßer Ausrüstungsdetails gemeinsam. Die Ölstandsüberwachung und die temperatur- und drehzahlgesteuerte Viskose-Lüfterkupplung stellen keine absoluten Novitäten der Automobiltechnik dar, hingegen waren die Motoren bezüglich Gemischaufbereitung und Zündung rundum an die Erfordernisse der ausgehenden achtziger Jahre angepaßt worden.

Alle Maschinen besaßen nun die elektronisch-mechanisch gesteuerte Bosch-Einspritzung KE III, die aus der KA-Jetronic entwickelt worden war. Ein Mikroprozessor regelt bei der KE-Jetronic nach der Datenermittlung durch Sensoren verzögerungsfrei die Warmlauf- und Beschleunigungsanreicherung, die Anpassung des Kraftstoff-Luft-Mischungsverhältnisses an den jeweiligen Betriebspunkt des Motorkennfeldes und die Kraftstoffabschaltung im Schubbetrieb. Die Elektronik ist in der Lage, weitere Signale auszugeben – beispielsweise an den als Sonderausrüstung lieferbaren Reiserechner oder zur Überwachung des Programmablaufs als Selbstkontrolle. Bei Fahrzeugen mit Abgas-Katalysator kommt als weitere Meß- und Steuerfunktion die Lambda-Sonde dazu. Die Kombination aus der mechanischen Präzision der KE-Jetronic und der fast unbegrenzten Vielfalt von Regelmöglichkeiten durch die Mikroelektronik scheint geglückt. Dabei braucht keine Scheu vor dem Computer zu bestehen – bei einem Ausfall des elektronischen Steuerteils können die Notlaufeigenschaf-

ten der KE-Jetronic in Anspruch genommen werden. Mit Hilfe der mechanisch-hydraulisch erfolgenden Grundfunktionen, die bei betriebswarmem Motor ausreichen, kann man unter Verzicht auf Temperament und mit Abstrichen bei der Laufkultur weiterfahren.
Bei der Zündung des neuen Motorenprogramms war die Elektronik ebenfalls mit von der Partie. Auch hier wurde sie sinnvoll angewandt, während Daimler-Benz einer spieltrieborientierten und verwirrenden Fahrzeugelektronik à la Fernost – die längst europäische und selbst alteingesessene deutsche Hersteller infiziert hat – unverändert eine klare Absage erteilt. Die neue elektronische Zündanlage (EZL) wird durch einen im Schaltgerät integrierten Mikroprozessor charakterisiert, der den Zündzeitpunkt in Abhängigkeit von den Betriebsbedingungen der Motoren steuert. Dabei werden die Parameter Drehzahl und Kurbelwellenstellung (induktive Ermittlung über vier Segmente an der Schwungscheibe), Motorlast (Erfassung über einen Druckgeber im Saugrohr) und Motortemperatur (Abnahme durch einen Temperaturfühler im Kühlmittelkreislauf) wahrgenommen. Aus diesen Werten und den eingespeicherten Daten des Zündkennfeldes errechnet der Computer den jeweils günstigsten Zündzeitpunkt, der einen schadstoffarmen Verbrennungsablauf bei größtmöglichem Wirkungsgrad erlaubt.
KE-Jetronic und EZL werden durch das multifunktionale Zünd- und Gemischaufbereitungssystem (MF-System) ergänzt. Diese Vorrichtung ermöglicht eine Anpassung der Zündung an die Oktanzahl des Kraftstoffs – eine Reminiszenz an den »Oktanzahlkompensator«, den die Mercedes-Benzinmodelle der frühen Nachkriegsjahre aufwiesen, der aber noch eine simple mechanische Zündverstellung bewirkte. Das MF-System erlaubt, RÜF-Versionen in Grundausrüstung sowohl mit verbleitem als auch mit bleifreiem Superkraftstoff zu betreiben – für die KAT-Fahrzeuge kommt natürlich nur bleifreies Super in Frage – und in Ausnahmefällen auch auf den Betrieb mit bleifreiem Normalbenzin umzustellen. Dies geschieht durch Verdrehen eines runden Abgleichsteckers im Motorraum, der dann das der jeweiligen Kraftstoffqualität zugeordnete Zündkennfeld abruft. Dabei bringt natürlich die Verwendung von unverbleitem Normalbenzin bei den RÜF- und KAT-Versionen Leistungseinbußen und einen etwas erhöhten Kraftstoffverbrauch mit sich – immerhin aber eine beruhigende Alternative bei der nicht in allen Regionen der Bundesrepublik flächendeckenden Versorgung mit bleifreiem Super um die Mitte der achtziger Jahre.
Allein die hochverdichtete 5,6-Liter-ECE-Version wurde ohne MF-System geliefert, da hier eine Verwendung von Superkraftstoff obligatorisch bleibt. Diese Wagen können auch nicht etwa zu einem späteren Zeitpunkt mit einem geregelten Katalysator nachgerüstet werden – dagegen ist die Montage einer ungeregelten Anlage mit einer rund 50prozentigen Schadstoffreduzierung durchaus möglich. Im vom Verfasser beobachteten Verkaufszeitraum Herbst und Winter 1985/86 war der Bestellanteil von Mercedes-KAT-Versionen innerhalb des Bundesgebiets je nach Verkaufsregion sehr unterschiedlich und schwankte zwischen Null und 30 Prozent. Diese auf den ersten Blick unverständlich anmutende Tatsache beruht aber wohl in erster Linie auf dem attraktiven Angebot der RÜF-Modelle, die ohne große Umstände zu vollwertigen Katalysatorautos umgerüstet werden können, sobald die Stammtankstelle unverbleites Super führt, damit sämtliche Forderungen erfüllen, die an ein schadstoffarmes Fahrzeug gestellt werden und zu einer maximal vier Jahre und zehn Monate währenden Kfz.-Steuer-Befreiung berechtigen. Der Kunde hat dabei die Gewißheit, daß Katalysator und Sauerstoffsonde zum selbstgewählten Zeitpunkt des Einbaus dem aktuellen Stand der Technik entsprechen. Alle übrigen Komponenten waren bei der Rückrüstlösung ohnehin bereits auf die Abgasreinigung hin ausgelegt. Die Mercedes-KAT-Versionen stellen durchaus keine für den Heimatmarkt umfrisierten USA- oder Japan-Ausführungen dar, wie dies manch anderer Hersteller – um das Katalysatorauto über Nacht und publikumswirksam bereitzustellen – gleich nach dem Festliegen gesetzlich verankerter Emissionsgrenzwerte tat. Bei den KAT-Mercedes handelt es sich um Katalysatorfahrzeuge der »zweiten Generation«, die auf der europaspezifischen, verbrauchsoptimierten Technik hochverdichteter Motoren basieren. Ganz im Gegenteil zur Praxis anderer Firmen gelang es Daimler-Benz, die aus den Europa-Normen resultierende Technologie umgekehrt in hohem Maße in die US-Exportversionen einfließen zu lassen, um in den USA auch leistungsorientierten Fahrern wieder ein breitergefächertes Angebot vermitteln zu können.
Schon vorher einmal – im Herbst 1983 – war eine Variante des 380 SE mit Dreiweg-Abgas-Katalysator und Sauerstoffsondenregelung vorgestellt worden. Zusammen mit einer gleichermaßen ausgerüsteten Ausführung des 230 E/W 123 war der »saubere« 380er ab Dezember 1983 offiziell lieferbar. Im Gegensatz zu den KAT-Modellen von 1985/86 handelte es sich dabei jedoch um ein Katalysatorauto erster Generation, d. h. um eine nur wenig veränderte, direkt der Produktion für die entsprechenden Länder entnommene Ableitung des US- bzw. Japan-Exportmodells. Aus diesem Grunde umfaßte das Ausstattungspaket dieser Wagen prinzipiell Klimaanlage und Tempomat, was den Endpreis natürlich weiter nach oben trieb. Mit 68 440 Mark war dieser Vorbote der Katalysatortechnik 5100 Mark teurer als ein ansonsten identisch ausgestattetes Vergleichsfahrzeug. Gemäß seiner ursprünglichen Exportbestimmung war dieser frühe Kat-380 SE mit einem niederverdichteten – da für bleifreies Normalbenzin (ROZ 91) ausgelegt – und entsprechend schlappen 157-PS-Motor bestückt. Preis, Tempera-

mentlosigkeit und das zu seiner Zeit noch sehr weitmaschige Netz von Bleifrei-Tankstellen in der Bundesrepublik und den Nachbarländern brachten die Umweltlimousine arg ins Hintertreffen und maßen ihr allenfalls theoretische Bedeutsamkeit zu. Außer in den Fuhrparks einiger weniger Länderregierungen und sonstiger Institutionen mit Vorbildfunktion war den Mercedes-Katalysatorautos erster Generation keine nennenswerte Verbreitung beschieden.
In ihrem mechanischen Aufbau waren die S-Klasse-Triebwerke der Neuauflage eher konventionell geraten. Die beiden Sechszylinder mit 2,6 und drei Liter Hubraum vom Baumuster M 103 entsprechen den Einspritzmotoren der Typen 260 E und 300 E der neuen Mittelklasse-Baureihe W 124 und bedingten natürlich beim W 126 die Typenbezeichnungen 260 SE und 300 SE, wobei letztere Ziffern-Buchstaben-Folge Erinnerungen an eine sportlich aktive Limousine der sechziger Jahre weckt. Der 260 SE ersetzte den stets ungeliebten 280 S mit Vergasermotor, der 300 SE nahm die Stelle des 280 SE ein. Der konstruktive Aufbau der neuen Sechszylinder-Einspritzer findet seine Würdigung im vorliegenden Band an anderer Stelle im Kapitel über die Baureihe W 124.
Bei den Achtzylindermotoren hatte sich bezüglich der Gesamtstruktur wenig Revolutionäres ereignet. Der Fünfliter hatte die geringsten Änderungen über sich ergehen lassen müssen: Kräftiger dimensionierte Saugrohre und größere Einlaßventile sowie ein auf 9,0:1 abgesenktes Verdichtungsverhältnis ließen die Leistung in der RÜF-Version bei unveränderter Nenndrehzahl von 4750/min auf 245 PS (180 kW) ansteigen und stellten gleichzeitig eine Verträglichkeit des auf 95 Oktan ausgelegten, unverbleiten Euro-Super sicher. Mit KAT-Ausrüstung standen noch immer 233 PS (164 kW) bei 4700/min zur Verfügung.
Der 4,2-Liter-V8 stellte eine interessante Kombination aus dem 380er Leichtmetallblock erster Ausführung (1979/80) mit einer Bohrung von 92 Millimetern und der Kurbelwelle der zweiten 3,8-Liter-Generation dar. Das unverändert als M 116 bezeichnete Triebwerk besitzt modifizierte Brennräume, die gleichen ansaugseitigen Änderungen wie der Fünfliter und zusätzlich größere Auslaßventile. Diese Kur hat dem 4,2-Liter sicher gutgetan, denn die bekannte Durchzugsschwäche des Vorgängers im unteren Drehzahlbereich war einem potenten Antritt gewichen. Der Grund dafür ist im bereits bei 2000/min brauchbaren Drehmoment zu sehen, für das selbst der in dieser Disziplin bereits verbesserte direkte Vorgänger noch 3250/min benötigte. Die Verdichtung war auch hier auf 9,0 abgesenkt worden. Die Basisversion gab 218 PS (160 kW) ab – soviel wie einst der erste 3,8-Liter. Mit Katalysator verminderte sich die Leistung um 14 Pferdestärken, also auf 204 PS (150 kW).

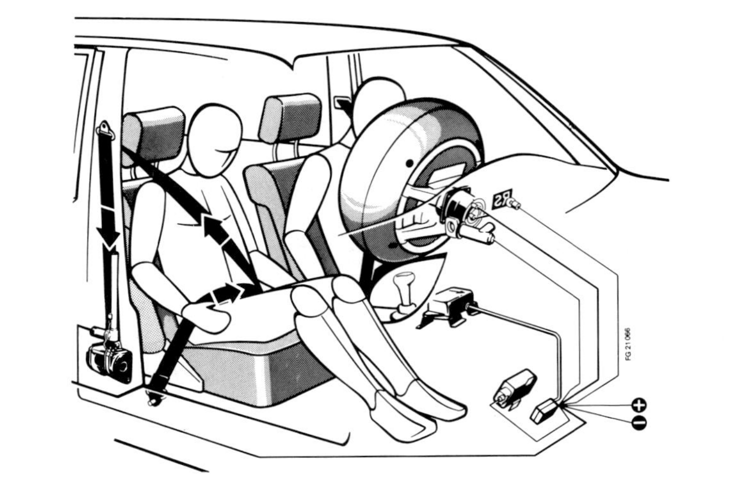

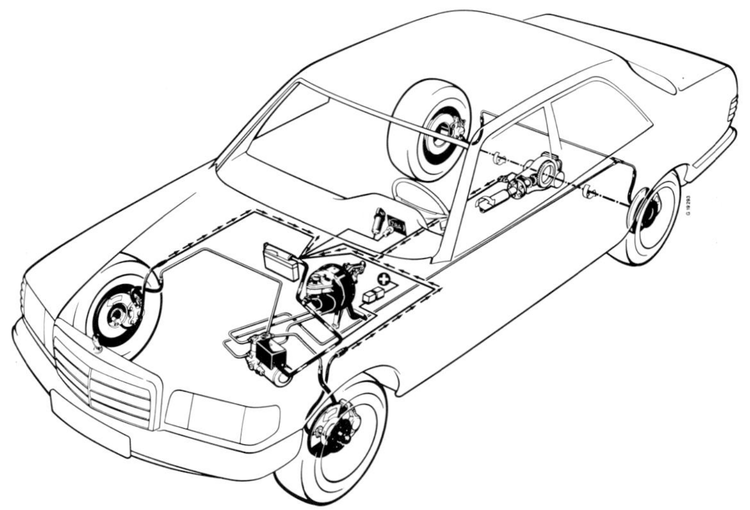

Oben: Das Insassen-Rückhaltesystem Airbag/Gurtstraffer und das Anti-Blockier-System – beide Anlagen werden mikroprozessor-gesteuert – sind hier am Beispiel der Baureihe W 126 schematisch dargestellt.

Rechts: Überprüfen integrierter Fahrzeug-Kontrollsysteme im Rahmen des Forschungsprojekts »Fahrzeugdiagnose in der Werkstatt« 1984.

Das Spitzentriebwerk mit 5,6 Liter Hubraum war zunächst – neben dem Einsatz im großen Coupé – ausschließlich für den 560 SEL mit verlängertem Radstand vorgesehen und basiert auf dem Fünfliter. Die Hubraumvergrößerung war durch eine Kurbelwelle mit einem um knapp einen Zentimeter verlängerten Hub bewirkt worden. Ansaug- und Auspufftrakt entsprechen dem des Fünfliter-Motors. Für die Grundversion der 5,6-Liter-Maschine wurde eine Nennleistung von 272 PS (200 kW) angegeben, die bei KAT-Ausrüstung auf 242 PS (178 kW) zurückgeht – ein Abschlag, der sich in der Praxis kaum auswirkt.

Ein in den achtziger Jahren in Europa einsetzendes PS-Rennen, das gar nicht in die Zeit zu passen schien, machte auch vor den Untertürkheimer Erzeugnissen nicht halt. So stellte man eine leistungsgesteigerte Variante des Mercedes-Top-Triebwerks bereit, um zu erwartende Wünsche nach noch mehr Potential erfüllen zu können. Dies geschah wohl nicht ohne Seitenblicke auf konkurrierende Schöpfungen der ernstzunehmenden Mercedes-Tuner, wie AMG mit dem Vierventil-V8 oder König mit den Turboversionen. Andererseits knüpfte der gedopte 5,6-Liter an die Tradition der ebenfalls mit einem distanzierenden Sonderstatus behafteten 6,3- und 6,9-Liter-Flaggschiffe der S-Klasse an. Auf diplomatische Weise ordnet Daimler-Benz dem ECE-560er eine Ausnahmeposition jenseits der Hauptserie zu: Die Leistungssteigerung rangiert unter einer Codenummer der Sonderausstattungsliste. Auf die etwas leistungszehrende Vorbereitung zur KAT-

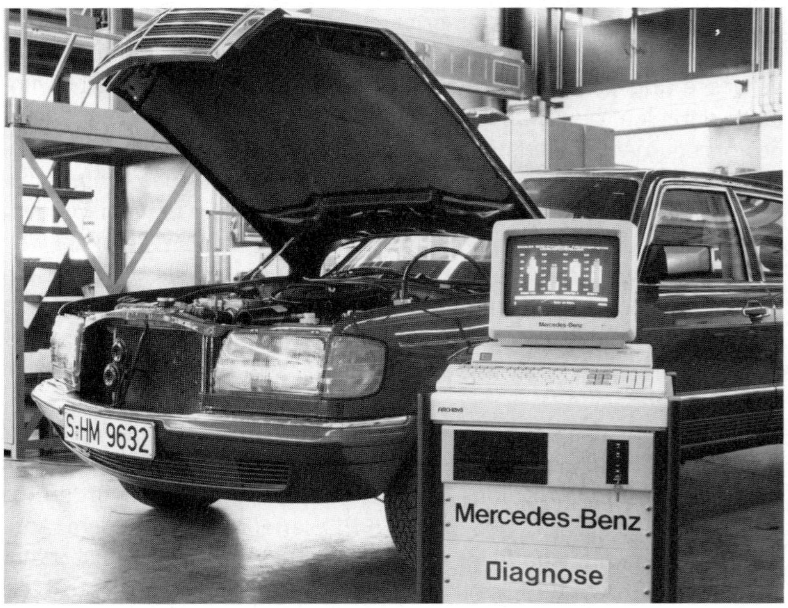

Nachrüstung war verzichtet und die Verdichtung auf 10,0 angehoben worden. Dadurch wurden immerhin 300 PS (220 kW) frei – die höchste bisher bei einem Mercedes-Benz-Serienpersonenwagen erreichte Motorleistung. Man mag diese sanfte Gewalt als unnötiges Symbol anachronistischer Potenzprotzerei abtun – die Umweltbelastung bleibt auch beim ECE-Achtzylinder in engen Grenzen. Wie Daimler-Chefentwickler Dr. Rudolf Hörnig bestätigte, stoßen diese Motoren nicht mehr Schadstoffe aus als noch nicht mit Lambdasonde und Katalysator versehene Rückrüstversionen. Schließlich kann der Top-560 SEL jederzeit auch mit einer ungeregelten Abgasreinigungsanlage an die Normen der Kategorie »bedingt schadstoffarm« angepaßt werden.

Inzwischen hatte sich der Fünfliter-V8 beinahe mit sportlichem Lorbeer bekränzen können: Die Rennwagenschmiede Sauber im schweizerischen Hinwil baute ohne materielle Unterstützung des Werks, wohl aber mit einigem Technologie-Transfer im Frühjahr 1985 einen M 117 in einen Gruppe-C-Sportwagen ein. Dieses Triebwerk wurde speziell für einen Le Mans-Einsatz des Sauber C-8 präpariert und mit einer KKK-Biturboanlage inklusive Ladeluftkühler, bearbeiteten Zylinderköpfen und einer neuentwickelten Bosch-Motronic, die gleichermaßen Einspritzung und Zündung regelte, ausgerüstet. Trotz eines auf 0,6 bar begrenzten Ladedrucks stieg die Leistung auf über 650 PS bei durchaus nicht atemberaubenden 6500/min. Die im Untertürkheimer Windkanal optimierte Kunststoffhaut – gerade auf den erzielten Abtrieb war der Daimler-Benz-Aerodynamiker Rüdiger Faul besonders stolz – war dann letztlich für das jähe Ende des ehrgeizigen Sauber-Projekts verantwortlich: Bei einem Trainingslauf zum 24-Stunden-Rennen von Le Mans hob der C-8 – nachdem er am Vortag auf dem Sarthe-Rundkurs noch eine Spitzengeschwindigkeit von 356 km/h erreicht hatte – nach Aussagen seines dänischen Piloten John Nielsen plötzlich ab und überschlug sich rückwärts. Der Fahrer blieb unverletzt, das Auto wurde durch diesen Auftriebs-Crash völlig zerstört. Inzwischen erfährt das inoffizielle und indirekte Mercedes-Sport-Engagement aber eine erfolgreiche Wiederbelebung.

Die Kraftübertragung der Baureihe W 126 war dem auf Effizienz hin ausgerichteten Charakter der Fahrzeuge angepaßt worden. Die 280er waren nach wie vor mit dem unveränderten Viergang-Schaltgetriebe zu haben, wenn sich auch über 80 Prozent der Käufer für die Automatik entschieden. Beim Debüt der neuen S-Klasse hatte der oberste Daimler-Techniker, Professor Breitschwerdt, noch die Überflüssigkeit eines Fünfgang-Getriebes betont, obwohl sich ein solches vor nicht allzulanger Zeit im Lieferprogramm befunden hatte. Neu war die nunmehr für alle Modelle – auch für die Achtzylinder – vierstufige Getriebeautomatik mit Drehmomentwandler, entwickelt von Professor Hans-

Joachim Förster. Nachdem vom alten 350 SE/SEL nur ganze drei Prozent mit dem serienmäßigen Schaltgetriebe geordert worden waren, bot man nun alle Achtzylinder von vorneherein ausschließlich mit der Automatik an. Diese war leichter geworden, in den Abmessungen geschrumpft und trug durch einen verbesserten Wirkungsgrad zur erhöhten Wirtschaftlichkeit der Wagen bei. Im Leerlauf wurde nun stets die niedrigere Drehzahl im zweiten Gang benützt. Das Anfahren erfolgte bei den Sechszylindern und beim 380er grundsätzlich in der ersten, beim Fünfliter in der zweiten Fahrstufe, wobei allerdings der erste Gang durch Kickdown »geholt« werden konnte. In Position D schaltete die Automatik früher hoch als bei den Vorgängern. Die Antriebsübersetzungen folgten der Economy-Auslegung und waren durchwegs länger geworden: i=3,46 statt 3,69 bei den Sechszylindern, beim 380 SE/SEL 3,27 an Stelle von 3,46 bei den 350ern und bei den Fünfliter-Typen 2,82 gegenüber 3,07 beim 450er.

Das Energiekonzept des Jahrgangs 1981/82 wirkte sich auch auf die Kraftübertragungsorgane der S-Klasse aus. Für die Sechszylinder stand auf Sonderwunsch das neuentwickelte mechanische Fünfganggetriebe aus eigener Fertigung zur Verfügung, dessen oberster Gang durch Overdrive-Charakteristik gekennzeichnet war, die Motordrehzahl bis zu 20 Prozent senken konnte und dadurch eine fünfprozentige Kraftstoffeinsparung ermöglichte. An der Abstufung der übrigen vier Gänge hatte sich nichts geändert. Auch der Automatik hatte man ein hohes Maß an Detailarbeit gewidmet: Die vierte Fahrstufe besaß nun Schongang-Auslegung und bot damit auch bei den selbsttätig schaltenden Versionen eine Senkung von Motordrehzahl, Kraftstoffverbrauch und Fahrgeräusch. Neu war bei den Achtzylindern auch nach »D«, »3« und »2« eine vierte Vorwärtsstufe – die »B«-Stellung. Damit konnte die unterste Fahrstufe unabhängig von der Gaspedalstellung bis zu etwa 55 km/h gesperrt werden, was bei steilen Paßabfahrten – vor allem mit Anhänger – im Ausnahmefall die volle Bremswirkung des Motors nutzbar machte. Allerdings war diese »B«-Position – unterschiedlichen Zulassungsbestimmungen zufolge – nicht für alle Exportländer erhältlich. Die Achsantriebe wurden bei den V8-Versionen an die veränderten Triebwerks-Charaktere angepaßt und wiederum länger gestaltet – nämlich beim 380 SE/SEL i=2,47 und beim 500 SE/SEL 2,24.

Als die 126er im Herbst 1985 aktualisiert wurden, waren die Elemente der Kraftübertragung Gegenstand einer abermaligen Überarbeitung. Bei 260 SE und 300 SE/SEL zählte das Fünfganggetriebe nun zur Basisausstattung. Die Automatikgetriebe vermittelten eine veränderte Schaltphilosophie und boten dem Fahrer jetzt die Möglichkeit, zwischen zwei Schaltprogrammen zu wählen. Mit einem zusätzlichen Schubschalter links vom Wählhebel kann man sich für die Positionen »S« (mit »Standard« zu interpretieren) oder »E« (für »Economy«) entscheiden. Während das »Sportprogramm« die optimale Nutzung der Reserven des Motors und bei Vollgas auch ohne Kickdown ein Zurückschalten in die nächstniedrigere Fahrstufe erlaubt, schaltet das Getriebe in »E«-Stellung früh hoch, kommt in jeder Hinsicht kommoden Neigungen entgegen und gibt den ersten Gang zum Anfahren nur bei Kickdown frei. Die Antriebsübersetzungen waren unverändert geblieben. Der 560 SEL besitzt allerdings – seinem leistungsbetonten Naturell entsprechend – eine mit i=2,65 kürzer übersetzte Hinterachse als der 500 SE/SEL.

Das Fahrwerk der Baureihe W 126 – Radaufhängung und -führung, Federung, Lenkung, Räder und Bremsen – war von den Vorgängern nur geringfügig modifiziert übernommen worden. Die Vorderradaufhängung hatte man vor allem hinsichtlich der Verbesserung des Geradeauslaufs überarbeitet. Eine Anlehnung an Elemente der Mittelklasse-Familie W 123 war unverkennbar. Die oberen Querlenker bestanden – analog zum W 116 – aus Aluminium, besaßen nun aber größere Gummigleitlager. Die unteren Querlenker wurden, wie beim W 123, aus Stahl gefertigt. Die Federn waren im Durchmesser um zehn Millimeter vergrößert und dadurch um 20 Prozent weicher geworden. Die Drehstablagerung war nicht mehr an der Stirnwand, sondern auf dem Längsträger angeordnet.

Auch bei der Hinterachse hatte man sich auf Detailverbesserungen beschränkt: Der bumerangförmige Träger der »Diagonalpendelachse« – im Klartext Schräglenkerachse – war erleichtert worden und hatte ein kräftiger dimensioniertes Gummielement erhalten. Die Vorspur war von zehn auf 30 Winkelminuten vergrößert worden, um zur Verbesserung des Geradeauslaufs beizutragen. Bei den Sechszylindern entfielen die seitlichen Lagerdeckel des im übrigen kleiner gewordenen Achsmittelstücks. Dadurch ergab sich eine Gewichtseinsparung von 1,5 Kilogramm. Ab September 1985 war das Hinterachsgehäuse nicht mehr starr, sondern in drei Punkten in Gummi mit dem Achsträger verbunden. Der zu diesem Zeitpunkt von der Fachwelt erwartete Einbau der Raumlenker-Hinterachse – wie sie bei den Baureihen 201 und 124 verwendet wird – auch in die S-Klasse erwies sich als Flop. Obwohl Versuchswagen mit dieser Konstruktion unterwegs waren, dürfte eine Realisierung beim 126er wohl doch noch auf sich warten lassen.

Die vorderen Scheibenbremsen des W 126 erhielten neue Festsättel für dickere Klötze mit 13 Millimeter Belagstärke. Dadurch erhöhte sich deren Lebenserwartung um 30 Prozent. Ab Januar 1985 wurden die Versionen 380 SE/SEL und 500 SE/SEL serienmäßig mit dem Anti-Blockier-System ausgerüstet, mit dem Daimler-Benz nach fast zwanzigjähriger Entwicklungszeit eine Pionierleistung vollbrachte. Das

Die Antriebs-Schlupf-Regelung (ASR) macht die 126er wintertauglicher.

ABS überwacht durch einen Computer die Drehzahländerungen jedes einzelnen Rades beim Bremsvorgang. Bei zu schnellem Abfallen der Raddrehzahl, d. h. bei Blockierneigung – beispielsweise auf glattem Untergrund –, reduziert der Rechner automatisch den Druck im Hydrauliksystem. Das betroffene Rad dreht sich wieder schneller, der Bremsdruck steigt, die Bremskraft nimmt zu. Dieser Vorgang läuft in Sekundenbruchteilen ab und wiederholt sich in rasender Folge. Durch das ABS bleibt das Fahrzeug in jeder Situation lenkbar, der Bremsweg wird optimal herabgesetzt – Notbremsungen führen nicht mehr geradewegs in die Katastrophe.

Zunächst waren die 126er alles andere als üppig bereift: Der Mercedes 280 S wurde in Grundausstattung mit Reifen der Dimension 195/70

HR 14 bzw. – nach Neutypisierung – 195/70 R 14 89H auf Felgen der Ausführung 6J × 14H bestückt, der schnellere 280 SE mit entsprechenden VR-Pneus. Die 380er und 500er rollten auf breiteren Felgen (6½JX14) und Reifen (205/70 VR 14), die auf Sonderwunsch auch für die Sechszylinder lieferbar waren. Ab September 1985 wurde der Felgendurchmesser – dem allgemeinen Trend entsprechend – auf 15 Zoll vergrößert. Alle Modelle besaßen als Basisausrüstung nun Stahlblechräder der Dimension 7J × 15H2. Die Versionen 260 SE bis 500 SEL standen einheitlich auf fülligen Super-Niederquerschnittsreifen der Größe 205/65 VR 15, während der 560 SEL mit 215/65 VR 15 eine Klasse breiter bereift war. Im September 1985 wurde auch das Styling der wahlweise lieferbaren gesenkgeschmiedeten Fuchs-Leichtmetallräder verändert, die aus Gründen der Optik ungeheuer populär waren. Die Einpreßtiefe erfuhr eine drastische Verringerung, die Radschüssel wurde konsequent geflacht, die Radbolzen waren versenkt angeordnet. Diese zunächst gewöhnungsbedürftige Formänderung geschah analog zu der bereits bei den Baureihen 201 und 124 vollzogenen Entwicklung.

Nicht viel zu sagen gibt es über die problemlosen Fahreigenschaften der 126er – das muß wohl auch die Meinung der Tester gewesen sein, die dieses Thema flott abhaken konnten. Das Fahrverhalten war mit neutral bis leicht untersteuernd zu beschreiben. Erst bei extrem gefahrenen Kurven schoben die Wagen über die Vorderräder zum Außenrand. Die Möglichkeit hoher Kurvengeschwindigkeiten brachte eine breite Sicherheitsmarge – auch für weniger versierte Fahrer – mit sich. Auch bei Lastwechsel zeigten sich kaum Reaktionen. Zu den hohen Reserven des Fahrwerks trug auch die präzise arbeitende, sehr direkte Servolenkung bei. Der Geradeauslauf war vorbildlich. Die perfekte Fahrwerksabstimmung äußerte sich aber auch im weit überdurchschnittlichen Federungskomfort. Die Gesamtauslegung war dabei durchaus als straff zu bezeichnen. Lediglich das Absorptionsvermögen kurzer Fahrbahnunebenheiten bei mäßigem Tempo zählte nicht unbedingt zu den Stärken der Wagen. Schließlich wird auch eine hervorragende Fahrwerkscharakteristik zwangsläufig immer nur ein Kompromiß zwischen neutraler Konduite und höchstmöglichem Fahrkomfort sein. Über Geschmack läßt sich aber nicht streiten: Wer's spartanisch und extrem sportlich will, muß sich an einen der vielen Tuner wenden, die milde bis beinharte Fahrwerksprogramme anbieten – natürlich auf Kosten des harmonischen Gesamtkonzepts.

In ihren Fahrleistungen unterschieden sich die 126er zunächst beträchtlich von ihren jeweiligen Vorgängern der Baureihe W 116. Bereits der 280 S lief über 200 km/h und beschleunigte aus dem Stillstand in 10,5 Sekunden auf 100 km/h. Der für Mischverkehr gültige Durchschnittsverbrauch belief sich auf 14 l/100 km. Der 280 SE erreichte eine Spitze von über 210 km/h, benötigte für die Null-bis-Hundert-Spanne 9,5 Sekunden und begnügte sich im Normalbetrieb mit 13,5l/100 km. Gegenüber den Sechszylinder-Vorgängermodellen bedeutete dies Verbrauchseinsparungen von zehn bis zwölf Prozent. Der 380 SE erster Phase schaffte laut einer *auto motor und sport*-Messung 222,2 km/h und den Standard-Sprint in 9,2 Sekunden. Bei einem von der *Auto-Illustrierte* (Schweiz) getesteten 380er wurden 218 km/h und 8,9 Sekunden protokolliert. Im Verbrauch waren die »kleinen« Achtzylinder zwischen 14,5 und 15 l/100 km angesiedelt. Nach Einführung des Energiekonzepts wurde der 380 SE zwangsläufig träger: Er mußte sich mit einer Spitze von 210 km/h und 9,5 Sekunden für 0–100 km/h begnügen, kam allerdings mit wenig über 12 l/100 km aus. Der 500 SE konnte bezüglich seiner Meßwerte durchaus als legitimer Nachfolger des vielbeweinten 450 SEL 6.9 betrachtet werden: In der Höchstgeschwindigkeit war er mit 232,3 km/h nur unwesentlich langsamer, in der Beschleunigung mit 7,8 Sekunden sogar leicht überlegen. Die Verbrauchswerte entsprachen denen des 380 SE. Die energieoptimierte Phase zwei des 500 SE war nur sechs km/h langsamer (226 km/h) und mußte in der Beschleunigung kaum meßbare Einbußen hinnehmen.

Die letzte Auflage der Baureihe W 126 hatte wieder einen Leistungszuwachs zu verzeichnen. Der 260 SE erreichte eine Spitze von 205 km/h und beschleunigte in 10,2 Sekunden von Null bis 100 km/h. Die korrespondierenden Werte des 300 SE beliefen sich auf 210 km/h und 9,6 Sekunden. Umweltfreundlichkeit muß nicht mehr mit Temperamentlosigkeit gleichgesetzt werden: Ein von *auto motor und sport* geprüfter 300 SE mit Abgas-Katalysator lief 207 km/h, spurtete in 9,8 Sekunden auf 100 km/h, legte aber mit 15,7 l/100 km einen leicht erhöhten Treibstoffkonsum an den Tag. Der 420 SE erreichte 220 km/h und brauchte für den Normsprint neun Sekunden. Der 500 SE konnte mit 230 km/h und 7,8 Sekunden wieder zu alter Form auflaufen. Mit dem ECE-560 SEL stellt Daimler-Benz wieder einmal die schnellste Serienlimousine der Weltproduktion: Das Flaggschiff kommt auf über 250 km/h und jagt in wenig mehr als sieben Sekunden auf 100 km/h – und das bei einem Verbrauch, der unter 15 l/100 km liegt. Selbst bei der KAT-Version des 560 SEL ist noch Leistung im Überfluß vorhanden – die Meßwerte der schadstoffarmen Ausführung entsprechen etwa denen eines RÜF-500 SE.

Dagegen muß eine mehr oder minder unter dem Ladentisch gehandelte S-Klasse-Version geradezu phlegmatisch wirken: die »beschußgesicherte Sonderausführung« des 380 SEL, wie der gepanzerte 126er werksintern bezeichnet wurde. Für diese rollenden Festungen wurde in Sindelfingen ein gesonderter Produktionsbereich eingerichtet, der auf eine Jahresfertigung von 150 Wagen ausgelegt, aber trotz des wachsenden Sicherheitsbedürfnisses bei Polit-Prominenz und Top-Managern kaum je voll ausgelastet war. Anlaß für die Umrüstung zur Panzerversion waren die in den siebziger Jahren jäh zunehmenden weltweiten terroristischen Aktivitäten. Äußerlich waren die in der Tonnageklasse von leichten Lastkraftwagen angesiedelten Schwergewichte – leer wogen sie 2440 Kilogramm – nur an den durch das 40-Millimeter-Panzerglas bedingt wesentlich breiteren Fenstereinfassungen auszumachen. Daß solche Autos, bei denen eine Tür bereits mehr als zwei Zentner wiegt, keine Donnerkeile sein können, liegt auf der Hand: Der gepanzerte 380 SEL brauchte fast 13 Sekunden, um sich aus dem Stillstand auf 100 km/h zu bewegen. Da die Tragfähigkeit der Pneus trotz voluminöser Bereifung (215/70 VR 14) gegenüber dem Serienmodell stark begrenzt war, mußte die Höchstgeschwindigkeit für alle Fälle auf 180 km/h limitiert werden. Aus dem gleichen Grund beschränkte sich die Zuladung auf magere 350 Kilogramm (Serien-380 SEL 520 Kilogramm).

Eine weitere – allerdings nur in Europa – seltene Version der Baureihe W 126 stellt der 300 SD dar, der Luxusdiesel für den nordamerikanischen Markt, der bereits seit 1978 bei der Typenfamilie W 116 vertreten war. Die Neuauflage ging erst im Oktober 1980 in Serie und wies wiederum das bewährte Konzept der Kombination aus Oberklasse-Karosserie und Fünfzylinder-Turbodiesel OM 617 auf. Diese Synthese kam dem von der US-Regierung reglementierten Flottenverbrauch CAFE (*corporate average fuel economy*) entgegen, die den Durchschnittsverbrauch aller in den Vereinigten Staaten angebotenen Modelle eines Herstellers unter Androhung einer Strafsteuer begrenzt – 1984 beispielsweise auf 27,5 *miles per US-gallon*, entsprechend 9,1 l/100 km! Daß dieser strengen Forderung – sollte sie nicht vorrangig mit Kleinwagen erfüllt werden – bei allem Luxus mit sparsamer Motorisierung zu begegnen war, lag auf der Hand. Inzwischen war das Ladertriebwerk in der Leistung gesteigert worden und gab nun 125 PS ab, in der Kalifornien-Ausführung durch den obligatorischen Rußfilter nur 118 PS. Der Null-auf-Hundert-Sprint wurde in 14,5 Sekunden bewerkstelligt, die Höchstgeschwindigkeit lag bei 170 km/h – allemal genug für das strikt auf 55 mph limitierte amerikanische Straßennetz. Modelländerungen an diesem Fahrzeug hielten sich bis Herbst 1985 in Grenzen, als der 300 SD vom 300 SDL abgelöst wurde und ein neuer Motor zur Verfügung stand: Die Hybriden, nunmehr ausschließlich mit dem längeren Radstand im US-Angebot, erhielten den neuentwickelten Sechszylinder-Dieselmotor OM 603 mit wiederum drei Litern Hubvolumen. Mit erhöhtem Ladedruck zwangsbeatmet und mit angehobener Verdichtung gibt diese Maschine 150 PS (für Kalifornien und einige weitere Weststaaten 145 PS) ab. Diese Triebwerksvariante bedeutet eine Vorwegnahme des für den Heimatmarkt für Frühjahr 1986 avisierten 300 TD Turbodiesel – abermals fungiert der US-Markt als Prüffeld der Alltagserprobung. Auch mit dem erstarkten Sechszylinder konnte das schwere Auto keine Rakete sein: 13 Sekunden vergingen, bis aus dem Stand 100 km/h erreicht waren. Dagegen konnte der 300 SDL mit der ebenso ansehnlichen wie praxisfremden Höchstgeschwindigkeit von 193 km/h aufwarten. Diese von Mercedes-Benz of North America nicht offiziell publizierten Leistungsangaben sind es wohl auch kaum, die den Verkaufserfolg des 300 SD/SDL begründen – wirtschaftliche Überlegungen stehen dabei zweifellos im Vordergrund. Immerhin stellten die artfremd motorisierten S-Klasse Limousinen zeitweise ein rundes Viertel der nach Nordamerika ausgeführten Mercedes-Benz-Personenwagen.

Auf dem wichtigsten Exportmarkt USA wurde stets auch – trotz CAFE – mindestens ein Achtzylindermodell des W 126 angeboten: Von Herbst 1980 bis Sommer 1983 befand sich der 380 SEL im Verkaufsprogramm von Mercedes-Benz of North America, Montvale, New Jersey. Im Modelljahr 1983/84 waren in den USA offiziell der 380 SE mit Normalradstand und der 500 SEL zu haben, ab Herbst 1984 dann ausschließlich Langversionen – sowohl 380 SEL als auch 500 SEL. Die beiden V8-Maschinen hatten durch die EPA-Emissionskontrolle und den Betrieb mit unverbleitem *regular* immens an Kraft eingebüßt: Der 380er leistete magere 157 PS, und der 500er war mit 186 PS auch nicht viel mehr als ein Schatten seiner selbst. Beschleunigungswerte von zwölf bzw. elf Sekunden für 0–100 km/h brachten die großvolumig motorisierten Autos in Diesel-Nähe. Im Herbst 1985 gab es aber mit dem Erscheinen der auf bleifreies Superbenzin ausgelegten Modelle 420 SEL und 560 SEL eine kleine Revolution bei amerikanischen Star-Freaks – *performance is back,* »die Leistung ist zurückgekehrt«, hieß es frohlockend in dicken Schlagzeilen. Diese freudeerregende Wendung lag ganz einfach in dem klugen Schachzug begründet, die entsprechenden Euro-KAT-Versionen mit wenigen Modifikationen für den US-Markt zu übernehmen. Der 420 SEL war so auf 204 PS (150 kW) erstarkt, der 560er leistete wahrlich ausreichende 242 PS (178 kW) nach DIN-Norm – genug für Beschleunigungszeiten von 9,3 bzw. 8,1 Sekunden und für (angesichts des US-Highway Code allerdings nur theoretische) Höchstgeschwindigkeiten von 210 bzw. 225 km/h. Kein Wunder, daß die mittlerweile wieder mehr leistungsorientierten Amerikaner in helle Begeisterung ausbrachen.

Als die Modellreihe W 126 auf den Markt kam, hob sie sich von der zunächst noch erhältlichen Auslaufserie W 116 natürlich auch durch die Preise ab: Im Durchschnitt waren die einzelnen Typen um 3500 bis 4000 Mark teurer geworden. Der 500 SEL kostete mit rund 56 200 Mark sogar über 5000 Mark mehr als der 450 SEL. Bis 1981 blieben die Preise relativ stabil, nahmen dann aber bei den Sechszylindern um etwa zwölf, bei den verbrauchsoptimierten Achtzylindern um 18 Prozent zu. Der letzten Notierung vor der Typen-Neuordnung, der Preisliste vom April 1985, konnte man über den Zeitraum von drei Jahren nochmals die gleichen Steigerungsraten entnehmen: Die Preisspanne reichte von 47743 Mark für den 280S bis zu 78831 Mark für den 500SEL. Wenig später ergab sich durch die gründliche Überarbeitung der Modellpalette die Notwendigkeit – und die Gelegenheit – einer Preiserhöhung um sechs bis sieben Prozent. Dabei stellten 50673 Mark beim 260SE den Eintrittspreis zur S-Klasse dar, während die Preisskala bei deutlich distanzierten 121410 Mark für den exklusiven 560SEL endete. Im April 1986 erhielt eine im vorangegangenen Dezember beschlossene Verteuerung um 1,8 Prozent Gültigkeit. Das Flaggschiff kostete dadurch 123595 Mark. Die gepanzerten Sonderausführungen der V8-Limousinen schlugen – je nach Ausrüstung – angesichts ihres Einzelstück-Charakters mit Endpreisen knapp unter 200000 Mark zu Buche.

Aus dem Stückzahlreport wurde deutlich, daß die Sechszylinder-Einspritzer 280SE und 300SE nach wie vor die Stütze der S-Klasse bildeten. Auch die Achtzylinder hatten im Laufe ihrer Karriere an Popularität zugelegt, dagegen blieb der 280S stets ein Stiefkind des Oberklassenmarktes – im Vergleich zur Baureihe W 116 hatte er sogar deutlich an Beliebtheit verloren. Wurden 1980 noch 51675 126er produziert, waren es 1981 bereits 77463, 1982 gar 82253 und 1983 wurde ein erster Fertigungsrekord mit 88528 Einheiten aufgestellt. Damit verkörpert die Mercedes-S-Klasse – in der weltweiten Gesamtheit gesehen – den absoluten Marktführer in der Kategorie der Luxuslimousinen. Zu diesem Phänomen schrieb *Der Spiegel* 1985: »Dem Daimler-Management gelang das Marketing-Kunststück, seine teueren Limousinen in Massen loszuschlagen, ohne daß dies dem Prestige der Marke Abbruch getan hätte.«
Beruht dieser Erfolg wirklich nur auf einem geschickten Vermarkten der S-Klasse oder ist der 126er ganz einfach »das wohl beste Auto der

Welt«, wie *auto motor und sport* 1980 den 500 SE betitelte? Die einzigen von der Stückzahl her einigermaßen ernstzunehmenden Konkurrenten des W 126 auf dem Weltmarkt existieren in der »Siebener-Reihe« von BMW und in den Jaguar-Limousinen. Die 1977 vorgestellte BMW-Top-Serie umfaßte die Typen 728 (1979 durch die Einspritzversion 728i ersetzt) bis 745i mit Turbolader. Bei den Einstiegsmodellen zur Oberklasse hatte BMW die Nase vorn: Der 728i war deutlich temperamentvoller als der etwas sparsamere 280 S, bot einen seidenweichen Motorlauf und einen Preisvorteil von rund 2000 Mark. Wenn der 280 S auch durch die harmonischere Fahrwerksabstimmung gekennzeichnet war, so wurde der Bayer doch zum Marktleader seines Genre und wies ein jährliches Produktionsplus von 1500 bis 2000 Einheiten auf. Beim intergermanischen Duell 732i gegen 280 SE sah die Situation anders aus: Der Mercedes war um nicht einmal 1000 Mark teurer (1985) sowie – besonders in Gestalt des 300 SE – schneller und erheblich wirtschaftlicher. Dazu konnten die Schwaben gerade bei den kräftiger motorisierten Modellen ihre Überlegenheit in puncto Fahrkomfort und Fahreigenschaften ausspielen. Kein Wunder, daß jeweils doppelt so viele 280 SE bzw. 300 SE als 732i von den Bändern liefen. Der sechszylindrige BMW 735i trat gegen den 380 SE bzw. 420 SE an und konnte hinsichtlich der Kultiviertheit des Triebwerks durchaus mithalten – hier sei freilich unterstellt, daß Zylinderzahlen nicht frei von einem gewissen Prestigebezug sind. In ihren Fahrleistungen waren sich die Rivalen etwa ebenbürtig – aber nicht in den Disziplinen Verarbeitungsqualität, Gesamtkomfort und Fahrwerksauslegung. Hier hatte der 380 bzw. 420 SE eindeutig die Nase vorn, auch wenn er (1985) um mehr als 8000 Mark teurer war. Gegen den 500 SE traten die Münchener ebenfalls mit 3,5 Liter Hubraum an – potenziert durch einen Turbolader. Aber der 745i vermochte trotz eines satten Powerplay von 252 PS dem 500 SE in keinem Ressort Paroli zu bieten. Durch die Ladercharakteristik wirkte das Triebwerk des Münchener Kindl im unteren Drehzahlbereich arttypisch schlaff und disharmonisch. Der Mercedes erschien im ganzen leistungsfähiger, ging mit dem Kraftstoff erheblich sparsamer um und war imstande, wiederum seine Fahrwerksüberlegenheit ins Gefecht zu werfen. Da spielte ein Preisunterschied von rund 4000 Mark zugunsten der BMW-Top-Limousine wirklich keine Rolle mehr, und die Produktionsergebnisse sprechen eine deutliche Sprache: 1984 wurden genau fünfmal so viele 500 SE gebaut als 745i. Natürlich wird man in Milbertshofen auch in der oberen Kategorie den Zweikampf mit Untertürkheim nicht aufgeben. Darauf deutet die für das Modelljahr 1987 projektierte Neuauflage der Siebener ebenso hin wie die Entwicklung eines hochkarätigen V12-Motors. Aber auch vor diesem hochgradig prestigeträchtigen Sektor des Triebwerksbaues pflegt man in Stuttgart die Augen nicht zu verschließen...

Links: Luxus-Diesel zweiter Generation – der 300 SD für den amerikanischen Markt.

Nachdem die britischen Großkatzen während langer Jahre aufgrund nachlässiger Verarbeitung und mangelhafter Verläßlichkeit keine ernstzunehmenden Rivalen für die Erzeugnisse aus Untertürkheim darstellten und als Zielgruppe nur einen sehr eingeengten, äußerst toleranten Liebhaberkreis finden konnten, trat ab 1983 ein Wandel ein: Die Marke Jaguar wurde aus dem British Leyland-Konzern ausgegliedert und 1984 reprivatisiert und erhielt sowohl ein neues Management amerikanischer Machart als erheblich anspruchsvollere Qualitätskontrollen à la Daimler-Benz sowie eine zwar reduzierte, aber anscheinend von einer höherstehenden Arbeitsmoral beseelte Belegschaft – »Jaguar ist wieder Jaguar« lautete ein prägnanter Slogan. In der Bundesrepublik Deutschland und auf einigen weiteren Exportmärkten bot Jaguar Ltd. eine geraffte Modellpalette an – das Einsteigermodell XJ6 3.4 fiel hier beispielsweise weg. Der XJ6 4.2 besaß den altgedienten dohc-Sechszylinder, der mittlerweile nur noch 205 PS abgab und dem Wagen zu Leistungsdaten (209 km/h Spitze und 10,5 Sekunden für Null auf Hundert) verhalf, die auf der Ebene der entsprechenden Werte des 280 SE bzw. 300 SE lagen. Im Raumangebot mußten gegenüber der S-Klasse Abstriche hingenommen werden, während Fahr- und Geräuschkomfort sowie Fahrsicherheit als durchaus konkurrenzfähig zu bezeichnen waren. Allerdings war der 4.2 aus Coventry (1985) mehr als 5000 Mark teuerer als der 300 SE, die Top-Ausstattungs-Variante 4.2 Sovereign lag sogar exakt auf dem Preisniveau des Mercedes 420 SE. Der neuentwickelte 3,6-Liter-Sechszylinder mit Vierventilkopf war nur in den Coupés zu haben, dagegen verrichtete im XJ12 5.3 H. E. ein überarbeiteter alter Bekannter geräuschlos seine Dienste – der zunächst 299 PS, dann 295 PS starke V-12-Zylinder in *high-efficiency*-Version mit den von Michael May konzipierten »Fireball«-Brennräumen. Damit übertraf der 5.3 H. E. den 500 SE zwar in der Höchstgeschwindigkeit, zeigte sich aber im Beschleunigungsvermögen und – trotz des auf den günstigen Wirkungsgrad hinweisenden Suffix H. E. in der Typenbezeichnung – in der Wirtschaftlichkeit ganz und gar unterlegen. Andererseits übte die gediegen-klassische Ausstattung im besten britischen Landhausstil mit Walnuß-Wurzelfurnier und feinstem Connolly-Leder auf Connaisseurs eine ungeheuere Faszination aus. Eine S-Klasse-Limousine mit Standardeinrichtung mußte dagegen trotz erstklassigem Meublement geradezu steril wirken. Bereits in der alles andere als spartanisch ausgestatteten Sovereign-Version kostete die V12-Limousine 3000 Mark mehr als der 500 SE, als pompöser Daimler Double Six war sie

Modell	280 S (W 126 V 28, Bm. 126.021)	280 SE (W 126 E 28, Bm. 126.022) 280 SEL (V 126 E 28, Bm. 126.023)	380 SE (W 126 E 38, Bm. 126.032) 380 SEL (V 126 E 38, Bm. 126.033)	500 SE (W 126 E 50, Bm. 126.036) 500 SEL (V 126 E 50, Bm. 126.037)	300 SD / USA (W 126 D 30 A, Bm. 126.120)
Produktionszeit	Dez. 1979 – Nov. 1985	Dez. 1979 – Sept. 1985 SEL: Juni 1980 – Sept. 1985	Jan. 1980 – Sept. 1985 SEL: Juni 1980 – Sept. 1985	seit Januar 1980 SEL: seit Juni 1980	Okt. 1980 – Aug. 1985
Motor	Reihen-6-Zyl. M 110.924 ab Sept. 1981: M 110.926	Reihen-6-Zyl. M 110.987 ab Sept. 1981: M 110.989	V-8-Zylinder M 116.961 ab Sept. 1981: M 116.963	V-8-Zylinder M 117.961 ab Sept. 1981: M 117.963	Reihen-5-Zyl.-Diesel OM 617.951 mit Abgas Turbolader
Bohrung × Hub; Hubraum	86 × 78,8 mm; 2746 cm^3		92 × 71,8 mm; 3818 cm^3 ab Sept. 81: 88 × 78,9 mm; 3839 cm^3	96,5 × 85 mm; 4973 cm^3	90,9 × 92,4 mm; 2998 cm^3
PS (kW) bei n/min	156 (115) bei 5500/min	185 (136) bei 5800/min	218 (160) bei 5500/min ab Sept. 1981: 204 (150) bei 5250/min	240 (177) bei 4750/min; ab Sept. 1981: 231 (170) bei 4750/min; ab Sept. 1985 RÜF 245 (180) bei 4700/min	123 (91) bei 4350/min ab Sept. 1983: 125 (92) bei 4350/min
Verdichtung	9,0		9,0; ab September 1981: 9,4	8,8; ab Sept. 1981: 9,2; ab Sept. 1985: 9,0	21,5
Ventile, Steuerung	2 obenliegende Nockenwellen (dohc)		2 × 1 obenliegende Nockenwelle (2 × sohc)		1 obenliegende Nockenwelle
Gemischaufbereitung	1 Doppelregistervergaser Solex 4 A 1	mechan. Benzineinspritzung Bosch KA-Jetronic		mechan. Einspr. KA-Jetronic; ab Sept. 1985 elektron.-mechan. gesteuerte Einspr. KE III-Jetronic	Diesel-Reiheneinspritzpumpe Bosch
Batterie	12 V 55 Ah		12 V 66 Ah		12 V 90 Ah; ab Sept. 1983: 12 V 92 Ah
Kühlmittelmenge	10,5 Liter		12,5 Liter	13 Liter	12 Liter
Getriebe	mechan. 4-Gang-Getriebe		4-Gang-Wandler-Automatik		
Lenkung	Kugelumlauf-Servolenkung				
Bremsen	2-Kreis-Vierrad-Scheibenbremsen		2-Kreis-Vierrad-Scheibenbremsen; ab Januar 1985 mit Blockierverhinderer (ABS)		2-Kreis-Vierrad-Scheibenbr.; ab Sept. 1984 mit Blockierverhinderer (ABS)
Bereifung	195/70 R 14 89 H	195/70 VR 14	205/70 VR 14	205/70 VR 14; ab Sept. 1985: 205/65 VR 15	195/70 SR 14 oder 195/70 R 14 90 S ab Sept. 1984: 205/70 R 14 93 H
Radstand; Spur vorne/hinten	2935 mm; 1545/1517 mm	SE: 2935 mm; 1545/1517 mm SEL: 3075 mm; 1545/1517 mm		SE: 2930 mm; 1545/1517 mm; ab Sept. 85: 2930 mm; 1555/1527 mm; SEL: 3070 mm; 1545/1517 mm; ab Sept. 85: 3070 mm; 1555/1527 mm	2935 mm; 1545/1517 mm
Gesamtabmessungen	4995 × 1820 × 1430 mm	SE: 4995 × 1820 × 1430 mm SEL: 5135 × 1820 × 1434 mm	SE: 4995 × 1820 × 1436 mm SEL: 5135 × 1820 × 1440 mm	SE: 4995 × 1820 × 1436 mm; ab Sept. 85: 5020 × 1820 × 1437 mm; SEL: 5135 × 1820 × 1440 mm; ab Sept. 85: 5160 × 1820 × 1441 mm	5145 × 1820 × 1430 mm
Leergewicht (Basisausrüst.)	1560 kg	SE: 1560 kg; SEL: 1590 kg	SE: 1595 kg; SEL: 1615 kg	SE: 1620 kg; SEL: 1655 kg (ab Sept. 85: 1670 kg)	1715 kg
Tankinhalt	90 Liter				77 Liter
Höchstgeschwindigkeit	200 km/h	210 km/h	220 km/h; ab Sept. 1981: 210 km/h	230 km/h; ab Sept. 1981: 225 km/h; ab Sept. 1985: 230 km/h	170 km/h
Stückzahlen (bis 28. 2. 1986)	42 996	SE: 133 955; SEL: 20 655	SE: 58 239; SEL: 27 014	SE: 28 343; SEL: 62 915	78 725 (nur für USA, Japan)

gar 20000 Mark teuerer und näherte sich dem Listenpreis des 560 SEL. Durch den Imagewandel geriet Jaguar Ltd. tatsächlich zunehmend in den Aufwind. Wurde 1982 mit 21900 Einheiten gerade ein Viertel der Produktion der S-Limousinen erreicht, stieg die Großkatzenfertigung 1983 auf 29100 und 1984 auf 33342 Exemplare an – im Vergleich zu nur 31110 BMW-Siebenern, aber 80235 S-Klasse-Limousinen. 1985 konnten die Briten den Ausstoß nochmals um 13 Prozent auf 37728 erhöhen!
Weniger direkt zielte ein neuer Mitbewerber in der Executive-Klasse auf die 126er – der Audi 200 Turbo. Seit Herbst 1982 existierte diese Top-Version einer bewährten Mittelklassereihe, mit einer Menge Vorschußlorbeeren bedacht. Dennoch kann der Audi – wie auch Opels allerdings weitaus weniger überzogen determinierter Senator – kaum in einem Atemzug mit der S-Klasse genannt werden, wenn auch ihre Preise dazu verleiten könnten: 1985 kostete der Audi 200 Turbo soviel wie ein 300 SE und die 4 × 4-Version 200 quattro war gar um 8000 Mark teuerer – Prestigeheischen über die Deutsche Mark? Daß bei der Ingolstädter VW-Adoptivtochter der Weg nach oben jedoch gerade erst begonnen hat und sehr ernsthaft verfolgt wird, zeigt die intensive Beschäftigung mit V8-Triebwerken, deren Erprobung schon 1985 in ein entscheidendes Stadium eingetreten war.
So beherrschen die kultiviert-zurückhaltend konzipierten, perfekten Limousinen der Mercedes-S-Klasse in den achtziger Jahren die internationalen Märkte für Repräsentationswagen. Echte Konkurrenz ist nicht in Sicht, denn, wie *Der Spiegel* einmal schrieb, verkörpern die 126er den »Maßstab für Luxuslimousinen in aller Welt« schlechthin.

Modell	260 SE (W 126 E 26, Bm. 126.020)	300 SE (W 126 E 30, Bm. 126.024) 300 SEL (V 126 E 30, Bm. 126.025)	420 SE (W 126 E 42, Bm. 126.034) 420 SEL (V 126 E 42, Bm. 126.035)	560 SEL (V 126 E 56, Bm. 126.039)	300 SDL Turbo/USA (V 126 D 30 A, Bm. 126.125)
Produktionszeit	seit August 1985			seit September 1985	seit Januar 1986
Motor	Reihen-6-Zyl. M 103.941	Reihen-6-Zyl. M 103.981	V-8-Zyl. M 116.965	V-8-Zyl. M 117.968	Reihen-6-Zyl.-Diesel OM 603.961 mit Abgas-Turbolader
Bohrung × Hub; Hubraum	82,9 × 80,25 mm; 2599 cm³	88,5 × 80,25 mm; 2962 cm³	92,0 × 78,9 mm; 4196 cm³	96,5 × 94,8 mm; 5547 cm³	87,0 × 84,0 mm; 2997 cm³
PS (kW) bei n/min	RÜF 166 (122) bei 5800/min KAT 160 (118) bei 5800/min	RÜF 188 (138) bei 5700/min KAT 180 (132) bei 5700/min	RÜF 218 (160) bei 5200/min KAT 204 (150) bei 5200/min	ECE 300 (220) bei 5000/min RÜF 272 (200) bei 5000/min KAT 242 (178) bei 4800/min	150 (110) bei 4600/min
Verdichtung	9,2		9,0	ECE 10,0; RÜF und KAT 9,0	22,0
Ventile, Steuerung	1 obenliegende Nockenwelle (sohc)		2 × 1 obenliegende Nockenwelle (2 × sohc)		1 obenliegende Nockenwelle
Gemischaufbereitung	mechan.-elektron. gesteuerte Benzineinspritzung Bosch KE III-Jetronic				Diesel-Reiheneinspritzpumpe Bosch
Batterie	12 V 62 Ah		12 V 66 Ah	12 V 92 Ah	
Kühlmittelmenge	8 Liter		13 Liter		10 Liter
Getriebe	mechanisches 5-Gang-Getriebe		4-Gang-Wandler-Automatik mit Programmwähler		4-Gang-Wandler-Automatik
Lenkung	Kugelumlauf-Servolenkung				
Bremsen	2-Kreis-Vierrad-Scheibenbremsen		2-Kreis-Vierrad-Scheibenbremsen mit Blockierverhinderer (ABS)		
Bereifung	205/65 VR 15			215/65 VR 15	205/65 R 15 93 H
Radstand; Spur vorne/hinten	2935 mm; 1555/1527 mm	SE: 2935 mm; 1555/1527 mm; SEL: 3075 mm; 1555/1527 mm		3070 mm; 1555/1527 mm	3075 mm; 1555/1527 mm
Gesamtabmessungen	5020 × 1820 × 1437 mm	SE: 5020 × 1820 × 1437 mm SEL: 5160 × 1820 × 1441 mm		5160 × 1820 × 1446 mm	5285 × 1820 × 1441 mm
Leergewicht (Basisausrüst.)	1510 kg	SE: 1510 kg SEL: 1540 kg	SE: 1600 kg SEL: 1630 kg	1810 kg	1740 kg
Tankinhalt	90 Liter				
Höchstgeschwindigkeit	200–205 km/h	205–210 km/h	210–215 km/h	ECE 250 km/h; RÜF 235 km/h; KAT 225 km/h	193 km/h
Stückzahlen (bis 28. 2. 1986)	3493	SE: 8825; SEL: 2344	SE: 2612; SEL: 9671	4646	427 (nur für USA)

Daimler-Benz kehrte 1981 zum ursprünglichen Coupé-Konzept zurück und brachte mit dem SEC (C 126) ein Exklusiv-Automobil auf den Markt, das für sich zunächst das Attribut des teuersten deutschen Serienwagens in Anspruch nehmen durfte:

Mercedes-Benz 380 SEC, 500 SEC, 420 SEC, 560 SEC

Seit 1954 bot Daimler-Benz ohne längere Unterbrechungen Coupés der oberen Preisklasse an, bis Juli 1971 als Schwestertypen der großen Cabriolets. Mit diesem Zeitpunkt endete zunächst die enge stilistische Verwandtschaft zu den Limousinen der S/SE-Reihe. Im Februar 1972 wurde diese Kontinuität mit dem Auslieferungsbeginn des 350 SLC beendet: Die SLC-Serie war unter Zuhilfenahme einer üppigen Radstandsverlängerung auf der konstruktiven und formalen Basis der zweisitzigen Roadster konzipiert worden. Diese Coupés betont sportlichen Zuschnitts sprachen letztlich aber Käufer einer etwas divergenten Wesensart an – vom elegant-kommoden Touch war nicht wenig verlorengegangen. Wenn die SLC-Modelle – beschrieben in Band 5 der BLV-Mercedes-Edition – auch als vollwertige Viersitzer propagiert wurden, so war die Kopfhöhe über den Fondsitzen doch reichlich knapp bemessen, die Rücksitzpassagiere mußten sich mit einer etwas eingeschränkten Beinfreiheit zufriedengeben, und der Gepäckzuladung waren vergleichsweise bescheidene Gewichtsgrenzen gesetzt. Es konnte nicht ausbleiben, daß der SLC des öfteren als 2+2-Sitzer angesprochen wurde, was wahrlich nicht seinem Konzept entsprach – jedenfalls Grund genug für die Sindelfinger Karosserieentwickler, die Coupé-Philosophie gründlich zu überdenken. Schließlich sollte der Nachfolger im Sinne der neunjährigen Modellkonstanz 1981 in Serie gehen. Prinzipiell war daran gedacht, den Nachkommen des Mercedes-Spitzenmodells als Renaissance alter Coupé-Traditionen auf der Grundlage der S-Limousinen wiederentstehen zu lassen.

Das mit der Baumusterbezeichnung C 126 bezifferte Konzept wurde nahezu parallel zu den großen Limousinen ausgearbeitet. Im Juli 1980 war eine Vorserie von drei 380 SEC fertiggestellt, zwei Monate später

M-VV 5321

noch ein Coupé mit Fünflitermotor. Diese Prototypen liefen fleißig und keineswegs getarnt im Straßenversuch – allerdings nicht mit ihrer endgültigen Physiognomie: Sie wiesen noch das übliche Mercedes-Gesicht auf, das ursprünglich in Erwägung gezogen wurde und – von wenigen Details abgesehen – der Kühlerfront der Limousinen entsprach. Ein Vorstandsbeschluß wies dem SEC dann aber doch die charakteristische horizontale Kühlluftöffnung der SL- und SLC-Typen zu. Im übrigen hatte das Lastenheft die Kombination aus dem sportlichen Charakter des SLC mit einem Höchstmaß an Stilelementen der Limousinen vorgegeben. Die Positionierung der SEC-Modelle sollte dabei durch die drei Schwerpunktaussagen Tradition, Form und Technik erfolgen, die Linienführung gleichermaßen durch Funktionalität und Ästhetik bestimmt werden – im Klartext: Die Harmonie der Formgebung durfte nicht Selbstzweck sein. Diese Zielsetzung wurde unter der Ägide des Mercedes-Chefstilisten Bruno Sacco voll und ganz erfüllt. Sacco, Jahrgang 1933 und gebürtiger Italiener, vermochte hochentwickeltes romanisches Formempfinden glänzend mit den vorgegebenen Detailfunktionen in Einklang zu bringen.

Als die beiden Exklusivmodelle 380 SEC und 500 SEC auf der Frankfurter IAA im September 1981 ihr Debüt gaben, wurde – gleichsam als Denkmalsenthüllung – eines der schönsten Automobile der Zeit nach dem Zweiten Weltkrieg präsentiert. Das Augenmerk der Öffentlichkeit richtete sich jedoch auch auf ganz andersartige Aspekte: Der SEC wurde in einer Phase zunehmender Konfrontation mit dem motorisierten Individualverkehr, anschwellender Energie- und Umweltdiskussionen und der beginnenden Anti-Auto-Hetze vorgestellt. Die Begriffe Leistung und Geschwindigkeit verloren vorübergehend an Priorität.

Oben: Das Interieur der Modellfamilie C 126 mit den zweifarbig bezogenen Schalensitzen.

Unten: Zunächst waren die großen Coupés mit zwei V8-Motoren lieferbar. 1985 kam der 5,6-Liter hinzu.

Rechts: In der Frontalansicht prägt der »SL-Grill« das Erscheinungsbild des SEC.

Links: Läßt sich diese derartig perfekte Form einer Autokarosserie jemals verbessern?

Oben: Bis zum Herbst 1985 war der 500 SEC das Mercedes-Spitzenmodell.

Ein wachsendes Umweltbewußtsein und ein ebenso positives, nun vehement einsetzendes Wirtschaftlichkeitsdenken drohten den Freiraum für automobile Luxusgeschöpfe einzuengen. Hinzu kam, beispielsweise durch die fortschreitende Akademiker-Arbeitslosigkeit, ein Verhärten der Klassenunterschiede der kapitalistischen Gesellschaftsform, das sich in proletarischen Ablehnungsweisen und krasseren Kategorien sozialen Neids ausdrückte. Natürlich waren die neuen S-Klasse-Coupés keine Jedermann-Autos und kosteten ihren Preis, der selbst im IAA-Report des Fernsehens erstaunt zitiert wurde – aber ihre Produktion wurde zusammen mit dem Mercedes-Benz-Energiekonzept gestartet, so daß sie von Anfang an in den Genuß der verbrauchsoptimierten Triebwerke kamen und ihnen schwerlich egozentrische Gefräßigkeit vorzuwerfen war.

An Stelle der gestreckten Roadster-Basis stand dem Aufbau des SEC die gekürzte Bodengruppe der S-Klasse-Limousinen zur Verfügung, wobei das Herausnehmen eines 85 Millimeter breiten Blechstreifens zwischen dem mittleren Querträger und den Lagerpunkten der Hinterradaufhängung erfolgte. Die Coupés waren dennoch nur 45 Millimeter kürzer als die Viertürer, aber immerhin 160 Millimeter länger als ihre unmittelbaren Vorgänger der SLC-Reihe. Diesen gegenüber wiesen sie obendrein ein Plus von 38 Millimetern in der Breite auf. Die großzügigere Dimensionierung kam ganz dem Rücksitzraum zugute und ließ den SEC zu einem vollwertigen Viersitzer werden. Trotz reichhaltiger Serienausstattung und luxuriöser Einrichtung waren die Coupés jeweils zehn Kilogramm leichter als ihre Pendants der Limousinenfamilie. Diese Abmagerung wurde durch weitere gewichtsreduzierende Maßnahmen, wie eine aus Leichtmetall gefertigte hintere Schottwand und Motorhaube und Kofferdeckel mit Aluminium-Außenhaut auf Stahlskelett, erreicht. Wie schon bei den 111er und 112er Coupés der sechziger Jahre wies der SEC bei aller Familienähnlichkeit nur sehr wenige mit den Limousinen gemeinsame Blechpreßteile auf – angesichts der vergleichsweise geringen Stückzahlen wohl die Hauptursache für den beträchtlichen Preisabstand.

Die Linienführung der großen Coupés war nicht nur nach ästhetischen Aspekten, sondern auch nach aerodynamischen Gesichtspunkten konzipiert worden. Der Luftwiderstandsbeiwert konnte gegenüber den Limousinen nochmals auf $c_w = 0{,}34$ gesenkt werden. Zusammen mit der um 30 Millimeter verminderten Bauhöhe ergab sich eine sechsprozentige Verbesserung des Luftwiderstandes. Im Vergleich zum SLC stellten die Windkanalprotokolle einen Vorteil von 14 Pro-

Oben: 190 E in einem Bonner Park.

Links: 190 E 2.3–16 in Rauchsilber-Lackierung.

BT-M 230

zent unter Beweis. Außerdem war es gelungen, die Auftriebskräfte an Bug und Heck spürbar zu senken. Diese Resultate hatten eine Vielzahl von Detailarbeiten bedingt: So war die Bugschürze, die hier auch die serienmäßigen Nebelleuchten beherbergte, beim SEC tiefer nach unten gezogen, die Spalten im vorderen Karosseriebereich – vor allem an den Scheinwerfern – wurden abgedichtet, die breiten C-Säulen stark nach innen gezogen und die Windschutzscheibe stärker geneigt. Die A-Säule mit dem Frontscheibenrahmen wurde durch ein kräftiges, an den Enden mit den Pfosten verschweißtes Stahlrohr verstärkt, das die fehlende B-Säule kompensierte, zur außerordentlichen Verwindungssteifigkeit der Wagen beitrug und dem Dach im Falle eines Überschlags die nötige Festigkeit verleihen konnte.

Links: Mit dem indiskreten Typenkennzeichen werden die großen Coupés selten ausgeliefert.

Unten: Die Nebelleuchten sind serienmäßig, die Scheinwerfer-Wischanlage nur beim Top-Modell 560 SEC.

Dank ihrer fließenden Linienführung wirkten die immerhin nahezu fünf Meter langen Coupés optisch kürzer und durch die großen Glasflächen zu gleicher Zeit wuchtig und doch grazil. Die erheblich flachere Motorhaube und das hohe, an der Limousine orientierte Heck verliehen dem SEC eine ausgeprägtere Keilform als den verwandten Viertürern. Im Herbst 1985 wurden die Coupés den gleichen Karosserieretuschen an Bug, Heck und Seitenschwellern unterzogen wie die Ausgangsprodukte der Familie. Der SLC war zweifelsohne ein hübsches Auto, der SEC aber wohl noch harmonischer proportioniert. Wie ein Prospekttext behauptete, strahlte die Formgebung »sportlich-individuelle Beweglichkeit« aus. Dabei war die Eignung als Reisewagen ausgeprägter als beim Vorgänger: Der Kofferraum entsprach in seinem Volumen mit 505 Litern, von denen etwa 430 für Gepäckstücke nutzbar waren, dem der Limousine und wies damit ein um zwei Drittel größeres Fassungsvermögen als der des SLC auf. Auch die Platzverhältnisse im Wagenfond hatten eine großzügigere Dimensionierung erfahren: Die Beinfreiheit war hinten zwar nominell gleich geblieben, aber Kehlungen in den Vordersitzlehnen sorgten dennoch für eine Verbesserung. Die Kopfhöhe über dem Rücksitz war um 42 Millimeter gewachsen. Der Zugang zum Fond gestaltete sich durch die extrem breiten Türen und den großen Kippwinkel der Vordersitzlehnen unbehindert. Die Windabweiser an den Plastik-Griffschalen der Türgriffe trugen nicht nur zur Windschlüpfigkeit bei, sondern hielten bei schlechtem Wetter beim Öffnen auch die Hände sauber. Während beim SLC ein Teil der segmentierten hinteren Seitenscheiben wegen der Radkästen stehenbleiben mußte, kehrte man beim SEC wieder zu (fast) voll versenkbaren Seitenfenstern zurück. Nur eine kleine Ecke blieb stehen – optisch recht improvisiert wirkend. Da die Radhäuser auch beim SEC nicht allzuviel Spielraum boten, mußten sich die Fondscheiben in einer ausgeklügelten Drehbewegung in ihre Nischen schlängeln. Trotz der rahmenlosen Seitenfenster – häufig erweist sich eine derartige Bauart als problematisch – traten auch bei höheren Geschwindigkeiten kaum Windgeräusche auf. Anfängliche Schwierigkeiten bekam man in Sindelfingen rasch in den Griff.

Die Vordersitze der S-Klasse-Coupés wurden elektrisch betätigt. Lehnenneigung, Sitzkissenhöhe und Längsverstellung – ab Herbst 1983 auch die Positionierung der Kopfstützen – von Fahrer- und Beifahrersitz waren durch das Antippen kleiner Sitzsymbole in den Türen zu steuern. Acht Servomotoren verrichteten dabei exakt und zuverlässig ihre Arbeit. Die Sitzanlage des SEC unterstrich den sportiv angehauchten Fahrzeugcharakter: Vorne gab es stark profilierte Sessel, die beinahe Schalensitzen gleichkamen und hervorragenden Kurvenhalt boten. Ihre Lehnen wurden gewohnterweise bei laufendem Motor durch unterdruckbetätigte Fanghaken arretiert. Beim Öffnen der Türen oder beim Betätigen von Drucktasten in den Lehnen löste sich die Verriegelung. Die Rücksitze waren als komfortable Einzelsessel ausgebildet. Erstmals ging man hier vom Daimler-typischen Federkern ab und verwendete für die Sitzkissen ein weniger nachgiebiges Schaumstoff-Innenteil, um einem zu starken Durchfedern beim Überfahren von Fahrbahnunebenheiten entgegenzuwirken. Die vier Sitze waren in Grundausstattung mit Velours bezogen – in einem ausschließlich für die Coupés verfügbaren Streifendessin. Gegen Aufpreis waren Lederpolster lieferbar, ab September 1985 auch eine wildlederartige Amaretta-Polsterung. Zu diesem Zeitpunkt wurde die Fondsitzanlage neu gestaltet und erhielt versenkte Gurtschlösser. Zentralverriegelung und vierfache elektrische Fensterheber waren stets Komponenten der Basisausstattung.

Ein originelles Novum verkörperten die beiden Gurtbringer. Diese Automatismen sollen die Gurtanlegebereitschaft von Fahrer und Copilot erhöhen und erleichtern das Erreichen der Sicherheitsgurte, die wegen der fehlenden B-Säule sehr tief und zurückversetzt angelenkt sind. Bei geschlossenen Türen wird, sobald man die Zündung einschaltet, ein Kunststoffarm aktiviert, der aus einem Höcker der Seitenverkleidung schwenkt und den Gurt mit zurückhaltender Gebärde in Schulterhöhe anbietet. Bei Einrasten des Gurtschlosses pflegt sich der Roboterarm sofort zurückzuziehen, bei Nichtanlegen der Gurte fahrerseitig nach 30 Sekunden, beim Beifahrer nach einer Minute. Ab Serienbeginn konnten die SEC-Typen – wie auch andere Mercedes-Personenwagen ab 1981 – auf den vorderen Plätzen gegen einen Aufpreis von anfangs 1700 Mark, 1986 fast 2500 Mark mit dem automatischen Rückhaltesystem »Airbag und Gurtstrammer« ausgerüstet werden. Der Airbag – diese neudeutsche Bezeichnung englischen Ursprungs wird eigenartigerweise im englischen Sprachraum durch »SRS« (*supplemental restraint system*) ersetzt – ist ein zusammengefalteter neoprenbeschichteter Nylonballon. Zusammen mit dem Gasgenerator, einer Vorrichtung, die bei Auslösen einen Festtreibstoff zündet und in 60 Liter Druckgas verwandelt, ist er in der Polsterplatte des Lenkrads untergebracht. Er wird nur bei schweren Kollisionen, d. h. bei einem Frontalaufprall mit einer Geschwindigkeit von mehr als 20 km/h auf ein unnachgiebiges Hindernis, aktiviert. Die Reaktion – Gasentwicklung und Aufblasen – wird von einem unter dem Armaturenbrett untergebrachten Sensor in Gang gesetzt und läuft in 25 bis 30 Millisekunden ab. Unter dem Körpergewicht des vergleichsweise sanft aufgefangenen Fahrers strömt das Gas wieder durch Ventile ab. Auch der beifahrerseitige Gurtstrammer wird beim Überschreiten vorgegebener Grenzwerte auf ähnliche Art gesteuert: Eine aktivierte Druckkapsel betätigt die Aufrolleinheit, die den Gurt straffzieht – ein Vorgang, der in zwölf Tausendstel Sekunden abläuft! Seit Herbst 1985

S·EC 1590

Links: 500 SEC der ersten Ausführung.

Oben: Dieses SEC-Coupé mit Pariser Zulassung symbolisiert den Mercedes-Erfolg in Frankreich.

werden die Vordersitze serienmäßig mit diesem gurtbezogenen System, das nunmehr »Gurtstraffer« heißt, ausgerüstet.
Die Instrumentierung und Plazierung der Bedienungselemente entsprach weitgehend der von den S-Klasse-Limousinen her gewohnten Anordnung. Die große Zeituhr wurde allerdings durch einen Drehzahlmesser ersetzt; die Uhrzeit war an einer digitalen Zeitanzeige im Tachometerfeld abzulesen. An Stelle des Tourenzählers konnte auch der ab Herbst 1983 gegen Aufpreis lieferbare Reiserechner eingebaut werden, der – recht betrachtet – doch mehr einen spielerischen Gag darstellt. Dieses Gerät signalisiert bei längeren Reisen Fahrzeiten, Durchschnitts- und Soll-Geschwindigkeiten, den jeweiligen Verbrauch und die Notwendigkeit von Tankstopps – Dinge, die ein normalbegabter Fahrer quasi im Unterbewußtsein verfolgt. Hier werden letztlich Erinnerungen an die beim bayerischen Erzrivalen gepflogene Selbstzweck-Elektronik wach. Da atmet das an der Mittelkonsole und am Armaturenbrett reichlich verwendete polierte Walnuß-Wurzelfurnier schon eher traditionellen Untertürkheimer Geist.
Die für die großen Coupés vorgesehenen Motoren und Automatikgetriebe entsprachen in beiden Phasen – Energiekonzept 1981 und Neuordnung 1985 – den Aggregaten der Limousinen. Demgemäß wurde 1985 der 380 SEC durch den 420 SEC ersetzt und der 560 SEC als stückzahllimitiertes Topmodell neu ins Programm genommen. Eine Sechszylinder-Version war ursprünglich projektiert worden, wurde aber dann fallengelassen, da kein ausreichender Markt für eine schwächer motorisierte Variante erkennbar war. Auch hinsichtlich des Fahrwerks existierten keine prinzipiellen Unterschiede zu den Limousinen. Die Servolenkung war geringfügig indirekter übersetzt worden, um bei unveränderter Präzision ein kommoderes Ansprechen bei plötzlichen Richtungswechseln zu erzielen. Statt der gewohnten Faustsattel-Scheibenbremsen verwendete man beim SEC zunächst an den Vorderrädern solche der Schwimmsattel-Bauart, die nur einen hydraulischen Zylinder auf der »kühleren« Fahrzeuginnenseite aufwiesen. Neben einer unbeträchtlichen Gewichtsersparnis sollte dadurch vor allem erhöhte Standfestigkeit gewonnen werden. Im Herbst 1985 kehrte man allerdings zur standardisierten Festsattelbremse zurück, als die größeren 15-Zoll-Räder eingeführt wurden. Selbstverständlich zählte das Anti-Blockier-System beim SEC zur Grundausrüstung.
Hinsichtlich der Fahreigenschaften der S-Klasse-Coupés waren keine nennenswerten Diskrepanzen zu den Limousinen festzustellen. In Sachen Federungskomfort mußten winzige Abstriche hingenommen werden: Der verkürzte Radstand ließ die Gesamtabstimmung – besonders bei Querwellen der Fahrbahn – straffer wirken. Dagegen muß das Fahrverhalten beim SEC als ebenso mustergültig bezeichnet werden wie bei den Viertürern. Auch bei den Fahrleistungen waren gegenüber den jeweiligen SE-Paralleltypen keine gravierenden Unterschiede zu erwarten. Für den 380 SEC gab das Werk eine Spitzengeschwindigkeit von 210 km/h und eine Null-auf-Hundert-Zeit von 9,8 Sekunden an. Beide Werte wurden durch unabhängige Tests bestätigt – wenn auch ein Prüfungsexemplar der Schweizer *Automobil Revue* 218 km/h erreichte. Im gleichen Test wurde ein Durchschnittsverbrauch von 12,9 l/100 km ermittelt. Der 500 SEC dagegen übertraf in der Regel die Herstellerangabe von 225 km/h – es dürfte kaum ein Exemplar geben, das weniger als 230 km/h läuft. Damit korrespondiert eine Beschleunigungszeit von 8,1 Sekunden. Der in einem *auto motor und sport*-Bericht errechnete Testverbrauch eines 500 SEC belief sich auf durchaus nicht maßlose 15,7 l/100 km – die Werkangabe lag im Euro-Drittelmix bei 11,9 Liter. Das überarbeitete Modell 420 SEC und der 500 SEC der zweiten Evolutionsstufe waren gerade um Bruchteile durchtrainierter, dagegen fand der SEC in der 5,6-Liter-ECE-Version Anschluß an die dünne Oberschicht der internationalen Hochleistungswagen. Der 560 SEC übertrifft 250 km/h und beschleunigt in rund sieben Sekunden aus dem Stand auf 100 km/h – und das bei einem Drittelmix-Konsum von 13,5 Litern!
Die 126er Coupés konnten als Kleinserienprodukte keine Sonderangebote sein – sie zählten auch vom Kaufpreis her stets zur Spitzenklasse. Der 380 SEC kostete beim Serienanlauf 69 495 Mark, sein größerer Bruder 73 902 Mark. Vier Jahre später (1985) waren die Preise auf 89 034 bzw. 94 620 Mark geklettert. Mit einigen sinnvollen oder ganz einfach das Selbstwertgefühl hebenden Extras wie Klimatisierungsautomatik, Schiebedach, Tempomat, Becker-Radio und Leichtmetallrädern war schnell ein sechsstelliger Rechnungsbetrag erreicht und überschritten. Ein kräftiger Preisauftrieb wurde wenig später durch den Semi-Modellwechsel im Herbst des gleichen Jahres ausgelöst. Der 420 SEC nahm nun mit 94 563 Mark die Position des 500 SEC ein, der seinerseits jetzt mit 100 377 Mark in Basisversion die Hunderttausender-Schallmauer durchbrach. Aber es sollte noch gewaltiger kommen: Der 560 SEC kostete 133 608 Mark, wobei dieser Preis die Leistungssteigerung auf 300 PS nach Sonderausstattungscode 822 beinhaltete. Diese deutlich distanzierte Summe ließ den *limited edition*-Charakter des Wagens erahnen – immerhin entsprach der Preisunterschied zum 500 SEC dem Tarif eines 122 PS starken 190 E samt Schiebedach. Viel Geld für 55 Pferdestärken ...
Welche vergleichbaren Modelle bot der bundesdeutsche Markt in dieser Preisklasse? Der Marktgegner Nummer Eins, BMW, hatte zwar keine V8-Motoren im Programm, hatte aber mit dem 635 CSi einen Trumpf in der Hand: Bei überlegener Leistungsfähigkeit war das Münchener Viersitzer-Coupé um fast 25 000 Mark günstiger als der

420 SEC. Dem 500 SEC oder gar 560 SEC setzten die Bayern den M 635 SCSi mit hochkarätiger Triebwerkstechnik entgegen. Dieses Vierventil-Coupé der BMW Motorsport GmbH kostete 93 550 Mark, rannte 255 km/h und beschleunigte in 6,4 Sekunden auf 100 km/h. Mit 8258 Sechser-Coupés und 7974 SECs lieferten sich BMW und Daimler-Benz 1984 ein heißes Kopf-an-Kopf-Rennen. Im Vorjahr hatten die Stuttgarter noch mit einem Plus von 2000 Wagen die Nase vorn gehabt. Auch Porsche konnte mit dem 928 S als SEC-Rivale eingestuft werden – wenn auch das Zuffenhausener Coupé mit seiner Zwei-plus-zwei-Transportkapazität und seinem mehr leistungsbetonten Charakter in eine divergierende Richtung tendierte: Ein 4,7-Liter-V8, der 310 PS abgab, katapultierte das gar nicht so leichte Auto in 6,2 Sekunden auf 100 km/h und gewährleistete eine Spitze von 255 km/h. Selbst mit dem wahlweise erhältlichen Automatikgetriebe, das übrigens aus Daimler-Benz-Produktion stammt und weitgehend identisch mit dem

Nach bester Hardtop-Manier besitzen die S-Klasse-Coupés keine B-Säule.

Modell	380 SEC (C 126 E 38, BM. 126.043)	500 SEC (C 126 E 50, Bm. 126.044)	420 SEC (C 126 E 42, Bm. 126.046)	560 SEC (C 126 E 56, Bm. 126.045)
Produktionszeit	Oktober 1981 bis September 1985	seit Oktober 1981	seit September 1985	seit September 1985
Motor	V-8-Zylinder M 116.963	V-8-Zylinder M 117.963 ab Sept. 1985: M 117.965	V-8-Zylinder M 116.965	V-8-Zylinder M 117.968
Bohrung × Hub; Hubraum	88 × 78,9 mm; 3839 cm^3	96,5 × 85 mm; 4973 cm^3	92,0 × 78,95 mm; 4196 cm^3	96,5 × 94,8 mm; 5547 cm^3
PS (kW) bei n/min	204 (150) bei 5250/min	bis Sept. 1985: 231 (170) bei 4750/min ab Sept. 1985: RÜF 245 (180) bei 4750/min KAT 233 (164) bei 4700/min	RÜF 218 (160) bei 5200/min KAT 204 (150) bei 5200/min	ECE 300 (220) bei 5000/min RÜF 272 (200) bei 5000/min KAT 242 (178) bei 4800/min
Verdichtung	9,4	9,2; ab Sept. 1985: 9,0	9,0	ECE 10,0; RÜF und KAT 9,0
Ventile, Steuerung	2 × 1 obenliegende Nockenwelle (2 × sohc)			
Gemischaufbereitung	mechan. Benzineinspritzung Bosch KA-Jetronic	Bosch KA-Jetronic; ab Sept. 1985: Bosch KE III-Jetronic	elektron.-mechan. gesteuerte Benzineinspritzung Bosch KE III-Jetronic	
Batterie	12 V 66 Ah			12 V 92 Ah
Kühlmittelmenge	12,5 Liter	13 Liter		
Getriebe	4-Gang-Wandler-Automatik			
Lenkung	Kugelumlauf-Servolenkung			
Bremsen	2-Kreis-Vierrad-Scheibenbremsen			
Bereifung	205/70 VR 14	205/70 VR 14 ab Sept. 1985: 205/65 VR 15	205/65 VR 15	215/65 VR 15
Radstand; Spur vorne/hinten	2850 mm; 1545/1517 mm	2845 mm; 1545/1517 mm ab Sept. 1985: 2850 mm; 1555/1527 mm	2850 mm; 1555/1527 mm	
Gesamtabmessungen	4910 × 1828 × 1406 mm	4910 × 1828 × 1406 mm ab Sept. 1985: 4935 × 1828 × 1407 mm	4935 × 1828 × 1407 mm	
Leergewicht (Basisausrüst.)	1585 kg	1610 kg; ab Sept. 1985: 1630 kg	1600 kg	1750 kg
Tankinhalt	90 Liter			
Höchstgeschwindigkeit	210 km/h	225 km/h ab Sept. 1985: 222–230 km/h	210–216 km/h	ECE 250 km/h; RÜF 238 km/h; KAT 228 km/h
Stückzahlen (bis 28. 2. 1986)	11 267	24 121	516	1 432

F-XT 919

Oben: Ein schwarzblau lackierter 190 E 2.3–16.

Links: Limousine der Baureihe W 124.

im SEC eingebauten Wandlerautomaten ist, waren keine einschneidenden Leistungsverluste zu befürchten. In dieser Version kostete der 928 S 103 990 Mark und lag damit auf dem Niveau des 500 SEC (1985). 4601 im Jahre 1984 fertiggestellte V8-Porsche spiegeln nicht etwa einen schleppenden Absatz dieser Wagen wider, sondern einen Verzicht auf eine Ausweitung der Produktionskapazität – nicht viel anders liegen letztlich die Verhältnisse in Sindelfingen. Der dritte Konkurrent auf dem Markt exklusiver Coupé-Modelle kam aus Großbritannien: Der Jaguar XJ-S – ein von Design und Konzept her nicht mehr taufrisch wirkendes Auto – war mit zwei Motorvarianten lieferbar, mit dem seit 1984 verfügbaren 3,6-Liter-Sechszylinder des Baumusters AJ 6 mit Vierventilkopf und 228 PS und mit dem altgedienten 5,3-Liter-V12 in H. E.-Version, der 300 PS abgab. Beide Coupé-Ausführungen beschleunigten in 7,6 Sekunden auf 100 km/h, der Zwölfzylinder war mit einer Spitze von 241 km/h nur unwesentlich schneller als der XJ-S 3.6. Die luxuriös ausstaffierten Briten boten gegenüber dem 420 bzw. 500 SEC einen deutlichen Preisvorteil. Sie waren jeweils um nahezu 20 000 Mark billiger.

Auf dem britischen Automobilmarkt war diese Relation natürlich noch extremer ausgeprägt: Dort kostete der Mercedes-Benz 500 SEC (auf der Insel allerdings viel reichhaltiger als auf dem Heimatmarkt ausgestattet) 45 Prozent mehr als der Jaguar XJ-S 5.3 H. E.! Für die Vollblut-Connaisseurs unter der Coupé-Klientel bestand in Form des Ferrari 400i GT (ab 1985 Typ 412) eine weitere, überaus reizvolle Alternative zu den SECs. Das einzige verbliebene Frontmotorauto aus Maranello bot erstaunlich viel Fondraum, war aber trotz des legendären 4,8-Liter-V12 (ab 1985 fünf Liter Hubraum) delikater Machart in kompatibler Ausführung mit Getriebeautomatik bereits dem RÜF-500 SEC in puncto Fahrleistungen unterlegen. Der Italo-Exote mit Premium-Technik und -Ausstattung kostete, nicht zuletzt wegen den verschwindend geringen Stückzahlen, 159 000 Mark – im Vergleich zum 560 SEC zunächst durchaus noch eine erwägenswerte Möglichkeit für kompromißlos eingestellte Individualisten. Allerdings stieg der Preis des Ferrari 412 alias 400i im Winter 1985 nach der gründlichen Überarbeitung des Zwölfzylinders auf weniger diskutable 188 000 Mark.

Von den C 126-Coupés war anfangs eine durchschnittliche Tagesproduktion von 30 Wagen projektiert worden, entsprechend einer jährlichen Stückzahl von 7000 bis maximal 8000 Einheiten. Zunächst war ein beträchtliches Auftragsvolumen abzubauen – die Lieferfristen beliefen sich anfänglich auf 15 bis 18 Monate. Dazu kam, daß der SEC einen im Schnitt höheren Exportanteil aufwies als der Rest der Personenwagenpalette: Mehr als 60 Prozent wurden vor allem nach Nordamerika und Nahost verschifft. 1983 erreichte die Fertigung der großen Coupés ihren Höchstwert mit 9887 Exemplaren. Damit war die Produktionskapazität mehr als ausgelastet. Auch die spezifische Popularität der zunächst nur zweigleisigen SEC-Serie war einem Wandel unterworfen: Im Vorstellungsjahr 1981 wurde der 380 SEC noch bevorzugt (945 gegenüber 726 Einheiten beim Fünfhunderter), 1982 hatten beide Modelle fast gleichgezogen (4393 zu 4059), im darauffolgenden Jahr stellte der 380er nur noch 38 Prozent der großen Coupés, und 1984 stand die schwächer motorisierte Version mit einem 16-Prozent-Anteil vollends im Schatten des Fünfliter-Coupés. Offensichtlich honorierte die Kundschaft das überlegene Leistungsvermögen des 500 SEC. Auch der US-Export spielt hier eine wesentliche Rolle: Auf dem ertragreichen Nordamerikamarkt wurde ab Herbst 1983 ausschließlich der 500 SEC angeboten.

Rechts: Obwohl das Grill-Design auf den alten 300 SL zurückgeht, ist der SEC kein Sportwagen.

S-EL 4907

S-HP 5128

Rechts: Styling-Studien für die Automobile von morgen entstehen unabhängig von aktuellen Planungsprojekten – viele Design-Details, sorgfältig aufeinander abgestimmt, fließen dann zu gegebener Zeit in die Serie ein.

Links: Kontrast-Architektur – ein 300 E vor historischer Kulisse.

Die kompakten Hundertneunziger runden als dritte Hauptlinie das aktuelle Mercedes-Angebot ab. Beim hohen Grad an Perfektion war zwar kein Volks-Mercedes zu erwarten, dennoch wurde der Kleine bald zum ausgesprochenen Erfolgsauto:

Mercedes-Benz Kompaktklasse W 201

In den sechziger Jahren, als die Mittelklasse-Mercedes nahezu Oberklasseformat angenommen hatten, gab es bei Daimler-Benz ernsthafte Bestrebungen, die Typenpalette durch ein deutlich niedriger klassifiziertes Modell zu ergänzen. Einige dieser Entwürfe nahmen durchaus Gestalt an – darunter der Frontantriebs-Prototyp W 118, der 1962 sogar die Phase des getarnten Straßenversuchs erreichte. Diese kompakte Studie mit auffällig langem Radstand und 1,7-Liter-Motor verschwand aber schnell wieder in der Versenkung, nachdem keinerlei Bedarf erkannt wurde. Erst die Energiekrise 1973/74 mit ihrer künstlichen Ölverknappung wirkte als Menetekel und markierte die Wende hin zu wirtschaftlichen Überlegungen – auch in Untertürkheim mußte man trotz des Angebots an Diesel-Personenwagen restriktiven Maßnahmen bei der Treibstoffversorgung begegnen können. Denkmodelle in Richtung abgemagerter Sparmobile wurden zwar schnell wieder ad acta gelegt – das Bestreben, einen vollwertigen Mercedes kleineren Formats zu schaffen, blieb und erhielt wenig später aus westlicher Richtung Aktualität: In den Vereinigten Staaten nahmen 1976 unter Jimmy Carter die Flottenverbrauchsgesetze der CAFE-Verordnung Gestalt an. Zunächst waren die von Staats wegen gesetzten Durchschnitts-Verbrauchsgrenzen von Dieselautos ohne größere Schwierigkeiten einzuhalten. Da man bei der jäh aufgeflammten Dieselpopularität in den USA mit einem ebensoschnellen Abebben rechnen mußte, zumal sich die Leistungsfreudigkeit der gewiß hoffähigen und repräsentativen Oiler in Grenzen hielt, wurde die Entwicklung eines kleineren Modells unabdingbar. Angesichts des dadurch zu senkenden Flottenverbrauchs bot sich die Aussicht, die Leistungsausbeute der größeren Typen für den wichtigen Nordamerika-Markt wieder anzuheben. Nun kann das amerikanische Absatzgebiet nicht als

unbeschränkt aufnahmefähig gelten – hunderttausend Wagen aller Typen im Jahr waren auch für die weitere Zukunft als wahrscheinliche Obergrenze anzusehen. Deshalb mußte ein Kompakt-Mercedes auch auf dem ausgeprägt absorptiven Heimatmarkt einen hohen Stellenwert besitzen. Dazu war ein neuer Käuferkreis zu erschließen, »Absteiger« aus dem eigenen Lager waren tunlichst zu vermeiden. Der »kleine« Mercedes sollte das Zeug haben, BMW-Fahrer abzuwerben, aber auch Aufsteiger aus der Golf- und Audi-Gefolgschaft zu gewinnen. Vor allem gewann nun eine neue Zielgruppe an Bedeutung: junge Leute unter Dreißig. Daß zu diesem Eindringen in eine proppenvolle Wagenkategorie ein dynamisches Gesamtkonzept ebenso notwendig sein würde wie eine aggressive Verkaufsstrategie, war von vorneherein klar.
Im Herbst 1976 wurde die Vorentwicklung des Kompakt-Mercedes gestartet und das Lastenheft erstellt. Dabei trug das Projekt bereits die interne Bezifferung W 201. Die Vorgaben an die Konstrukteure und Designer waren – der Besonderheit des Vorhabens entsprechend – umfassend und vielgestaltig: Alles, was von jeher einen Mercedes charakterisierte – anspruchsvolle Technik, hohe Verarbeitungsqualität und höchstmögliche Sicherheit –, mußte auch in das kleine Modell einfließen. Fahreigenschaften und Fahrkomfort sollten keineswegs unter dem Niveau der S-Klasse liegen. Die Lebensdauer hatte der Haltbarkeit der größeren Typen zu entsprechen, Wartungs- und Reparaturfreundlichkeit war besonderes Augenmerk zu schenken. Der Kraftstoffverbrauch sollte deutlich niedriger liegen als bei der bisherigen Mercedes-Mittelklasse. Schließlich war natürlich das günstigste Verhältnis zwischen Innenraumgröße und Außenabmessungen zu finden. Gewiß keine leichte Aufgabe für die Techniker und Stilisten, diese Vielzahl teilweise widersprüchlich erscheinender Vorbedingungen auf einen gemeinsamen Nenner zu bringen! Auf der Basis der einst beim Ideenträger W 118 gewonnenen Erfahrungen experimentierte man während der Projektierungsphase begreiflicherweise auch mit dem Frontantrieb, ohne jedoch zu einer Realisierung zu gelangen. Man war sich darüber im klaren, daß der Vorderradantrieb für Autos unter 900 Kilogramm Leergewicht das eindeutig überlegene Konzept darstellte, man wußte aber auch, daß bei schwereren Fahrzeugen eine optimale Abstimmung der Fahreigenschaften nur bei Trennung von Antrieb und Lenkung möglich war. Da konnte auch die bessere Traktion bei winterlichen Fahrbahnverhältnissen keinen ausschlaggebenden Entscheidungsfaktor verkörpern. Auch das Votum für den Standardantrieb bedeutete zunächst eine Hürde in Form der Herausforderung, dem Frontantrieb mit einem Radführungssystem Paroli bieten zu müssen, dem höchste Präzision innewohnte.
Im Sommer 1978 war das festumrissene Konzept der Baureihe W 201

Gegenüberliegende Seite: Das Topmodell der Kompaktreihe – der 190 E 2.3-16 mit blaublütiger Technik.

Oben: 190er-Karosserien entstehen auf der vollautomatischen Punktschweißanlage in Sindelfingen.

fertig. Im Herbst des gleichen Jahres fanden erste Fahrversuche statt, bei denen man sich in erster Linie dem Fahrwerk widmete. Dabei kam ein unkarossierter, an Autocross-Wagen erinnernder Versuchsträger, der ein schnelles Auswechseln der Achskonstruktionen erlaubte, auf dem betriebseigenen Versuchsgelände zum Einsatz. Insgesamt wurden acht Grundprinzipien von Hinterradaufhängungen untersucht – von der De-Dion-Achse über Schräglenker- zu Dämpferbeinachsen. Selbst die gute alte Pendelachse wurde noch einmal aus dem Staub der Geschichte hervorgeholt und modifiziert. Von diesen Hauptbaumustern wurden 77 Varianten vollständig durchkonstruiert, davon schließlich 23 Abwandlungen ausgeführt und erprobt. Im Versuch wurde deutlich, daß die meisten Radaufhängungssysteme bei sehr elastischer Radführung ein verschieden stark ausgeprägtes Eigenlenkverhalten aufwiesen. Dennoch mußte die flexible Radführung als Voraussetzung für einen der S-Klasse vergleichbaren Fahrkomfort aufgefaßt werden: Da die erheblich geringere Fahrzeugmasse der Kompaktlimousinen nach dem Gesetz der Trägheit der Masse Fahrbahnunebenheiten stärker folgen würde als die schweren Oberklassewagen, war für eine elastischere Verbindung der Räder Sorge zu tragen, um Stöße in Längsrichtung besser absorbieren zu können. Bei Erfüllung dieser Vorbedingungen machte die Raumlenkerachse schließlich das Rennen. Die Radführung durch fünf Stablenker erwies sich als Optimum an Präzision und bot darüberhinaus – bei einem Wagen des angestrebten Formats sicher keine Nebensächlichkeiten – raumökonomische und gewichtsbezogene Vorteile. Eine reine Daimler-Benz-Erfindung ist die Raumlenkerachse trotz aller Publicity freilich nicht: Im Rennwagenbau war die Doppelquerlenker-Hinterachse – sozusagen die Vorstufe der Raumlenkerachse – bereits in den sechziger Jahren zu finden. Hier hatte Daimler-Benz erste Erfahrungen übernehmen können und dieses System in der Wankelmotor-Sportwagenstudie C 111 (siehe Mercedes-Benz Automobile Band 5) angewandt. Zur Fünflenkerachse der Baureihe W 201 war es dennoch keineswegs ein kleiner Schritt.

Während die Konzeption des Fahrwerks avancierte, waren auch die Sindelfinger Styling-Studios und der Windkanal ausgelastet. Die Karosserie des Baumusters 201 sollte nicht nur der vorgegebenen Bemaßung, sondern auch forcierten Ansprüchen an die Aerodynamik genügen. Im Herbst 1981 waren die ersten Autos per Hand zusammengebaut – der Straßenversuch konnte beginnen. Die »Erlkönigjäger« waren so aktiv wie nie zuvor: Bald wußte jeder Illustriertenleser, wie der zukünftige »kleine« Mercedes aussehen würde. Im Februar 1982 lief in Sindelfingen die Vorserie des 190 und 190 E an und im Oktober des gleichen Jahres schließlich die Serienproduktion – knapp zwei Monate vor der internationalen Pressevorstellung auf einer andalusischen Hazienda am 8. Dezember 1982 wurde bereits »auf Halde« gebaut. Diese für Daimler-Benz ungewohnte Vorausproduktion von zunächst durchschnittlich 110 Wagen am Tag drückte die Lieferfristen auf ein erträgliches Maß und entsprach damit der geplanten aggressiven Marketing-Politik. Den üblichen Neuwagen- und Kaufvertrags-Spekulanten schwammen dadurch die Felle davon: Neue 190er – nach den vielen Vorschußlorbeeren und mit den vom Debüt der Baureihe W 123 herrührenden Erfahrungen hatten viele Glücksritter vom Guten Stern ganze Bündel von Kaufverträgen abgeschlossen – ließen sich nämlich nicht über dem Listenpreis absetzen. Selbst Preisnachlässe waren nicht selten.

Daimler-Benz bezifferte die Entwicklungskosten der Baureihe W 201 mit 2,5 Milliarden Mark. In dieser Rekordsumme waren allerdings 1,1 Milliarden für Investitionen im Bremer Werk Sebaldsbrück, das die 190er-Produktion schrittweise übernehmen sollte, enthalten. Gleichzeitig mit dem in Spanien inszenierten Europa-Debüt der 190er fand in Sindelfingen die Auslieferung der Vorführ- und Ausstellungswagen in rationierten Anzahlen an die Händler statt. Tags darauf, am 9. Dezember, ging dann das weithin mit Spannung erwartete große Ereignis über die Bühne – die Vorstellung der Kompakt-Mercedes vor dem Publikum bei Niederlassungen und Vertretern. Zunächst waren von der ausbaufähigen Baureihe W 201 freilich nur die beiden Vierzylinder-Benziner 190 und 190 E lieferbar. Daß die 190er angesichts der Tatsache, daß sich Deutschlands prominentester Autohersteller hier ungewohnt klassenfremd engagierte, bereits ein Jahr vor dem Erscheinen der 190er hierzulande das Autothema Nummer eins darstellte, lag auf der Hand. Das Warten auf das Wunderauto, das die Boulevardpresse aus dem 190er gemacht hatte, als er nur schemenhaft erkennbar war, wurde nicht selten mit der Hoffnung auf einen preisgünstigen Volks-Mercedes verbunden. Eine deutliche Kaufzurückhaltung bei der zugegebenermaßen leicht antiquierten Baureihe W 123 war unter diesen Umständen nicht verwunderlich. Durch all die gezielte und ungewollte Publicity ließen die 190er niemanden kalt, der sich – aus welchen Gründen auch immer – mit Automobilen befaßte. Auf der einen Seite herrschte eitel Euphorie im Volke, aber genausoviele Leute standen den neuen Modellen reserviert, skeptisch, enttäuscht oder gar ablehnend gegenüber. Beide Extremgefühle legten sich aber bald. Die Kritik der Öffentlichkeit, oft genug philisterhaft geäußert, bezog sich zunächst auf die Preise der 190er, die in der Tat dicht unter denen der Mittelklassemodelle angesiedelt waren und einen regelrechten Schock auslösten. Warum allerdings von einem vollwertigen Mercedes, der ein ungeheueres Maß an Innovationsstreben an den Tag legte, ein Discountpreis erwartet wurde, bleibt ein Rätsel. Ebenso widersinnig muß das häufige Beanstanden des Raumangebots der 190er erscheinen – schließlich war hier ein Kompaktwagen mit allen Konsequenzen entstanden. Daß am ungewohnt schlichten Äußeren und dem zu massiv empfundenen Heck Anstoß genommen wurde, war dagegen eine Frage der Gewöhnung, die sich mit der Zeit automatisch löste. Der Auftragsschub bei der Präsentation der 190er stellte keine ungewöhnliche Erscheinung dar. Vorsorglich war, um die erwartete lebhafte Nachfrage befriedigen zu können, den Werksangehörigen der übliche Rabatt auf die neuen Modelle während des ersten Fertigungsjahres gestrichen worden. Dann kam aber alles ein wenig anders: Entgegen den Erwartungen von Kennern der Szene war die Jahresproduktion 1983 durchaus nicht auf Anhieb ausverkauft. Daß dadurch nicht die üblicherweise langen Lieferfristen aufliefen, lag zwar einerseits im Sinne der Untertürkheimer Kaufleute, andererseits gab der im ersten Halbjahr 1983 reichlich schleppende Verkauf doch zu denken. Im ganzen muß man den Hundertneunzigern wohl oder übel einen müden Start bescheinigen. Doch das Blatt sollte sich bald wenden; der Durchbruch war ungeheuer...

In seinem Äußeren zeigt sich der Kompakttyp durchaus als unverkennbar-typischer Mercedes, ist aber auch von Bug bis Heck durch einen bis dato ungewohnten jugendlich-dynamischen Stil geprägt. Von einem »kleinen« Mercedes zu sprechen, kann sich nur auf die Relation zu den übrigen Modellreihen beziehen – man hat ein ausgewachsenes Automobil vor sich. Es wird wohl auf lange Sicht bei dem historischen Faktum bleiben, daß der Heckmotortyp 130 von 1934 das letzte in die Tat umgesetzte Mercedes-Benz-Kleinwagenprojekt verkörperte. Die Wagen der Baureihe W 201 sind dagegen hinsichtlich ihrer Parkierungsmaße mit den Ponton-Limousinen der Vierzylinderfamilie W 120/121 aus den fünfziger Jahren vergleichbar – und dabei handelte es sich schließlich um vollwertige Vertreter der oberen Mittelklasse. Die neuen 190er entsprechen ganz anderen Zielvorstellungen als ihre rundlichen Namensvettern aus den Fifties – dennoch haben sie eines gemeinsam: die sprichwörtliche Solidität.

Die Mercedes-Kompaktklasse, wie die 190er von ihren Erzeugern treffend tituliert wurden, setzte sich in allen Abmessungen deutlich von der noch amtierenden Mittelklassegeneration W 123 ab: Der Radstand ist mit einem Minus von 130 Millimeter nur relativ wenig kürzer, dagegen besteht in der Länge bereits ein Unterschied von 305 Millimeter. Die kleinere Modellreihe ist um 108 Millimeter schmaler und um 88 Millimeter niedriger. Die im Verhältnis gesehen milde Differenz der Spurweiten von 60 bzw. 31 Millimeter läßt schon etwas von den überlegenen Fahreigenschaften der kleineren Wagen erahnen. Als mindestens ebenso bemerkenswert muß das Mindergewicht des 190 von mehr als fünf Zentnern gegenüber dem bedingt vergleichbaren 200/W 123 erscheinen. Betriebsfertig wiegt der 190 genau 1080 Kilogramm – ein für einen Mercedes zunächst unvorstellbarer Wert. Die Konkurrenten Opel Ascona 1.8 E und VW Passat CL bringen genausoviel oder mehr Substanz auf die Waage, und der ebenfalls rivalisierende BMW 316 ist mit kompatibler Ausrüstung nur unwesentlich leichter. Der Erfolg dieser Magerkur beruht nicht auf einem Rundum-Abspecken, sondern auf gezielter Anwendung hochaktueller Werkstofferkenntnisse: 16 Prozent der Stahlblechstruktur bestehen aus hochfesten, geringere Materialstärken erlaubenden, mikrolegierten HSLA-Komponenten. Dazu werden in hohem Maße Aluminium und Polycarbonat-Kunststoffe verwendet. Geringes Gewicht und traditionell hohe Stabilität sind unter diesen Umständen völlig vereinbare Begriffe. Neben der Reduzierung der Abmessungen und des Gewichts mußte natürlich auch die Optimierung der Aerodynamik im Vordergrund stehen – nur wurde in dieser Hinsicht von Anfang an festgelegt, daß ein günstiger Luftwiderstand niemals – wie etwa beim Audi 100 – Selbstzweck sein dürfe. So präsentieren sich die 190er durchaus als Kinder ihrer Zeit in windschlüpfigem Gewande mit einem c_w-Wert von 0,33, der einen neuen Rekord des Hauses darstellt und unter Einbezug der geringeren Anströmfläche den Gesamtwiderstand der 123er geradezu archaisch erscheinen ließ. Dennoch war auf die letzten Feinheiten verzichtet worden, die ein kompromißloses Windkanal-Diktat erfordert hätte: Beispielsweise waren die den Strömungsablauf störenden, aber bei schlechtem Wetter immens nützlichen Wasserabweiser an den A-Säulen beibehalten worden. Von der Baureihe W 201 wird es grundsätzlich nur viertürige Limousinen geben, wobei man den seinerzeit ausschließlich zweitürigen »Dreiern« von BMW um eine Nasenlänge voraus war. Allerdings parierten die Münchener diesen Hieb – wie zu erwarten war – sehr spontan. An Kombi- oder Coupéversionen der 190er war niemals gedacht worden. Hingegen entstanden Styling-Studien eines SL-Roadsters auf W 201-Basis, deren Ausarbeitung jedoch unwahrscheinlich erscheint.

Die schlichte, fast schmucklose Gesamterscheinung der 190er wird in der Frontperspektive noch etwas gemildert: Hier dominiert als einziges Chromteil am ganzen Wagen die wiederum flacher gewordene traditionelle Kühlermaske. Der Grill ist stärker denn je zuvor geneigt und umfaßt einen Kühllufteinlaß, der aus Gründen der Aerodynamik gerade so groß wie nötig ist. Im ganzen erinnert die Physiognomie der 190er an das Kühlergesicht der S-Klasse W 126. Zu diesem Eindruck tragen die wohl eher als Prallflächen benennbaren Stoßfänger in hohem Maße bei. Sie sind nicht nur strömungsgünstig konzipiert und aus mittelgrau oder beige eingefärbten Kunststoffen kostengünstig herzustellen, sie erweisen sich auch als stoßunempfindlich und halten bei Kollisionen bis zu einer Aufprallgeschwindigkeit von fünf km/h jegliche Beschädigungen von der Karosserie fern. Sie bestehen aus drei Hauptkomponenten: Biegeträgern aus glasfaserverstärktem Kunststoff (GFK), elastischen Verkleidungsprofilen zur Karosserie aus Polycarbonat und den eigentlichen Stoßleisten aus einem ausgeschäumten Polypropylen-Formteil. Leuchteinheiten und Blinker erinnern an die letzte Generation der 123er, sind aber bündig in das Karosserieblech eingelassen. Die Windschutzscheibe ist weder übertrieben großflächig noch zu extrem geneigt – wenn sie auch in flacherem Winkel steht als bei den S-Klasse-Limousinen. Man verzichtete hier darauf, einem Modetrend zu folgen, vermied ein unzumutbares Aufheizen des Innenraums bei Sonneneinstrahlung – unter dem einige Konkurrenzmodelle arg zu leiden haben – und vergab sich in puncto Aerodynamik dennoch nichts. Das nahezu stufenlos in das Karosserieblech eingebettete, relativ schwach gewölbte Glas trägt zu einem ungehinderten Strömungsverlauf bei. Charakteristisch für die Frontalansicht der 190er sind die mit Kunststoffleisten besetzten Luftleitblenden an den Windschutzscheibenpfosten, die sich in zwei über das Wagendach verlaufenden galinitfarbenen Führungsschienen fortsetzen. Dadurch wird das vorne auftreffende Regenwasser über das Dach nach hinten abgeleitet. Auch hier bietet das in hohem Maße

Oben: Frontantriebs-Versuchsträger W 118 von 1962 – eigentlich ein Audi-Urahn!

Unten: Im ehemaligen Borgward-Werk Bremen-Sebaldsbrück, wo bis 1961 die »Isabella« (rechts im Bild) gebaut wurde, läuft heute – natürlich in völlig anderen Fertigungsmethoden – die Mehrzahl der 190er vom Band.

zweckgerichtete Konzept eine Doppelfunktion: Die Dachleisten können auch zum Verankern handelsüblicher Gepäckträger oder Skiboxen verwendet werden. Wie bei den 126ern läuft die Motorhaube vor der Windschutzscheibe in eine Hutze aus, die den Zentralscheibenwischer teilweise verdeckt. Der Einarmwischer – schon seit 1974 beim Citroën CX zu finden – bedeutete für Daimler-Benz-Konstruktionen ein Novum, zumal er eine Eigenart aufwies: Neben dem überdimensionalen Hauptwischblatt saß noch ein kleiner Wischer knapp über der zentralen Achse. Von der Effektivität her konnte diese Anordnung allerdings nicht brillieren – mit nur 75 Prozent Wischfläche (selbst beim W 123 mit zwei konventionellen Wischern waren es 78 Prozent) und gar nicht so kleinen, sichtbehindernd verschmutzten Restsegmenten an den Scheibenecken konnten die 190er keine Ovationen ernten. Im Januar 1985 schritt man deshalb zur Abhilfe und schenkte der Baureihe W 201 den hubgesteuerten Panoramawischer der brandneuen Mittelklassefamilie W 124. Jetzt läßt ein zusätzlicher Kurbeltrieb den Wischer neben der Dreh- noch eine Hubbewegung vollführen und ermöglicht so eine zu 86 Prozent gesäuberte Windschutzscheibe – besser geht's in der Tat nicht. Seit diesem Zeitpunkt besitzen die 190er auch die seit langem angekündigte, elektrisch beheizte Dreiloch-Scheibenwascherdüse. Analog zur 1976 eingeführten Praxis kann auch bei den 201ern die Motorhaube in einer Extraposition bis zur senkrechten Stellung geöffnet werden, um beispielsweise Triebwerks-Transplantationen zu erleichtern.

In der Seitenansicht präsentieren sich die 190er mit naturreiner Keilform ganz und gar im Stil der achtziger Jahre. Ein hohes, geradezu kastenförmiges Heck und eine stark geneigte C-Säule pointieren die Stilelemente der Baureihe W 126. Das im hinteren Bereich leicht abwärtsgeknickte Dach ist wohl als stilistische Laune zu sehen. Die zeitgemäß schmale Dachpartie bedingt stark eingezogene Säulen mit schrägstehenden Seitenfenstern. Aus produktionsökonomischen Gründen bemühte man sich in Sindelfingen keineswegs um eine außenhautbündige Seitenverglasung – wie sie der Audi 100 dritter Auflage besitzt. Hier hätte der Ertrag – eine gerade einprozentige Verbesserung des Luftwiderstandes – in keinem vertretbaren Verhältnis zum Fertigungs- und gegebenenfalls Reparaturaufwand gestanden. Dennoch wurden die Türfenster nur noch um sechs Millimeter (gegenüber 11,5 beim W 123) zurückversetzt. Als glückliche Entscheidung ist auch der Verzicht auf den massiven Seitenschutz à la S-Klasse zu werten. Den weitaus filigraneren Kompaktwagen steht die dezente, schmale Flankenschutzleiste ausgezeichnet, zumal sie die – außer einer Längssicke im Blech – weitgehend ungegliederte Seitenfläche optisch auflockert. Die von innen einstellbaren Außenspiegel – ab September 1985 serienmäßig beheizt – besitzen wirbelfrei abgeschirmte Glasflächen. Der gegen Aufpreis lieferbare beifahrerseitige Rückspiegel ist kürzer als der Fahrer-Außenspiegel und steuert dadurch ein Quentchen reduzierten Luftwiderstands bei. Daß der Kompakt-Mercedes in der seitlichen Perspektive keinerlei Blankteile mehr sehen läßt, bedingt ein Umgewöhnen – vor allem, wenn man mit der Marke seit langem liiert ist. Außer matt und dunkel eingefärbten Kunststoffprofilen existiert nur der Farbton des Wagenlacks. Schönheit im Detail ist längst durch die Ästhetik des Ganzen ersetzt worden – da steht Daimler-Benz nicht abseits.

Als sehr gewöhnungsbedürftig bot sich zunächst das Heck der 190er dar – kurz, trapezoid-kantig und hoch. Das hatte es beim Daimler bisher noch nicht gegeben. Während die rückwärtigen Leuchteinheiten dem gewohnten Mercedes-Stil entsprechen, stieß die akzentuierte Abrißkante zunächst häufig auf Kritik. Dank einer relativ tiefliegenden Ladekante und des fast in Senkrechtstellung hochschwenkenden Deckels läßt sich der Kofferraum aber leicht beladen. Zudem weist er ein für die Wagenklasse ansehnliches Volumen – nach VDA-Norm 410 Liter – auf, das wegen des glattflächigen Bodens auch größtenteils ausgeschöpft werden kann. Der Kofferdeckelgriff wurde ab September 1983 kräftiger ausgebildet, da es zu Verformungen gekommen war. Das Ersatzrad liegt – wie beim W 123 – unter dem Kofferraumboden. Dem umstrittenen, allerdings gewichtssparenden Notrad steht Daimler-Benz weiterhin ablehnend gegenüber. Der Treibstofftank faßt bei allen Versionen mit Ausnahme des 2.3-16 (70 Liter) 55 Liter und ist im nicht aufprallgefährdeten Bereich über der Hinterachse untergebracht. Die dadurch ermöglichte »weiche« Konzeption des Wagenhecks bietet im Kollisionsfall genügend Knittermasse für die Energieumwandlung.

Wie gewohnt, nahm auch bei den 190ern die Sicherheitsforschung breiten Raum ein. Durch die naturgemäß geringeren Knautschzonen der Kompaktmodelle wurden die Daimler-Benz-Techniker vor weitaus höhere Anforderungen gestellt als bei einem größeren Auto, zumal die strikte Vorgabe lautete, daß die Baureihe W 201 dem gleichen Standard des Insassenschutzes genügen müsse wie die Limousinen der S-Klasse. In Serien von Crash-Tests wurde dieses hohe Maß an passiver Sicherheit dann auch unter Beweis gestellt. Die konisch zulaufenden vorderen Längsträger bieten zur Fahrgastzelle hin zunehmenden Verformungswiderstand. Der sich daran anschließende Gabelträger verteilt die Stoßenergie auf den Kardantunnel, auf die unteren Vorderwandsäulen und auf die Längsrahmen unter den Türen. Die Türkanten überlappen sich im Bereich der B-Säulen – dadurch wird ein unfallbedingtes Verklemmen verhindert. Der Aufbau wird durch ein tragendes Skelett aus Längsträgern, A-, B- und C-Säulen, dem Dachrahmen und mehreren Traversen zwischen den A-Säulen, unter den Vordersitzen

und der Rücksitzbank versteift. Dadurch wird das Insassenrisiko bei Seitenkollisionen erheblich vermindert, zumal die – im übrigen erstmals einteilig ohne separaten Fensterrahmen ausgeführten – Türen mit Stahlblecheinlagen verstärkt sind. Stark beanspruchte Karosseriepartien werden durch Versickungen stabilisiert.
Die Sitzverhältnisse der 190er lösten wohl noch heftigere Emotionen aus als das Äußere der Wagen. Breite Schichten konnten hier den Prozeß des Umdenkens nicht schnell genug vollziehen – eine Mercedes-Limousine hatte eben genügend Bewegungsfreiheit zu bieten. Eine Relativierung zur Kompaktbauweise fand häufig nicht statt. Auf den Vordersitzen wird in jedem Fall genügend Platz geboten: Gegenüber der Mittelklassereihe ist die Sitzbreite nur wenig eingeschränkt, allenfalls befinden sich die B-Säulen etwas in Tuchfühlung mit Fahrer und Beifahrer. Natürlich fiel die Ellenbogenfreiheit etwas knapper aus. Der vordere Beinraum unterscheidet sich aber gefühlsmäßig keineswegs von den vom W 123 gewohnten Raumverhältnissen. Die vorderen Passagiere genießen unbestritten eine ausgezeichnete Sitzposition. Der Seitenhalt ist zwar nicht unbedingt Klassenbestleistung, aber ausgeprägter als bei den 123ern. Daß man beim Einsteigen den Kopf stärker einziehen muß als bei den größeren Modellen, kann nicht als Kritikpunkt gelten. Das Mercedes-typisch große Lenkrad war zwar gegenüber dem W 123 um einen Zentimeter im Durchmesser reduziert worden, weist aber noch immer einen Diameter von 41 Zentimetern auf und bildet beim Einsteigen ein gewisses Hindernis. Auch sehr groß gewachsenen Fahrern und Copiloten sind die 190er aber wie auf den Leib geschneidert, da die Vordersitze bis knapp vor die Fondbank zurückgestellt werden können – dann ist aus der Kompaktlimousine allerdings ein Zweisitzer geworden. Nach permanenter Kritik an der bisherigen Position wurden nun die Handräder der Lehnenverstellung – analog zur S-Klasse W 126 – an die Innenseiten der Polster verlegt. Seit Oktober 1984 steht auch den »Kleinen« gegen Aufpreis die elektrische Sitzverstellung zur Verfügung, die auf Wunsch sogar mit Memory-Schaltung zu haben ist.
Daß auf dem Rücksitz kein üppiges Platzangebot herrscht, ist beileibe kein Fauxpas der Konstrukteure. Den Untertürkheimer Marktforschern war sehr wohl ein breit gestreutes Käuferpotential bekannt, das einen Mercedes-Kompaktwagen mit allen Konsequenzen wünschte. Schließlich verliert, wenn man die in der Bundesrepublik Deutschland etablierten Verkehrsgewohnheiten studiert, die Rücksitzkapazität immer mehr an Bedeutung. Unbestreitbar geht es im Fond der 190er zwar bequem, aber ziemlich eng zu – besonders, wenn die Vordersitze mit Gardemaß-Personen belegt sind. Der Knieraum ist gegenüber den Mittelklassetypen deutlich eingeschränkt, aber im Normalfall nicht unzumutbar, die Sitzhöhe ist hinten knapper bemessen und unter dem Fahrersitz bleibt wegen der Konsole der Höhenverstellung wenig Raum für die Füße des Hintermannes. Die Baureihe W 201 sollte letztlich auch kein Raumwunder verkörpern – immerhin steht im Fond der 190er aber deutlich mehr Bewegungsfreiheit zur Verfügung als im Dreier-BMW. Und den kleinen BMW-Modellen sah man die Raumökonomie nach – schließlich konzedierte man ihnen einen tüchtigen Schuß Sportlichkeit. Die Rückbank der 190er ist straff gefedert, fest gepolstert und weitaus weniger nachgiebig als in den 123ern. Eine Mittelarmlehne zählt – entgegen der gewohnten Praxis – nicht zur Grundausstattung, sondern wird nur gegen Mehrpreis geliefert. Allein beim Spitzenmodell 190 E 2.3-16 wurde sie im Januar 1985 in den serienmäßigen Lieferumfang übernommen. Die Bezugsstoffe der Polster mit Formfederkern wirken in ihren sechs verschiedenen Dessins schlicht und unterstreichen die überaus nüchterne Atmosphäre, die im Interieur der 190er herrscht. In alter Tradition zeichnen sie sich aber durch erstklassige Strapazierfähigkeit und wegen des 45prozentigen Wollanteils durch hohe Atmungsaktivität aus. Auch für die Kompaktklasse enthält die Sonderausstattungsliste eine reichhaltige Auswahl an MB-Tex-, Velours- und Lederbezügen – letztere aber erst seit Januar 1984.
Der Innenraum der 190er strahlt in besonders hohem Maße Sachlichkeit und Funktionalität aus. Das alte Leitmotiv »Modern, aber nicht modisch« der Mercedes-Designer besitzt unverändert Geltung. Extravaganzen wird man vergeblich suchen. Dazu ist auch jegliche entbehrliche Bordelektronik zu rechnen. Dafür brilliert die W 201-Karosserie mit einer hervorragenden Übersichtlichkeit. Die Oberkante der Armaturenanlage zeigt dynamischen Schwung, vermittelt aber keine Cockpit-Atmosphäre à la BMW. Wie üblich umfaßt das Instrumentenbrett drei klassische, einwandfrei ablesbare Rundinstrumente: in der Mitte den Tachometer, links davon das Kombiinstrument und rechts die Uhr, die durch einen Drehzahlmesser mit kleiner, integrierter Analoguhr ersetzt werden kann. Die üblichen optischen Signale wurden im Oktober 1984 durch Kontrolleuchten für die Flüssigkeitsstände von Motorenöl, Kühlmittel und Scheibenwaschwasser ergänzt. Die Bedienung der luftseitig gesteuerten Heizung und der Belüftung entspricht im Prinzip der beim W 123 – nur sind bei den kleineren Modellen Luftverteilungsschalter und Luftmengenregler vertauscht. Das Handschuhfach fiel lächerlich klein aus – nicht einmal die Betriebsanleitung hat darin rechtschaffen Platz. Als bewährtes Bauteil wurde auch der Kombischalter links an der Lenksäule von der Baureihe W 123 übernommen. Dagegen gibt es seit langer Zeit erstmals wieder eine echte Handbremse bei einem Mercedes-Personenwagen: Da im Fahrerfußraum wegen der Fußstütze kein weiteres Pedal für die Mercedes-typische Feststellbremse untergebracht werden konnte, erhielten

die 190er eine – im Nebeneffekt sportliche – Stockhandbremse zwischen den Vordersitzen. Airbag und Gurtstrammer zählten bei der Baureihe 201 ab Serienbeginn zur zuschlagpflichtigen Sonderausstattung, seit Oktober 1984 sind die Kompaktlimousinen – wie die anderen Modellreihen – serienmäßig mit dem Gurtstraffer ausgerüstet. Die Heckscheibenheizung wird elektronisch geregelt und schaltet sich normalerweise nach 15 Minuten selbsttätig ab. Sind aber gleichzeitig mehrere wattstarke Verbraucher in Betrieb, erfolgt das Abstellen erheblich früher. Dem Fahrer wird dies durch das Blinken des Symbols im zuständigen Taster signalisiert.

Knapp elf Monate nach dem Produktionsanlauf der Kompaktreihe erfolgte im September 1983 eine Detailüberarbeitung der Karosserie. Der Unmut über die Türdichtungen wollte nicht verstummen: Einerseits schlossen die Türen zwar mit dem entfernt an die Geldschrank-Akustik erinnernden *sound of quality*, mußten dazu aber vehement zugeschlagen werden, wenn nicht zum Druckausgleich ein Seitenfenster geöffnet wurde. Andererseits stellte es sich als unangenehm heraus, daß von der Dachkante ablaufendes Regenwasser wegen der eingezogenen Seitenscheiben auf die Sitze tropfte – eine Schattenseite des neuen Wasserleitsystems, das auf eine herkömmliche Regenleiste verzichtete. In beiden Punkten schaffen neuentwickelte Gummi-Dichtleisten an den Türrahmen, die eine spezielle Wasserabstreiflippe besitzen, wirkungsvoll Abhilfe. Die Gurtanlenkung an den B-Säulen, die sich im Kopfbereich als kollisionsfreudig erweisen konnte, wurde platzschaffend modifiziert. Für das Unterteil der Armaturenanlage stehen nun – der jeweiligen Innenausstattung zugeordnet – sieben statt der bisherigen drei Farbtöne zur Verfügung. Die zweigeteilte, durch die Schalthebelkonsole unterbrochene Mittelablage wirkte mit ihren schwarzen Plastikfächern steril und billig. Der nun eingeführte Überzug mit dem auch bei der Hutablage verwendeten, freundlich wirkenden Nadelvlies brachte ohne Zweifel eine Aufwertung mit sich. Das Tüpfelchen auf dem i eines gehobenen Qualitätsausdrucks, der den Wagen schließlich angemessen ist, stellt die nunmehr edelholzfurnierte Schalthebelkonsole dar, die im übrigen neben dem Warnblinkschalter die Betätigungselemente der unzähligen Extras beherbergt.

Der Slogan »Mercedes-Spitzentechnik in kompakter Form«, mit dem die Baureihe W 201 lanciert wurde, findet seine Bestätigung in erster Linie im revolutionären Fahrwerk der kleinen Modellfamilie. Hier erreichte das Innovationsbestreben einen ersten Höhepunkt – bei den Elementen der Radaufhängung hat man es mit eigenständigen Neuentwicklungen zu tun. Vorbilder bisheriger Mercedes-Serienmodelle existieren in dieser Hinsicht nicht. Neu für Daimler-Benz ist die durch einfache Dreiecks-Querlenker geführte Dämpferbein-Vorderachse,

Ganz oben: Am 15. November 1985 war schon eine halbe Million Kompakt-Mercedes entstanden.

Oben: Armaturenanlage eines 190 E – die Hebelhandbremse bleibt der Baureihe 201 vorbehalten.

Oben: Mit diesem sportiv wirkenden Versuchsträger wurden die unterschiedlichsten Radaufhängungssysteme für die 190er erprobt.

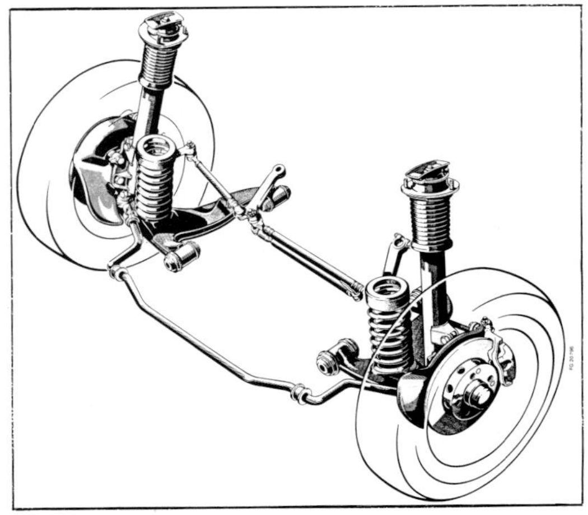

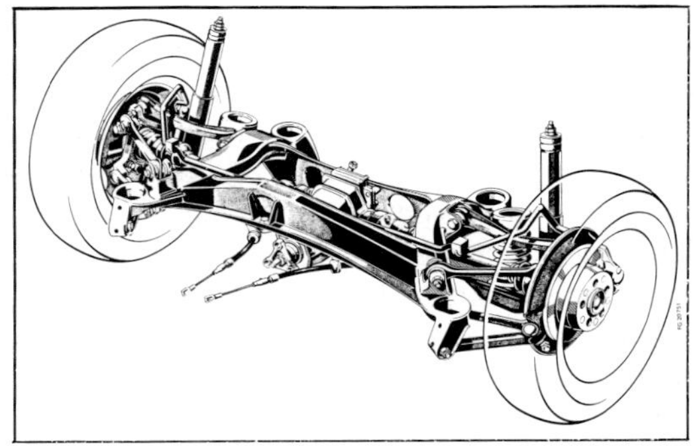

Rechts: Raumlenker-Hinterachse und Dämpferbein-Vorderachse der Baureihe 201.

die geringen Raumbedarf versprach. Zu der bei fast allen anderen Herstellern üblichen Federbein-Führung konnte man sich in Untertürkheim nicht entschließen: Bei der McPherson-Anordnung – in Deutschland erstmals 1957 von Ford realisiert – sind die Schraubenfedern in das Dämpferelement integriert, wodurch eine beträchtliche Bauhöhe bedingt ist. Bei der Mercedes-Lösung sind Dämpfer und Feder – diese stützt sich außerhalb des Rahmenlängsträgers auf dem Querlenker ab – getrennt. So konnte dieses Bauteil niedrig gehalten und mehr nutzbare Breite im Motorraum gewonnen werden. Das in Coproduktion mit Fichtel & Sachs in Schweinfurt entwickelte Dämpferelement stellt ein technisches Novum dar: Es handelt sich dabei um einen ohne Trennkolben ausgeführten Zweirohr-Gasdruckstoßdämpfer, bei dem nicht das Dämpferrohr, sondern die Kolbenstange als Führungselement dient. Deshalb muß diese kräftig ausgebildet werden. Um ihr Gewicht bei einem Durchmesser von 22 Millimetern in Grenzen zu halten, ist sie hohl – die Erleichterung belief sich auf fast ein Kilogramm! Durch dieses nicht alltägliche Konzept wird ein hervorragendes Ansprechverhalten erzielt, zumal die Dämpferbeine nahe den Rädern gelagert sind. In Crash-Tests machte die gewählte Auslegung eine gute Figur, da die Vorderachse nach hinten abgestützt ist. Das Eintauchen des Wagenbugs beim Bremsen konnte um 20 Prozent reduziert werden. Eine äußerst geringe, von Last und Federweg nahezu unabhängige Änderung der Vorspur resultiert in einem tadellosen Geradeauslauf.

Auch bei der Lenkung ist Neues zu vermelden: Die Kompaktklasse erhielt eine weitgehend überarbeitete Kugelumlauflenkung, wobei man sich auch bei den »Kleinen« dem negativen Lenkrollradius zuwandte. Dadurch wird das Verreißen des Fahrzeugs bei ungleichmäßiger Bremswirkung vermieden. In Geradeausstellung wurde durch die ziemlich direkte Lenkübersetzung (i=18,9) eine verbesserte Lenkpräzision erreicht. Bei zunehmendem Radeinschlag – etwa beim Einparken – wird die Übersetzung wegen der neuartigen, ungleichmäßigen Verzahnung des Lenkgetriebes indirekter (bis zu i=24). Daran ist auch die Verstärkung der Gestängekinematik beteiligt.

Die Lenkkräfte beim Parken halten sich so in engen Grenzen. Trotz stattlicher fünf Lenkradumdrehungen von Anschlag zu Anschlag – angesichts der aufgezeigten Konstruktion ein irreführender Wert! – wirkt die mechanische Lenkung der 190er ausreichend direkt, aber auch nicht mehr als das. Im Hinblick auf eine sportliche Fahrweise, die dem Charakter des Wagens entspricht, mußte allerdings die neuentwickelte, gegen 819 Mark Aufpreis zunächst als Sonderausstattung lieferbare Servolenkung empfohlen werden. Sie war aus der Type LSE 90 der Baureihe W 123 entstanden, erfordert nur wenig mehr als drei Lenkradumdrehungen über den gesamten Einschlagbereich und ist – ganz im Gegensatz zur mechanischen Ausführung – mit zunehmendem Lenkeinschlag direkter übersetzt. Der Mittelwert der Lenkübersetzung über den gesamten Bereich beträgt i = 15,5, bei der nichtunterstützten Lenkung vergleichsweise i = 21,6. Daß die Servolenkung bei passionierten Fahrern aus diesem Grunde den Vorzug erhielt, war kein Wunder, obwohl die Normallenkung ausreichend leichtgängig arbeitete. Drei W 201-Versionen wurden vom Start weg serienmäßig mit der Servolenkung ausgerüstet: der ab September 1983 gefertigte 190 E 2.3 für den US-Markt aus verkaufsspezifischen Gründen, das ab September 1984 erhältliche Top-Modell 190 E 2.3-16 wegen der sportlicheren Auslegung und der Ende April 1985 in die Produktion genommene 190 D 2.5 angesichts seines höheren Motorgewichts. Im September 1985 wurde die Servolenkung auch beim Rest der Modellpalette in die Serienausrüstung übernommen, zumal sie ohnehin in den meisten Fällen geordert wurde. Seit diesem Zeitpunkt ist die Servolenkung aus der Mercedes-Sonderausstattungsliste vollständig verschwunden.

Als revolutionär wurde weiterhin die Raumlenker-Hinterachse betrachtet, übernahmen doch erstmals bei einem Serienwagen fünf unabhängige Lenker die Führung jedes Hinterrades. Man kann die Raumlenkerachse entfernt mit einer herkömmlichen Vorderradaufhängung mit je zwei Dreieckslenkern pro Rad vergleichen, wenn man annimmt, daß die obere und untere Radführung in je zwei einzelne Stablenker aufgegliedert wurde und ein fünfter Lenker die Spurstange verkörpert. Alle Lenker werden von einem in vier Punkten elastisch mit der Rahmenbodenanlage verbundenen Leichtbau-Hinterachsträger aufgenommen. Dieses Bauteil besteht im wesentlichen aus zwei seitlichen Trägern mit geschlossenem Kastenquerschnitt, verbunden durch zwei sowohl biegesteife als auch torsionsweiche offene Blechprofile, und geriet erheblich leichter als der alte »Bananenträger«. Die fünf Stablenker boten größtmögliche Freiheit, die Radbewegungen eng zu kontrollieren. Vorspur, Sturz und Spuränderungen der Hinterräder konnten individuell und unabhängig voneinander festgelegt werden, ebenso die Anfahr- und Bremsnickabstützung. Trotz der mit 0,003 Millimeter Toleranz ablaufenden rechnerunterstützten Konstruktion nach dem CAD-Prinzip war ein hoher, personalintensiver Abstimmungsaufwand nötig, um die Präzision, die dem ingeniösen Aufhängungssystem innewohnt, gänzlich freizulegen. Schließlich hatte man Neuland betreten – und Pionierleistungen technischer Art lassen sich auch im ausgehenden 20. Jahrhundert nicht aus dem Ärmel schütteln. Das Hauptproblem bestand in der für den Fahrkomfort unabdingbaren Gummilagerung der Lenker, die ein präzises Spurhalten durch das Einwirken fahrdynamischer Kräfte gefährden konnte. Abhilfe schaffte die in die Radmittelebene verlegte Lenkachse – den angreifenden Längskräften stand nun beim Bremsen und Anfahren und bei Fahrbahnstößen kein Hebelarm mehr zur Verfügung. Eine konstante Vorspur wirkt Lastwechselreaktionen entgegen. Äußerst geringe Sturzänderungen von maximal 20 Winkelminuten (das sind 0,3 Grad!) bedeuten einen hervorragenden Geradeauslauf. Unabhängig von Beladung und Federbewegungen stehen die Hinterräder immer im gleichen Winkel zur Fahrbahn, besitzen also stets negativen Sturz. Neben ihrem hervorragenden Abstützverhalten bietet die Raumlenkerachse den Vorteil kompakter Abmessungen: Sie benötigt kaum mehr Platz, als normalerweise Differential und Antriebswellen bedingen – der Raum unter der Rücksitzbank wird nicht mehr von der Radführung eingenommen. Ein weiteres Plus liegt im geringen Gewicht dieser Konstruktion, das durch die Torsionsfreiheit der fünf Lenker ermöglicht wurde: Gegenüber der vorherigen, 1968 mit den »Strich-Acht«-Modellen eingeführten Schräglenkerachse ist die Raumlenkerachse – je nach verglichener Bauphase – um 25 bis 30 Prozent leichter. Schließlich ist sie bei angepaßten, modernen Fertigungstechniken durch ihre einfachen Grundbauteile auch in Großserie kostengünstiger herzustellen. Da die jeweils vier Zug- und Druckelemente nur einfach beansprucht werden – lediglich der sogenannte Federlenker, der die Schraubenfedern aufnimmt, ist zusätzlichen Biegekräften ausgesetzt –, wird die Exaktheit der Radführung auch bis ins hohe Fahrzeugalter ungeschmälert anhalten. Die Einrohr-Gasdruckdämpfer sind auch an der Hinterachse dicht an den Rädern plaziert und sprechen so verzögerungsfrei und sensibel an. Ohne Zweifel realisiert die Mercedes-Raumlenkerachse die Synthese zwischen einem bisher der Oberklasse vorbehaltenen Fahrkomfort und einem optimalen Fahrverhalten bei allen Beladungszuständen in einem bis dato nicht gekannten Maße.

Die Zweikreis-Bremsanlage mit der Mercedes-typischen Vorne-Hinten-Kombination umfaßt einen Leichtmetall-Stufen-Hauptzylinder, der den Pedalweg bei Ausfallen eines Druckkreises begrenzt, einen Leichtbau-Bremskraftverstärker, Faustsattel-Scheibenbremsen an den Vorderrädern, die erhöhte Sicherheit gegen Dampfblasenbildung der Hydraulikflüssigkeit bei extremer Beanspruchung bieten, und solche der gewohnten Festsattelbauart an den Hinterrädern. Mit Scheibenbremsen ringsum konnten die 190er eine Vorbildfunktion in der Kompaktklasse übernehmen. Die Bremsleitungen aus gewickeltem Stahlrohr sind mit Kunststoff überzogen, um einer Außenkorrosion entgegenzuwirken. Ein Novum für die Wagenklasse stellte das für die Baureihe W 201 von Anfang an gegen rund 2700 Mark Aufpreis lieferbare Anti-Blockier-System dar. Ein nicht ohne weiteres transparentes Verwirrspiel verkörpert die Bereifung der 190er: In drei Produktionsjahren wurden durch die gesamte Modellpalette insgesamt zwei Raddurchmesser (14 und 15 Zoll), drei Felgenbreiten (fünf, sechs und sieben Zoll) und gar sieben verschiedene Reifentypen der Niederquerschnittsserien 175/70, 185/65 und 205/55 sämtlicher Geschwindigkeits-Klassifizierungen (S, T, H und V) als Serienausrüstung verwendet. Im September 1983 erschienen in der Sonderausstattungsliste der 190er neue geschmiedete Leichtmetallräder, die zunächst nur in fünf Zoll Breite, bald aber in mehreren Variationen erhältlich waren. Die Stahlfelgen werden durch Radkappen aus GFK-Polyamid abgedeckt. Die belüfteten Raddeckel sind glattflächig gestaltet und tragen durch die Turboverrippung auf der Innenseite zur Bremsenkühlung bei. Allerdings wirkte das Design der Radkappen zunächst plump, da ungewohnt.

In ihren Fahreigenschaften sind die 190er eine Klasse für sich – das ist der Fachpresse und weniger kompetenten Blättern seit dem Debüt der schwäbischen Compacts auf Schritt und Tritt zu entnehmen. Die Mär vom »Wunderauto« macht beharrlich die Runde – und an diesem Attribut ist viel Wahres dran. Der Federungskomfort entspricht voll und ganz dem Willen der Väter und ist mit der großen Baureihe W 126 vergleichbar. Eine Karosserieneigung ist kaum wahrnehmbar und Fahrbahnunebenheiten werden bei jedem Tempo hervorragend absorbiert. Eine sportlich-straff ausgelegte Dämpfung wirkt jeglichem Nachschwingen der Karosserie entgegen. Abrollgeräusche treten auch bei rauhem Straßenbelag kaum in Erscheinung und ein Dröhnen des Aufbaus ist bei Mercedes-Personenwagen ohnehin ein Fremdwort. Der akustische Komfort leidet allerdings etwas unter der sportlichen Akzentuierung der Vierzylinder-Benzinmotoren, die im oberen Drehzahlbereich deutlich vernehmbar zur Sache gehen – das gilt im besonderen für den Vierventilmotor. Diese Soundcharakteristik ist für die Ohren altgedienter Mercedes-Eigner wohl ungewohnt, aber Musik im Gehör passionierter Fahrer, wie sie bislang vorwiegend im BMW- oder Alfa-Romeo-Lager zu finden waren. Noch weitaus stärker drückt sich diese Sportivität aber – gepaart mit einem hohen Maß an Fahrsicherheit – im Handling und in der Kurvenfreudigkeit aus. Zusammen mit den kompakten Abmessungen läßt diese selbst für Daimler-Benz-Verhältnisse frappierende Straßenlage die 190er außerordentlich agil wirken. Sie sind in der Fahrdynamik den Dreier-BMW ohne Zweifel überlegen – und das will etwas heißen! Das Fahrvergnügen beruht auf einem – besonders bei der Servolenkung – spontanen Reagieren auf Lenkbewegungen jenseits jeglicher Nervosität und in einem problemlosen Akzeptieren hoher Querbeschleunigung. Lastwechselreaktionen sind selbst in voller Absicht nur schwer zu provozieren. Das absolut neutrale Eigenlenkverhalten spiegelt die außerordentlich hohen Sicherheitsreserven der 190er wider – die Grenzen des Fahrwerks, das von vornherein für Motorleistungen bis zum 200-PS-Bereich konzipiert wurde, sind unter Normalbedingungen nicht ertastbar. Da verlangen die kleinen BMW erheblich mehr Aufmerksamkeit: Durchschnittsbürger können hinter dem Lenkrad der »Dreier« beim jähen Übersteuern, besonders bei nasser Fahrbahn, leicht überfordert werden. Auch in seinem unter allen Fahrbedingungen – selbst bei welliger Straßenoberfläche – stabilen Geradeauslauf zeigt sich der Kompakt-Mercedes mustergültig.

Als die neue Generation W 201 der Presse vorgestellt wurde, äußerte sich das Untertürkheimer Management sehr optimistisch über die Absatzmöglichkeiten und die Produktionsplanung: Noch 1982 sollten viertausend 190er fertiggestellt werden, und für das darauffolgende Jahr waren hunderttausend Exemplare ins Auge gefaßt. Von rosarot verbrämten Zahlen konnte keine Rede sein: Im Erscheinungsjahr passierten 4650 Kompakt-Mercedes die Sindelfinger Endkontrolle. 1983 waren es 109 837, wobei es zu Kapazitätsschwierigkeiten kam, weil die Bremer Produktion erst im November anlief – hier war man der Planung sogar um einige Wochen voraus. Bereits am 22. November 1983 konnte in Sindelfingen ein kleines Jubiläum gefeiert werden, als der hunderttausendste »Kleine«, ein 190 E, vom Band lief. Zwei Jahre später, am 15. November 1985, war eine halbe Million erreicht. Zur Umrüstung der Fertigungseinrichtungen auf die Belange der 190er-Produktion hin war eine dreijährige Vorplanung nötig gewesen. Schon ein Jahr vor dem Serienanlauf fand ein erster Produktionsversuch unter Serienbedingungen statt. Die Herstellung der Kompaktmodelle erfolgt unter einem deutlich erhöhten Automatisierungsgrad: Frei programmierbare Steuerungsanlagen mit Kontroll- und Diagnosefunktionen sichern eine gleichbleibend hohe Fertigungsqualität. Dabei sind diese Einrichtungen, sollte dies durch Modifikationen der Fahrzeuge notwendig werden, kurzfristig umzurüsten. Dies gilt auch für die prozeßrechnergesteuerten Transferstraßen und Gießereianlagen im Werk Untertürkheim. Im Lackierbereich und beim Schweißen werden in erhöhtem Maße Industrieroboter eingesetzt. Außer den 4500 Schweißpunkten pro Fahrzeug werden erstmals bei Daimler-Benz auch für die insgesamt 25 Meter Schweißnaht je Karosserie Roboter eingesetzt, die nach dem Lichtbogenverfahren arbeiten.

Nachdem seit 1981 ohnehin nur blei- und cadmiumfreie Lacke verwendet werden, verzichtet man seit dem Serienanlauf der 190er auch auf chromathaltige Farben, ohne irgendwelche Einbußen hinsichtlich des Korrosionsschutzes, der Alterungsbeständigkeit oder des Glanzes hinnehmen zu müssen. Eine Aktivkohle-Adsorptionsanlage, die eine nahezu 100prozentige Reinigung der Abluft gewährleistet, stellt einen weiteren Schritt zur schadstoffreien Lackierung dar. Beim Bau der Karosserie-Rohelemente bieten vollautomatische Pressenstraßen hohe Anlagennutzung durch die sogenannte Schiebetischtechnik, die einen schnellen Werkzeugwechsel ermöglicht. Auch die Kontrollfunktionen sind dem Bereich menschlicher Irrungen und Wirrungen entzogen: Ein Großteil der Prüfstände wird von Computern gesteuert. Neu ist eine Helium-Lecktestanlage zur Dichtigkeitsprüfung der Kraftstoffsysteme. Eine Automatisierung um jeden Preis würde der Daimler-Benz-Firmenpolitik widersprechen – der Mensch mit all seinen Erfahrungen und seinen handwerklichen Fähigkeiten wird stets vor der Maschine rangieren. Eine elektronikgestützte Mechanisierung findet ihren Sinn allein in der Erleichterung der menschlichen Arbeit oder bei Qualitätssteigerungen im Produktionsablauf.
Durch die Einführung der zusätzlichen Baureihe W 201 stieg die Zahl der konzernintern gefertigten Pkw-Einzelkomponenten um 25 Prozent auf 50 000. Im gleichen Maße erhöhte sich der Anteil von Zulieferteilen von weit über 1000 Fremdfirmen. Motoren, Getriebe und Achsen entstehen nach wie vor zentral im Stammwerk Untertürkheim, während der Ausstoß von Karosseriepreßteilen und Rohbau-Untergruppen der 190er und die Endmontage des Baby-Benz teils arbeitsteilig, teils synchron in Sindelfingen und in Bremen stattfindet. Dabei arbeitet das seit 1971 vollständig im Daimler-Benz-Besitz befindliche, inzwischen mehrfach erweiterte norddeutsche Werk im engen wechselseitigen Produktionsverbund mit Sindelfingen. Das bedeutet, daß das schwäbische Karosseriewerk Vorbauten, Dächer, Heckpartien und Seitenwände sowohl für den Eigenbedarf als auch für den Bremer Autobau fertigt und umgekehrt die Anlagen an der Weser Sindelfingen mit Bodengruppen, Türen, Tanks und Motorhauben mitversorgen. Die eigentliche Fahrzeugherstellung läuft in Bremen in den Bereichen Karosserie-Rohbau, Lackierung und Endmontage in drei Werkhallen nach den gleichen Maßstäben ab wie im Württembergischen. Bereits im Mai 1983 wurde in der Hansestadt eine W 201-Pilotserie aufgelegt. Trotz enger Anbindung der Qualitätskontrollen an das schwäbische Niveau kam es bei den 190ern zu Anlaufschwierigkeiten hinsichtlich des Verarbeitungsstandards, die man aber schnell meistern konnte. Diese harmlosen Detailmängel berechtigen ohnehin nicht zu der Annahme, daß die kleinen Mercedes – wie bei manch anderem Hersteller gang und gäbe – etwa von Kinderkrankheiten befallen waren. Bei Fahrzeugen des ersten Produktionsjahres traten allerdings Fertigungsfehler an den hinteren Stoßdämpfern und am Handbremsgriff auf, die – erstmals in der Daimler-Benz-Geschichte – eine Rückrufaktion für 13 000 Wagen bedingten. Auch bei den 14-Zoll-Leichtmetallrädern aus den ersten vier Herstellungsmonaten nahm man bei Dauerlaufversuchen auf dem Hockenheimring entdeckte sporadische Anrisse sehr ernst und tauschte Räder mit bestimmten Seriennummern nach Absprache mit dem zuständigen Vertrags-Zulieferer Otto Fuchs in Meinerzhagen kulant um. Eine weitere Nachbesserungsaktion bei den Typen 190 und 190 E betraf die Montage von Abschirmblechen am Auspuff. Bei extremen Betriebsbedingungen konnten durch die Abstrahlwärme der Auspuffanlage bei Wagen, die bis Ende 1984 gebaut wurden, Lackschäden im Heckbereich auftreten.
Das Bremer Filialwerk war dazu auserkoren worden, schrittweise den Hauptanteil der 190er-Produktion zu übernehmen, zumal hier ein Exporthafen zur Verfügung steht und lange Binnen-Anmarschwege der für die Transatlantikausfuhr bestimmten Wagen vermieden werden können. 1984 stammte noch ein Drittel der 190er aus Bremen, 1985 bereits 55 Prozent. Die durchschnittliche Tagesproduktion in beiden Werken kletterte – der Nachfrage entsprechend – von 110 Einheiten im Jahre 1982 über 438 Wagen in 1983 auf einen einstweiligen Höchststand von 890 Exemplaren in 1984. Im Folgejahr war die Tagesfertigung wegen der für die Baureihe W 124 benötigten zusätzlichen Kapazitäten wieder leicht auf 857 190er zurückgegangen. Während die Maximalproduktion der Modellfamilie W 201 auf über 300 000 Fahrzeuge pro Jahr ausgelegt ist, konnte dieses letzlich nur rein theoretische Volumen bislang nicht ausgenützt werden. Selbst im Rekordjahr 1985 war man mit 211 804 Kompakt-Mercedes von dieser Zahl noch weit entfernt. Die Exportquoten der 190er entsprechen denen der übrigen Modelle. Wurden 1982/83 wegen der regen Inlandsnachfrage nur 35 Prozent ausgeführt, fanden 1984 und 1985 44 Prozent des Baby-Benz-Ausstoßes ihren Weg ins Ausland.
Auf dem Heimatmarkt und noch mehr im Export weist der Verkauf der Kompakt-Mercedes einen hohen Neukunden-Anteil auf. In der Bundesrepublik Deutschland beläuft sich die Quote von Markenwechslern auf etwa 50 Prozent – die Daimler-Marktforscher hatten ursprünglich nur mit einer Erschließung von 30 Prozent »Fremdpotential« gerechnet. Befürchtungen, daß die 190er vor allem den eigenen Produkten der gehobenen Mittelklasse Konkurrenz machen könnten, stellten sich als grundlos heraus, zumal eine geschickte Werbung der neuen Wagenkategorie ein individuelles Image zuordnete. Daß zwangsläufig gehörige Portionen von den Kuchen anderer Hersteller abgeschnitten werden, zeigen Unmengen gebrauchter BMW, die von Mercedes-Vertretungen und -niederlassungen in Zahlung genommen wurden.

190, 190 E, 190 E 2.3, 190 E 2.6

Die Mercedes-Kompaktklasse wurde mit zwei Vierzylinder-Benzinern mit Vergaser bzw. Einspritzung gestartet – den Modellen 190 und 190 E. Die Ziffernfolge der Typenbezeichnung hat mit dem tatsächlichen Hubraum wieder einmal nur bedingt zu tun. Schon zwanzig Jahre früher konnte man beim Ponton-180 und bei den parallel angebotenen Dieseltypen 180 D und 190 D nicht von der Modellbenennung auf das Hubvolumen schließen. Das Basistriebwerk für die Baureihe W 201 war zunächst der von den 123ern her geläufige Zweiliter-Vierzylinder des Baumusters M 102 – siehe erstes Kapitel dieses Bandes. Die nicht übereinstimmende Typenbezeichnung sollte einerseits Verwechslungen mit ähnlich motorisierten Versionen der Mercedes-Mittelklasse vermeiden und zum anderen den Kompaktwagen-Status betonen. Sobald das Projekt W 201 Gestalt angenommen hatte, gab es Spekulationen über den Hubraum der Mercedes-Newcomer. Die Mutmaßungen reichten von 1,6 über 1,7 – die nostalgische Nomenklatur 170 V oder 170 S wäre ohnehin nicht anwendbar gewesen – bis 1,8 Liter. Natürlich wurde mit kleineren Volumina auf der konstruktiven Basis des 1980 eingeführten M 102 experimentiert, und durch energiepolitisch bedingte Anlässe sind kleinere Motoren künftig auch durchaus denkbar. In Untertürkheim tat man jedoch gut daran, sich für den Zweiliter-Block zu entscheiden.

Die Motoren sind um 15 Grad nach rechts geneigt eingebaut. Ihr Gewicht konnte gegenüber dem Stammtriebwerk der Baureihe W 123 um acht Kilogramm reduziert werden. Beide Vierzylinder sind auf hohes Drehmoment im unteren Drehzahlbereich hin ausgelegt. Die Kühlfläche hatte sich der Aerodynamik anzupassen: Die Kühler sind niedriger und schmaler geworden, dafür hat die Tiefe ihrer Aluminiumblöcke zugenommen. Die Wasserkästen bestehen – wie beim W 123 eingeführt – aus Kunststoff. Der Motor des 190 entspricht weitgehend der vom 200 gewohnten Maschine. Bei unverändertem Verdichtungsverhältnis (9,0:1) ist allerdings die Leistung durch ein Bündel einschneidender Maßnahmen stark gedrosselt worden: Ansaug- und Auslaßkanäle mit kleineren Durchmessern, kleinere Ventile und eine Nockenwelle mit geänderten Steuerzeiten und geringerem Ventilhub ließen den Output des Vergasermotors von 109 PS (80 kW) auf 90 PS (66 kW) sinken. Mit dieser Beschränkung wollte man mehrere Fliegen mit einer Klappe schlagen: Der Leistungsabstand zum teureren 200 blieb zumindest auf dem Papier gewahrt, eine (nach Herstellerangabe) über 180 km/h angesiedelte Spitzengeschwindigkeit hätte kostspieligere HR-Reifen bedingt und schließlich konnte der 190 so in eine preisgünstigere Versicherungsklasse eingereiht werden. Der altbekannte Stromberg-Flachstromvergaser der Type 175 CDT war

wegen der niedrigen Motorhaube durch Änderungen an der Luftzuführung und Kraftstoffversorgung in seiner Bauhöhe reduziert worden. Mehr oder weniger unter dem Ladentisch wurde eine niederverdichtete Normalbenzin-Version mit 86 PS (63 kW) gehandelt.

Im Oktober 1984 kam Daimler-Benz den vielfach geäußerten Wünschen nach gesteigerter Motorleistung beim Vergaser-190 nach. Bei der Mehrheit der potentiellen Kunden zählt eine weniger behäbige Gangart höher als Einsparungen bei Tarifbeiträgen und Reifenneukauf. Die Drosselung wurde in allen Punkten rückgängig gemacht, der Motor also voll an den des 200 angeglichen. Dennoch muß der 190/1 – wie diese Variante werksintern bezeichnet wird – mit vier Pferdestärken weniger auskommen, die als Tribut an die intensiver gedämpfte, aber nicht so atmungsaktive Auspuffanlage zu sehen sind. Bei um 200/min erhöhter Nenndrehzahl und einer geringfügig – analog zum 190 E – auf 9,1:1 gesteigerten Verdichtung gibt der Vergasermotor nun 105 PS (77 kW) ab. In erster Linie für den Export in »Niederoktanländer« wurde gleichzeitig eine niederverdichtete, aber sonst unveränderte Variante des 190/1 mit 99 PS (73 kW) ins Lieferprogramm aufgenommen, die Normalbenzin – auch unverbleit – verträgt. Zur IAA im September 1985 debütierte die Katalysator-Version des 190, wird allerdings erst seit Frühsommer 1986 ausgeliefert, da der Hersteller des angepaßten Vergasers – die Firma Pierburg in Neuss – wegen eines Großbrandes in Lieferverzug geriet. Bei einer Leistungsausbeute von 102 PS (75 kW) sind die KAT-bedingten Einbußen erfreulich gering geblieben. Den Vergasermotor auf die geregelte Abgasreinigung abzustimmen, war kein leichtes Unterfangen. Erst ein elektronisch gesteuerter Vergaser machte die Lambda-Regelung möglich. Der

KAT-190 wird im Normalbetrieb mit unverbleitem Super betankt; durch entsprechendes Umstellen des Abgleichsteckers unter der Motorhaube kann auch – bei leistungsmindernd korrigierter Zündeinstellung – bleifreies Normalbenzin verwendet werden. Wie 1985/86 üblich, sind die 190er auch als sogenannte RÜF-Versionen lieferbar, die für die nachträgliche, jederzeit mögliche Montage des Katalysators mit Sauerstoffsonde vorbereitet sind. Die Leistungsangaben dieser Rückrüst-Ausführungen sind grundsätzlich mit denen der noch im Programm befindlichen ECE-Basismodelle identisch.

Beim strukturell übereinstimmenden 190 E-Motor fand erstmals die elektronisch-mechanisch gesteuerte Bosch-Benzineinspritzung, die KE III-Jetronic, Eingang in den Serienbau, während der verwandte 230 E/W 123 noch von der rein mechanischen K-Jetronic gespeist wurde. Die neue Niederdruckeinspritzung mit Luftmengenmessung ist praktisch als eine Kombination aus der K- und der vollelektronischen L-Type anzusehen. Während die Hauptfunktionen mechanisch erfolgen, steuert ein Elektronik-Regelteil die Schubabschaltung und die Vollast- und Warmlaufanreicherung. Der mechanische Warmlaufregler wurde bei der KE-Jetronic durch ein elektrohydraulisch arbeitendes Stellglied ersetzt, das einen 30prozentigen Verbrauchsvorteil während der Kaltlaufphase ohne Einbußen an Laufkultur einbringt. Durch die Elektronik ist natürlich auch – im Hinblick auf den Nordamerika-Export und auf europäische Abgasgesetze – eine Lambda-Gemischregelung einfacher zu realisieren. Da nur die Korrekturfaktoren elektronischer Kontrolle unterstehen, besitzt die KE-Jetronic gute Notlaufeigenschaften, d. h. bei Ausfall des Elektronikteils braucht die Fahrt nicht unterbrochen zu werden. Bei einem Verdichtungsverhältnis von 9,1:1 gibt das 190 E-Triebwerk bei 5100/min 122 PS (90 kW) ab. Damit liegt die spezifische Leistung mit 61 PS/l etwas höher als beim 230 E der Mittelklasse.

Im Oktober 1984 floß bei den Benzinmotoren eine Reihe von Modifikationen in die Serie ein, die die Wartung vereinfachen und den Fahrkomfort steigern: 190 und 190 E erhielten hydraulisch gedämpfte Motorlager, die den Geräuschpegel senkten. Alle Nebenaggregate werden nun von einem einzigen breiten, flachen Keilrippenriemen mit automatischer Nachspannvorrichtung angetrieben, dem eine Lebens-

Links oben: Das »dicke Daimler-Ende« war zunächst formal etwas umstritten.

Rechts: Das unverkennbare Mercedes-Gesicht täuscht nicht über die schlichte Erscheinung der 190er hinweg.

Oben: 190 E 2.3 in der USA-Ausführung.

Rechts: Blick in den Motorraum des Vergaser-190 mit 90 PS (66 kW).

dauer von mindestens 100 000 Kilometern prophezeit wurde. Vorher waren bei Ausrüstung mit Servolenkung zwei, bei Exportmodellen mit Klimaanlage drei einzelne, konventionelle Keilriemen verwendet worden. Die Länge der neuen Flachriemen beläuft sich ohne Servolenkung auf 1020, mit der ab September 1985 serienmäßigen Lenkhilfe auf 1885 Millimeter. Trotz des dann recht verschlungen wirkenden Laufschemas ist das Wechseln eines verschlissenen Riemens dank der Schnellspannvorrichtung ein Kinderspiel. Auch der Ölfilterwechsel wurde vereinfacht: Der bislang gebräuchliche Filtereinsatz in einem gesonderten Gehäuse wurde durch eine Wegwerfpatrone ersetzt. Schließlich machen hydraulische Ventilspiel-Ausgleichselemente das periodische Einstellen des Ventilspiels überflüssig. Diese Bauteile sitzen an Stelle der Einstellschrauben in den Kipphebeln und besitzen zwei durch ein Kugelventil getrennte Kammern, die durch Bohrungen mit Motoröl versorgt werden. Bei offenem Ventil und belastetem Kipphebel schließt das Überströmventil den ölgefüllten Arbeitsraum. Das Ventil liegt weiterhin am Kipphebel und dieser an der Nocke an. Altersbedingte Längenänderungen der Ventilschäfte werden so automatisch ausgeglichen, und der Ventiltrieb arbeitet durch die ständige »starre« Verbindung geräuschärmer. Der 190 E erhielt im Februar 1984, der Vergaser-190 erst ab Januar 1986 gehärtete Ventilsitzringe, um einen ausschließlichen Betrieb mit unverbleiten Kraftstoffen zu gewährleisten.

Im Oktober 1984 wurde auch in einer mehr oder weniger halbherzigen Aktion eine frühe abgasgereinigte Version des 190 E, ein KAT-Auto der ersten Generation, vorgestellt. Dabei handelte es sich um Fahrzeuge mit niederverdichteten (8,0:1) Zweilitermotoren, die der Japan-Export-Bauart nahekamen und auf unverbleites Normalbenzin abgestimmt waren. Die Motorleistung wurde mit 113 PS (83 kW) angegeben. Diese Autos führten ein wenig beachtetes Alibi-Dasein, zumal ihnen von vornherein nur ein kurzes Verweilen im Lieferprogramm beschieden war. Bereits Ende August 1985 kam – um das Verwirrspiel der Nebenlinien, Bauartänderungen und Leistungsdaten gar auf die Spitze zu treiben – die endgültige KAT-Version des 190 E auf den Markt, die mit der gewohnten 9,1-Verdichtung auf unverbleites Euro-Super ausgelegt ist und mit 118 PS (87 kW) kaum nennenswerte Temperament-Einbußen befürchten läßt. Auch hier ermöglicht der Abgleichstecker eine erweiterte Treibstoffwahl – sowohl bei der RÜF- als auch bei der KAT-Variante.

Schon beim Auslieferungsbeginn der Baureihe W 201 wurde gemunkelt, daß das Kompaktmodell bald auch mit dem Einspritzmotor des 230 E erhältlich sein werde. Selbst diesbezügliche Kundenanfragen bei Händlern wurden nicht immer dementierend behandelt. Doch zuerst kamen die Amerikaner in den Genuß des 2,3-Liter-Motors. Als 1984er Modell wurde der 190 E 2.3 im September 1983 als vorerst einziger Benzinmotor-190 auf dem US-Markt eingeführt. Im Prinzip entspricht der Motor dem 230 E-Triebwerk, ist allerdings analog zum Zweiliter mit der KE-Jetronic und dem hydraulischen Ventilspielausgleich ausgerüstet. Wegen der Vielzahl zusätzlicher elektrischer Verbraucher wird eine von 770 auf 910 Watt leistungsgesteigerte Lichtmaschine verwendet. Bei einer Verdichtung von 8,0:1 gab der auf lambdagesteuerten Katalysatorbetrieb ausgelegte und auf den Konsum von unverbleitem Normalbenzin eingerichtete 2,3-Liter zunächst bei 5000/min 113 PS (83 kW) ab. Bereits ein Jahr später wurde die Leistung durch eine »schärfere« Nockenwelle, einen modifizierten Ansaugkrümmer und eine veränderte Abstimmung der Einspritzanlage auf 122 PS (90 kW) angehoben. Damit ist der hubraumstärkere USA-2.3 dem Europa-190 E trotz der Abgasreinigung vom Potential her gleichgestellt. 1985 gehörten allein 27 Prozent der in Nordamerika abgesetzten Mercedes diesem Typ an. In der Heimat blieb der Wunsch nach einem voluminöseren, noch durchzugskräftigeren Vierzylinder bestehen – vielleicht war es auch oft nur die verchromte Ziffernfolge »2.3« am Heck, die ersehnt wurde. Im Herbst 1985 kündigte man dann ohne viel Wesens auch für den europäischen Markt einen 190 E 2.3 an, über dessen Existenzberechtigung sich streiten ließe. Dabei handelt es sich um ein reines Baukastenauto, denn die Motoren werden unverändert von der Baureihe W 124 übernommen. So leistet die RÜF-Version 136 PS (100 kW), die KAT-Ausführung 132 PS (97 kW). Bis zum Produktionsstart, ins Auge gefaßt für den Spätsommer 1986, mußte noch fast ein Jahr vergehen.

Ein weiterer aus vorhandenen Baugruppen konfektionierter Sproß der mitgliederstarken Modellfamilie W 201 wurde unvermittelt im September 1985 auf der Frankfurter IAA vorgestellt – der 190 E 2.6. Daimler-Benz war mit dieser Präsentation ein kleiner Knalleffekt gelungen, denn mit einem Sechszylinder im Kompaktgewande hatte niemand gerechnet. Beim Debüt der 190er ließ man verlauten, daß unter der kurzen Schnauze zu wenig Raum für mehr als vier Zylinder sei. Sicher waren länger bauende Triebwerke nicht ins Basiskonzept der 190er einbezogen gewesen, aber unmöglich sind derartige Implantationen keineswegs, wie bereits der Fünfzylinder-Diesel des 190 D 2.5 zeigte. Das unerwartete und improvisiert wirkende Erscheinen des Kompakt-Sechszylinders ist vor dem Hintergrund des schwäbisch-bayerischen Marktsegment-Gefechts zu sehen: Der 190 E 2.6 verkörpert wohl die Reaktion auf den im Juli 1985 lancierten, 171 PS starken BMW 325i. Die dem Mittelklasse-260 E entlehnte Einspritzmaschine mußte gewissermaßen mit dem Schuhlöffel untergebracht werden: Das Leitblech mit der Bugschürze wurde vorgezogen und die Kühlerbrücke – in diesem Fall verschraubt statt verschweißt – nach vorne verlegt. Mit einem von 10,0:1 auf 9,2:1 abgesenktem Verdichtungsverhältnis gibt der feine Sechszylinder hier statt 170 PS (im 260 E) noch stattliche 166 PS (122 kW) ab – genügend Paprika, um nicht nur mit dem bayerischen Rivalen konkurrieren zu können, sondern auch, um dem edlen Vierventil-Vierzylinder 190 E 2.3-16 im eigenen Hause gefährlich zu werden. Die KAT-Version leistet 160 PS (118 kW). Das Fahrwerk und die Bremsen mußten natürlich der eindrucksvollen Leistung und dem höheren Gewicht – der 2,6-Liter-Motor ist rund 20 Kilogramm schwerer als der Zweiliter-Einspritzer – angepaßt werden: Federn und Stoßdämpfer wurden verstärkt, die Bremsen – vorne werden innenbelüftete Scheiben verwendet – großzügiger dimensioniert. Der Vorstellungstermin wurde aus marketingpolitischen Gründen sehr weit vorgezogen – eine übertrieben lange Spanne, wenn man den mehrfach verschobenen, schließlich für Januar 1987 vorgesehenen Auslieferungsbeginn des 2.6 bedenkt. Kein Wunder angesichts der Typenvielfalt und der Fülle von Neuentwicklungen, der man sich um die Mitte der achtziger Jahre in Untertürkheim und Sindelfingen widmete...

Das Viergang-Schaltgetriebe der Grundausstattung verlor zwar an Gewicht, ist aber in puncto Aufbau und Funktion mit dem der Baureihe 123 identisch und bietet eine hervorragende Schaltpräzision. Neu war dagegen die für die Kompaktklasse konzipierte Viergang-Automatik der Type W4A 020, in die die Prinzipien des bei den größeren Modellen praktizierten Mercedes-Benz-Energiekonzepts eingeflossen waren: Eine schlupfarme Wandlerauslegung und reduzierte Reibungs- und Pumpenverluste repräsentieren einen verbesserten Wirkungsgrad. Im Leerlauf benützt die Automatik die zweite Fahrstufe, was die Kriechneigung und die Leerlaufdrehzahl senkt. Dazu ist die 190er-Automatik acht Kilogramm leichter als das Wandlergetriebe der 123er, da man gezielt gewichtssparende Blechformteile einsetzt. Die sehr kurz übersetzte erste Fahrstufe (i=4,25) macht es möglich, bei allen Getriebeversionen die gleiche Antriebsübersetzung (i=3,23 bei 190 und 190 E, i=3,27 beim 2.3 und 2.6) zu verwenden. Ein frühes Hochschalten bei Teilgas wirkt sich verbrauchsgünstig aus. Der einst obligatorische zehnprozentige Mehrkonsum eines Automatikwagens ist auf eine innerhalb des Streubereichs liegende Differenz zusammengeschrumpft. Seit September 1983 wird die Automatik für die 190er-Benzinmodelle grundsätzlich mit dem Programmwähler ausgestattet: Ein kleiner Schalter neben dem Wählhebel weist die Positionen »S« (für »Standard«, zuweilen auch – nicht im Sinne der Schöpfer – mit »Sport« interpretiert) und »E« (für »Economy«) auf. Während das E-Programm durch ein noch früheres Hochschalten und die Vermeidung des Zurückschaltens im Teillastbereich die Tourenzahlen senkt, entspricht die Stellung »S« der Normalauslegung. Ebenfalls seit September 1983 ist ein im eigenen Hause neuentwickeltes Fünfgang-Schaltgetriebe als Extra erhältlich, das 27 Kilogramm leichter ist als das 1980 bei den 123ern eingeführte Getrag-Fünfganggetriebe und im Gegensatz dazu auch die gewohnte Schaltpräzision bietet. Ein betont langbeinig übersetzter fünfter Gang (i=0,78) spiegelt ausgeprägte Overdrive-Charakteristik wider und trägt zur Senkung von Verbrauch und Geräuschpegel bei. Ein synchronisierter Rückwärtsgang, der die Gleichlaufeinrichtung des Fünften mitbenützt, ist mehr als ein

netter Gag, weil er die entsprechende Schaltpause verkürzt. Die hubraumstärkeren Versionen 190 E 2.3 und 2.6 werden serienmäßig mit dem Fünfganggetriebe ausgerüstet. Die Kardanwelle der 190er ist zweigeteilt und besitzt vorn einen Schwingungsdämpfer.
Mit den 190ern läßt sich – ungeachtet des Straßenverlaufs – unerhört flott vorankommen, da die bereits legendäre Straßenlage ein nahezu ebenbürtiges Pendant in sportiven Fahrleistungen findet. Allein der Ur-190 mit 90 PS schritt etwas behäbig zur Tat. In einem Test der Fachzeitschrift *mot* erreichte er eine Spitze von 181,4 km/h – das Werk gab 175 km/h an – und beschleunigte aus dem Stand in 14,2 Sekunden auf 100 km/h. Die ungedrosselte 105-PS-Nachfolgeversion zeigt sich naturgemäß erheblich temperamentvoller: Ein von *auto motor und sport* geprüftes Exemplar übertraf die Herstellerangabe von 185 km/h ebenfalls deutlich, lief 193 km/h und benötigte 11,6 Sekunden bei der Standard-Beschleunigungsmessung. Die Automatik-Ausführung war nahezu gleichschnell, ließ sich aber für den Spurt eine Sekunde länger Zeit. Der mit 195 km/h ausgewiesene 190 E kommt de facto dicht an die 200 km/h-Marke heran. Ein Testwagen der *Auto Zeitung* schaffte 197 km/h und erledigte den Null-auf-hundert-Sprint in 10,5 Sekunden, während ein von *auto motor und sport* untersuchter Automatik-190 E mit 193 km/h und 11,8 Sekunden ebenfalls alles andere als eine gemächliche Gangart vorlegte. Die Schweizer *Automobil Revue* prüfte 1985 einen KAT-190 E mit Automatikgetriebe – nicht unbedingt die günstigste Voraussetzung für ein spritziges

Modell	190 (W 201 V 20, Bm. 201.022)	190/1 (W 202 V 20/1, Bm. 201.023)	190 E (W 201 E 20, Bm. 201.024)	190 E USA (W 201 E 23, Bm. 201.024)	190 E 2.3 (W 201 E 23, Bm. 201.028)	190 E 2.6 (W 201 E 26, Bm. 201.029)
Produktionszeit	Okt. 1982 – Sept. 1984	seit Oktober 1984	seit Oktober 1982	seit September 1983	ab ca. September 1986	ab ca. Januar 1987
Motor	Reihen-4-Zyl. M 102.921	Reihen-4-Zyl. M 102.924	Reihen-4-Zyl. M 102.962	Reihen-4-Zyl. M 102.961	Reihen-4-Zyl. M 102.985	Reihen-6-Zyl. M 103.943
Bohrung × Hub; Hubraum	80,0 × 80,25 mm; 1997 cm^3			95,5 × 80,25 mm; 2299 cm^3		82,9 × 80,25 mm; 2599 cm^3
PS (kW) bei n/min	90 (66) bei 5000/min (ECE)	ECE 105 (77) bei 5200/min RÜF 105 (77) bei 5500/min KAT 102 (75) bei 5500/min	ECE und RÜF 122 (90) bei 5100/min KAT 118 (87) bei 5100/min	113 (83) bei 5000/min ab Sept. 1984: 122 (90) bei 5000/min	ECE und RÜF 136 (100) bei 5100/min KAT 132 (97) bei 5100/min	RÜF 166 (122) bei 5800/min KAT 160 (118) bei 5800/min
Verdichtung	9,0	9,1	9,1	8,0	9,0	9,2
Ventile, Steuerung	1 obenliegende Nockenwelle (sohc)					
Gemischaufbereitung	1 Flachstromvergaser Stromberg 175 CDT		mechanisch-elektronisch gesteuerte Benzineinspritzung Bosch KE III Jetronic			
Batterie	12 V 55 Ah	12 V 55 Ah; ab Jan. 1986: 12 V 62 Ah		12 V 55 Ah; ab Sept. 1985: 12 V 62 Ah	12 V 62 Ah	
Kühlmittelmenge	8,5 Liter					8,0 Liter
Getriebe	mechan. 4-Gang-Getriebe			wahlweise 4-Gang-Wandler-Autom. oder mechan. 5-Gang-Getriebe	mechanisches 5-Gang-Getriebe	
Lenkung	Kugelumlauflenkung	Kugelumlauflenkung; ab Sept. 1985 servounterstützt		Kugelumlauf-Servolenkung		
Bremsen	2-Kreis-Vierrad-Scheibenbremsen					
Bereifung	175/70 R 14 82 S	175/70 R 14 82 H; ab Jan. 1985: 185/65 R 15 87 H		175/70 R 14 82 T bzw. H; ab Jan. 85: 185/65 R 15 87 H	185/65 R 87 H	185/65 VR 15
Radstand; Spur v./h.	2665 mm; 1428/1415 mm	2665 mm; 1428/1415 mm; ab Jan. 85: 1437/1418 mm			2665 mm; 1437/1418 mm	
Gesamtabmessungen	4420 × 1678 × 1383 mm	4420 × 1678 × 1383 mm; ab Jan. 85: 4420 × 1678 × 1390 mm		4445 × 1678 × 1383; ab Jan. 85: 1390 mm	4420 × 1678 × 1390 mm	
Leergewicht (Basisausrüst.)	1080 kg	1130 kg	1140 kg	1205–1245 kg	1200 kg	1210 kg
Tankinhalt	55 Liter					
Höchstgeschwindigkeit	175 km/h	183–185 km/h	190–195 km/h	189–193 km/h	200–203 km/h	215–218 km/h
Stückzahlen (bis 28. 2. 86)	35 021	25 999	250 445	46 566 (nur für USA)	–	–

Wesen –, ermittelte aber mit einer Spitze von 193 km/h und einem 11,3-Sekunden-Sprint beachtliche Leistungswerte. Bei einem von dem amerikanischen Fachblatt *Road & Track* getesteten 190 E 2.3 in der US-Normalbenzinversion protokollierte man 182,5 km/h und 9,9 Sekunden für 0–96 km/h (60 mph) sowie einen Testverbrauch von 10,7 l/100 km. Der Euro-2.3 überschreitet die 200-km/h-Grenze und bleibt beim Norm-Spurt deutlich unter zehn Sekunden, während der Sechszylinder 190 E 2.6 auf rund 220 km/h und acht Sekunden kommt, damit leistungsmäßig dicht am erheblich teureren »Sechzehnventiler« liegt und einen geschmeidigeren Motorlauf bietet.
190 und 190 E haben als Prüfungsobjekte aller Testberichte frappierenderweise eines gemeinsam: einen bei rund zehn Litern angesiedelten Durchschnittsverbrauch. Lediglich die Vergaser-190er der ersten Generation zeigten eine leichte Streutendenz zu elf Litern hin. Die 15 Mehr-PS wirkten sich dann im Kraftstoffkonsum eher mäßigend aus. Der Zweiliter-Einspritzer kommt bei nicht einmal zu verhaltener Fahrweise mit acht bis neun Litern aus. Mehr als elf Liter lassen sich nur intentional mit Dauer-Bleifuß durch die Einspritzventile befördern. Für den 2.3 gibt das Werk nach »Euro-Drittelmix« einen Konsum von 8,2 l/100 km an und selbst das 2,6-Liter-Modell soll nach Herstellerauskunft gemäß ECE-Schnitt noch unter zehn Litern bleiben.
Weitaus weniger Sympathien ernteten die 190er hinsichtlich ihres Preisniveaus. Dabei wurde zunächst jedoch übersehen, daß der Kompakt-Mercedes als Spitzenprodukt seiner Klasse kein Sonderangebot darstellen kann. Der 190 kostete eingangs 25 538 Mark, der 190 E 27 741,50 Mark. Die Vergaserversion lag damit nur ganze 277 Mark unter dem Preis des 200/W 123 und stellte eine echte Alternative dar, wenn sich auch mancher enttäuschte W 201-Aspirant dadurch erst recht dem größeren Modell zuwandte. Der Preisunterschied zwischen 190 E und 230 E/W 123 belief sich auf gut 1200 Mark. Bei den Basispreisen bleib es allerdings in den seltensten Fällen. Ein nicht einmal allzu üppig mit populären Positionen aus dem Sonderausstattungsverzeichnis (mit Getriebeautomatik, schlankmachender Metallic-Lakkierung, Leichtmetallrädern, wärmedämmender Verglasung, mit der sehr empfehlenswerten Servolenkung und Zentralverriegelung) ausstaffierter 190 E kostete knapp 34 000 Mark. Im Frühjahr 1986 war der 190 das einzige unter 30 000 Mark Listenpreis verbliebene Mercedes-Modell – wenn auch nur noch knapp 400 Mark zu dieser Schwelle fehlten. Der Abstand zur Mittelklasse war nun viel größer geworden – der 200/W 124 kostete 3600 Mark mehr als der Vergaser-190. Der 190 E war für 32 627 Mark zu haben, der 190 E 2.3 wurde mit 34 770 Mark nur um 2440 Mark niedriger angesetzt als der gleichermaßen motorisierte 230/W 124. Für den 190 E 2.6 wurde ein Basispreis von 39 102 Mark angekündigt. Der Abstand zum 260 E würde sich so auf 3602 Mark, zum 260 SE aber – um dieses Gedankenspiel um den Sechszylindermotor fortzusetzen – auf 12 500 Mark belaufen. Auf die Verpackung kommt's an!
Die Servolenkung war inzwischen im Listenpreis enthalten, die Zentralverriegelung nur beim 2.6 und das Fünfganggetriebe bei 2.3 und 2.6 – für die Automatik mit Programmwähler waren 2553 Mark extra zu entrichten. Und als kleinlich muß man wohl den Aufpreis von 28,38 Mark für das Handschuhkastenschloß bezeichnen...
Die Preise sind auch das Hauptargument, das die Rivalen der dichtbesetzten deutschen Zweiliter-Kompaktklasse gegen die 190er ins Gefecht führen können. Die 115-PS-Modelle von Opel (Ascona GLS 1.8i), Ford (Sierra S 2.0i), VW (Passat 2.0) und Audi (80 GTE und 90 2.0) entsprechen in der Leistungsentfaltung dem Vergaser-190, besitzen bis auf den Sierra Frontantrieb und sind trotz identischer oder sogar reichhaltigerer Ausstattung zwischen 1200 (Audi 90) und 6850 Mark (Opel) preisgünstiger als das 190er-Basismodell. Hauptkonkurrenten sind und bleiben wohl aber die Dreier-BMW. Der 318i ist mit dem 190 vergleichbar, aber um zunächst überlegenswerte 4800 Mark billiger. Der 320i konkurriert mit dem 190 E und lockt mit einem Preisvorteil von 3500 Mark. Dazu sind die Münchener Kompaktlimousinen hinsichtlich Ausstattung, Getriebeabstufung und Geräuschpegel den 190ern überlegen. Die seidenweich laufenden Sechszylinder der Dreier stellen in der Tat das größte Plus dar. Schließlich brachten die 190er die Bayerischen Motoren Werke dazu, die Dreier ab Herbst 1983 auch als Viertürer anzubieten. Aber zusammengezählt wird unter dem Strich: Ohne Zweifel sind die kleinen Mercedes bei einem großzügigeren Raumangebot handlicher, sie sind auch für weniger geübte Chauffeure fahrsicherer, sie bieten wesentlich mehr Fahrkomfort und sind erheblich wirtschaftlicher zu betreiben. Der Handling-Unterschied stellt – neben dem extrem hohen Wiederverkaufswert – das schlagendste Argument für die 190er dar. In den Fahrleistungen bestehen zwischen 318i und 190 bzw. 320i und 190 E ohnehin kaum Unterschiede – lediglich in der Beschleunigung auf 100 km/h nimmt der 318i dem 190 etwa eine Sekunde ab. Das Mindergewicht der BMW von 100 bzw. 60 Kilogramm und die beim 320i höhere Motorleistung – 125 PS, ab 1985 129 PS – werden durch die deutlich überlegene Aerodynamik der Kompakt-Mercedes ausgeglichen. Wenn auch auf manchen Exportmärkten – USA, Frankreich – die kleinen BMW (allerdings mit zugunsten des Mercedes abnehmender Tendenz) die Nase vorn hatten, konnten sich die 190er in der Bundesrepublik Deutschland schnell gegen die Dreier durchsetzen. Die einstigen Träger sportlichen Geistes par excellence müssen dieses Image nun teilen. 1985 übertrafen die 190er die kleine Modellreihe aus München in der westdeutschen Bestseller-Liste um mehr als 26 Prozent.

Bis zum 31. Dezember 1985 hatten 340573 190, 190 E und 190 E 2.3 die Bremer und Sindelfinger Montagebänder verlassen. Den Löwenanteil davon stellte der 190 E mit genau 70 Prozent. Das Nordamerika-Modell 190 E 2.3 kam immerhin auf zwölf Prozent, zwei Drittel davon entstanden im verschiffungsgünstigen Bremen. Insgesamt verteilte sich die bisherige Fertigung zu 43 Prozent auf das norddeutsche Werk.

Dieselmodelle 190 D, 190 D 2.2, 190 D 2.5

Nach dem Vorkriegsmodell 260 D, den ohv-Typen 170 D/DS/S-D und 180 D/Db sowie den überaus erfolgreichen ohc-Versionen vom Ponton-190 D bis zum noch verwandten 300 D/W 123 erschien mit dem 190 D der Kompaktklasse auf der IAA 1983 die vierte Mercedes-Benz-Diesel-Generation. Bereits im August 1982 war in Sindelfingen die 28 Wagen umfassende Vorserie aufgelegt worden, Produktion und Auslieferung begannen im November 1983. Das Bremer Werk nahm die Fertigung des 190 D nach einer gleichfalls im November 1983 gestarteten Pilotserie von 208 Einheiten im März 1984 auf. Die völlige Neukonstruktion des Dieselmotors OM 601 bedingte die einjährige Verzögerung des Verkaufsstarts gegenüber den beiden Benzinern.
Die Vorgaben im Lastenheft der Konstrukteure umfaßten einen stark reduzierten Kraftstoffverbrauch, eine beträchtliche Gewichtsreduzierung und eine gesteigerte spezifische Motorleistung – stets im Vergleich zu den hunderttausendfach bewährten Aggregaten OM 621, 615, 616 und 617 der Vorgänger-Generation. Im Herbst 1977 begann die Entwicklung des optimierten Selbstzünders. Dabei wurden unter der Ägide von Dr. Kurt Obländer, dem obersten Daimler-Benz-Triebwerksschöpfer, drei Varianten von Prototypen erstellt: sparsame, aber lärmende Direkteinspritzer, Wirbelkammer-Motoren und solche, die nach der gewohnten geräuschärmeren, aber auch im Prinzip leistungsunwilligeren Vorkammer-Bauweise arbeiteten. Für dieses bewährte Verfahren, das eine geringe spezifische Belastung der Kurbelwelle und damit eine hohe Lebenserwartung gewährleistet und die optimale Synthese aus Leistungsfähigkeit, Wirtschaftlichkeit, Laufkultur und positivem Abgasverhalten verkörpert, entschied man sich dann auch. Im Gegensatz zur bisherigen Praxis wurde der OM 601 nicht aus einem bestehenden Benzinmotor entwickelt, sondern stellt eine völlig eigenständige Konstruktion dar.
Der geforderte Leichtbau wurde auf frappierende Weise erfüllt: Ganze 157 Kilogramm wiegt der neue Diesel einbaufertig – elf Kilogramm weniger als der Einspritzmotor des 190 E. In dieser Disziplin kommt dem OM 601 aus der internationalen Konkurrenz allenfalls der französische 1,9-Liter-Diesel des PSA-Konzerns nahe. Gegenüber dem OM 615 des 200/W 123 wiegt der leistungsstärkere und sparsamere 190 D-Motor fast ein Drittel weniger. Der nur 42 Kilogramm schwere Graugußblock wird durch die 65 Millimeter unter die Kurbelwellenachse heruntergezogenen Seitenwände des Kurbelgehäuses versteift. Die Kurbelwelle ist – wie gewohnt – fünffach gelagert und besitzt vier Gegengewichte. Die Dimensionierung der Lager war der Forderung nach reduzierter Reibleistung unterworfen. Die obenliegende Nockenwelle wird nach wie vor mit einer Duplexkette angetrieben, da man in Untertürkheim dem weitverbreiteten Zahnriemen aus Gründen der Lebensdauer unverändert skeptisch gegenübersteht. Ungewöhnlich lange, bananenförmige Ansaugrohre ermöglichen einen günstigen Drehmomentverlauf im mittleren Drehzahlbereich. Der aus einer hochfesten Leichtmetall-Legierung gefertigte Zylinderkopf – ebenfalls ein Mercedes-Diesel-Novum – weist großzügig bemessene Ansaug- und Auspuffkanäle auf, die nach dem Querstromprinzip angeordnet sind und die Voraussetzung für einen ungehinderten Stoffwechsel schaffen. Die parallel hängenden Ventile werden über Tassenstößel, die den hydraulischen Ventilspielausgleich beherbergen, betätigt.
Bei der Kraftstoffeinspritzung wurden keine neuen Wege beschritten. Statt dem internationalen Trend der VE-Systeme mit Verteilerpumpen zu folgen, behielt man die bewährte, robuste Bosch-Vierstempelpumpe bei, zumal diese Reihenpumpe gegenüber wasserhaltigem Dieseltreibstoff als unempfindlicher gilt. Bei einer Kühlmitteltemperatur unter 20 Grad wird die Drehzahl, von einem Thermostaten gesteuert, pneumatisch angehoben. Auf eine elektronische Regelung der Leerlaufdrehzahl wurde beim 190 D verzichtet, obwohl in dieser Hinsicht bei Daimler-Benz bereits weitreichende Erfahrungen bestanden. Eine verstärkte Vorförderpumpe macht das mühselige Entlüften per Handpumpe beim Starten nach Leerfahren des Tanks überflüssig. Eine neue kompakte Kolben-Vakuumpumpe, die je Kolbenseite einen Arbeitskreis speist, verfügt gegenüber den bisherigen Dieselmotoren über eine doppelt so hohe Saugleistung und versorgt das Brems-Servogerät, die automatische Leerlaufdrehzahl-Anhebung, die Steuereinheiten der Scheinwerfer-Leuchtweitenregelung und einige Sonderausstattungs-Positionen mit Unterdruck. Mit dem Einriemenantrieb sämtlicher Nebenaggregate durch den zwei Zentimeter breiten Keilrippenriemen fungierte der OM 601 für die subsequent modifizierten Benzinmotoren als Vorreiter. Der Alu-Kühler mit separatem Ausgleichsbehälter faßt gerade 2,9 Liter der gesamten Umlaufmenge von acht Litern Kühlflüssigkeit – 40 Prozent weniger als beim 200 D/W 123. Perioden strengen Frosts, wie sie den Dieselbetrieb in Mitteleuropa im Winter 1984/85 und mit Einschränkungen auch ein Jahr später arg behinderten und zeitweise fast zum Erliegen brachten, brauchen 190 D-Eigner nicht mehr zu schrecken: Die serienmäßige Kraftstoff-

vorwärmung verhindert das berüchtigte »Sulzen« – das Ausflocken von Paraffin – des Dieseltreibstoffs unter minus 15 Grad. Das Dieselöl wird dabei – ehe es zum Filter gelangt – durch einen mit dem Kühlsystem verbundenen, thermostatisch geregelten Wärmetauscher geleitet. Freilich wird hier erst dann Wärme frei, wenn auch die Innenraumheizung funktioniert – einem Versulzen in der Zufuhrleitung und Zusetzen des Kraftstoffilters während der Fahrt, das bei strengem Frost weitaus häufiger ist als Startschwierigkeiten, wird aber vorgebeugt. Als förderlich erweist sich hier auch das allmähliche Erwärmen des Tankinhalts durch überschüssig geförderten, zurückfließenden Kraftstoff. Um auch bei arktischem Kälteeinbruch den reibungslosen Anlaßvorgang eines unter freiem Sternenhimmel geparkten 190 D zu gewährleisten, empfiehlt sich aber dennoch die Beimischung von Fließverbesserern zum Kraftstoff zu gegebener Zeit.

Wie die Benzin-Vierzylinder wird der Diesel um 15 Grad nach rechts geneigt eingebaut. Er ist in drei Punkten aufgehängt – zwei der Motorlager sind hydraulisch gedämpft. Auch bei der elektrischen Anlage konnte Gewicht gespart werden – dank des Bosch-Energiekonzepts 7,5 Kilogramm. Die beim 190 D verwendete Hochleistungsbatterie hat trotz der – beim Diesel wichtig! – um sechs Prozent angehobenen Kaltstartleistung nur noch eine Kapazität von 72 Ampèrestunden statt

Oben: Kompakt-Diesel 190 D – ein hervorragender Futterverwerter.

Rechts: Längs- und Querschnitt durch den Dieselmotor OM 601 des 190 D.

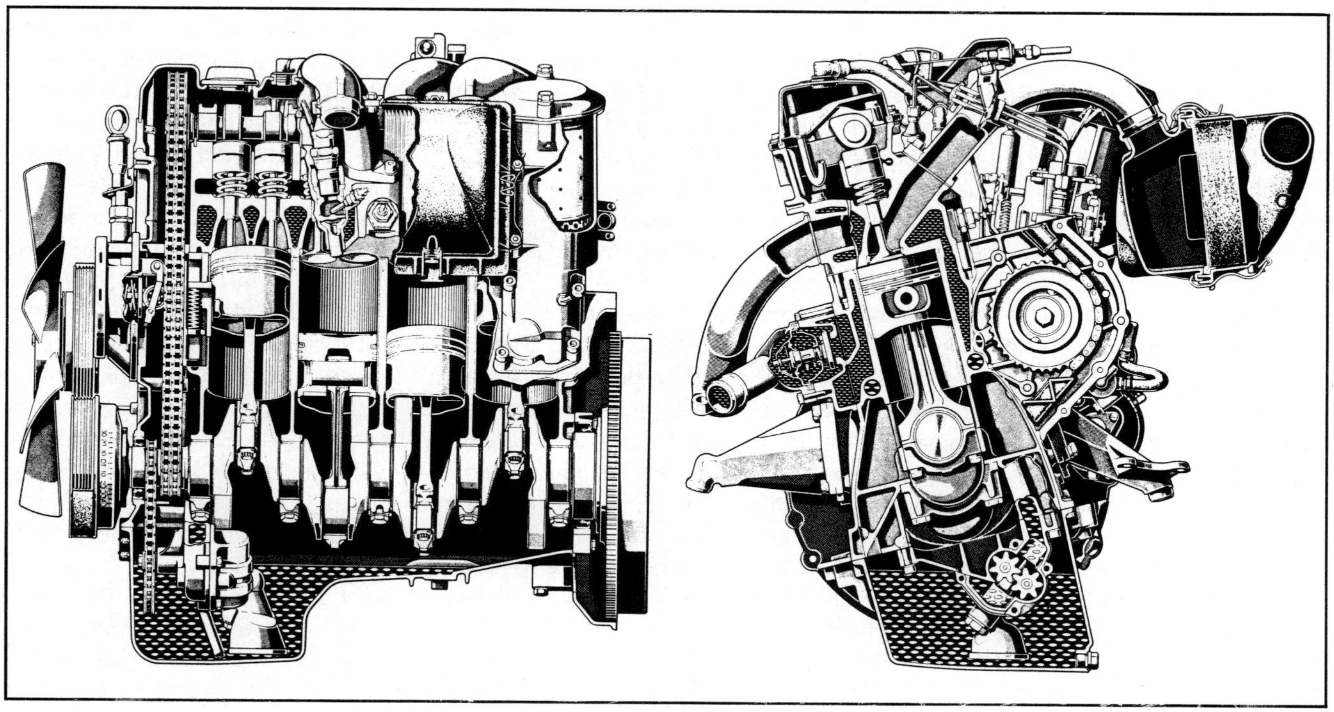

88. Dabei ergab sich eine 17prozentige Gewichtsreduzierung. Auch der neuartige Vorgelege-Starter mit 2,2 kW Leistung ist ungeachtet des höheren Wirkungsgrades um 35 Prozent leichter als der Anlassermotor des 200 D/W 123.
Mit einem Verdichtungsverhältnis von 22,0:1 gibt der OM 601 bei 4600/min 72 PS (53 kW) ab und liegt mit einer spezifischen Leistung von 36,1 PS/l in der internationalen Spitzengruppe – für einen Saug-Diesel keine Rekordmarken, aber stattliche Werte. Charakteristischer für den 190 D ist jedoch der kräftige Durchzug in unteren und mittleren Drehzahlregionen. Das Höchstdrehmoment von 12,5 mkp (123 Nm) steht bei 2800/min zur Verfügung. Für den Nordamerika-Export wurde gleichzeitig mit der Heimatversion eine 2,2-Liter-Variante des OM 601 vorgestellt, bei der die Hubraumvergrößerung durch eine Verlängerung des Kolbenhubs erreicht wurde. Der voluminöser motorisierte 190 D 2.2 verdankt seine Existenz den strengen Partikelgrenzen der kalifornischen Emissionsgesetze, denen sich elf weitere Weststaaten der USA anschlossen. Die vorgeschriebenen Werte werden mit einer Abgasrückführung erfüllt. Das dadurch zwangsläufig bedingte Leistungsminus wird durch den Hubraumzuwachs ausgeglichen. Auch der 190 D 2.2 leistet 72 PS – allerdings bereits bei einer Nenndrehzahl von 4200/min. Bereits im ersten Verkaufsjahr zeigte sich, daß der 2.2 mehr als 40 Prozent der in Nordamerika verkauften Mercedes-Benz-Dieselwagen stellte.
Ein vielpubliziertes Novum stellt die erstmals bei einem serienmäßigen Personenwagen praktizierte motorferne Geräuschkapselung dar. Nach Erfahrungen mit probeweisen Triebwerkskapselungen bei W 123-Diesel-Taxis in Kurorten und nach Versuchen im Nutzfahrzeugbereich entschloß man sich, die dem Verbrennungsverfahren innewohnende Radaufreudigkeit beim Kompaktdiesel nach außen hin zu dämpfen. Der Erfolg der Kapselung: ein außerhalb des Wagens um fünf dB(A) gesenkter Schalldruckpegel – vom menschlichen Gehör als Halbierung der Lautstärke empfunden. Fahrende 190 D sind nach ihrem Betriebsgeräusch kaum mehr von Benzinern zu unterscheiden. Nur noch das Kaltstartnageln verrät die Bauart – und selbst dies verliert sich beim raschen Aufwärmen im Nu. Die insgesamt sieben Kilogramm schwere Geräuschkapsel verkleidet die Unterseite des Motorraums fast vollständig und besteht aus vier GFK-Teilen, die mit Schaumstoff ausgekleidet sind. Dabei mußten natürlich Öffnungen für Luftein- und austritt und Durchgänge für Übertragungselemente ausgespart werden. Eine thermostatgesteuerte Luftklappe im linken Seitenteil – bei Ausrüstung mit Klimaanlage auch im rechten – sorgt bei extremen Witterungs- und Betriebsbedingungen für einen flotten Abbau von Wärmestaus. Motorhauben-Innenseite und Getriebetunnel sind mit Dämmatten versehen. Da Öl- und Filterwechsel von oben vorgenommen werden, ist eine Demontage der Triebwerkskapsel nur im Reparaturfall nötig, was dann auch mit geringem Aufwand vonstatten geht. Wo Licht ist, fällt meist auch Schatten – so auch beim als »Flüsterdiesel« apostrophierten 190 D: Die Schalldämmung kommt ausschließlich der Umwelt des 190 D zugute, innen ist er keineswegs leiser geworden. Durch eine gewisse Schallreflexion der Kapselteile und wegen des »hellhörigeren« Leichtmetall-Zylinderkopfs hat die Lautstärke im Innenraum sogar geringfügig zugenommen. Subjektiv kann das sonore Brummen sogar noch etwas stärker empfunden werden als beispielsweise im 240 D, da beim 190 D die begleitenden Wind- und Abrollgeräusche erheblich niedriger liegen. Dennoch wäre hier Kritik ein Streit um des Kaisers Bart – Komforteinbußen bringt der Dieselmotor gewiß nicht mit sich, zumal der 190 D in dieser Disziplin nicht nach dem Standard der S-Klasse gemessen werden will.
Im Mai 1985 kamen auch leistungshungrigere 190-Diesel-Fans auf ihre Kosten, als Daimler-Benz den 190 D 2.5 ohne großen Klamauk vorstellte. Die 46 Wagen umfassende Vorserie des Baukastenautos war bereits im August 1984 vom Stapel gelaufen, die Produktion lief im April 1985 in Sindelfingen und einen Monat später in Bremen an. Sehr originell war die Schöpfung des 2.5 eigentlich nicht – das Fünfzylinderaggregat stammt aus dem ein halbes Jahr zuvor präsentierten 250 D der Mittelklasse. Dieses mit dem Code OM 602 bezifferte Triebwerk ist die um eine Arbeitseinheit ergänzte, in den Zylinderabmessungen und in sämtlichen konstruktiven Details identische Baukastenvariante des OM 601. Das Mehrgewicht von 30 Kilogramm, das der Fünfzylinder gegenüber dem Basisdiesel einbringt, wird durch ein Plus von 18 PS mehr als wettgemacht. Mit 90 PS (66 kW) bei 4600/min ist der OM 602 mit der gleichen Literleistung belastet wie sein kleinerer Bruder. Beim Höchstdrehmoment sieht es vorteilhafter aus: Bei 2800/min stehen 15,7 mkp (154 Nm) zur Verfügung, die eine deutlich verbesserte Elastizität bewirken. Auch die Laufruhe ist der des Vierzylinders überlegen, die Motorkapselung tut ein übriges. Auf dem Nordamerika-Markt löste der 190 D 2.5 im Oktober 1985 den 2.2 ab. Trotz elektronisch kontrollierter Abgasrückführung bleibt die Motorleistung gegenüber der ECE-Version unverändert, da die Nachverbrennung aufgrund der günstigen Emissionswerte im oberen Drehzahlbereich kaum mehr wirksam ist. Während sich der Fünfzylinder im Inlandsgeschäft des Jahres 1985 zu einem Anteil von 12,5 Prozent am Kompaktdiesel-Verkauf empordiente, erreichte er im Export fast die doppelte Quote. Ein respektabler Wert.
Im Getriebeangebot entspricht der 190 D den Basis-Benzinern: serienmäßig Viergang, wahlweise Fünfgang oder Automatik, diese allerdings ohne Programmwahlmöglichkeit. Beim 190 D 2.5 zählt das Fünfganggetriebe zur Grundausrüstung. Bei diesem Modell wird indessen

Modell	190 D (W 201 D 20, Bm. 201.122)	190 D 2.2 USA (W 201 D 22, Bm. 201.122)	190 D 2.5 (W 201 D 25, Bm. 201.126)
Produktionszeit	seit November 1983	November 1983 – Juli 1985	seit April 1985
Motor	Reihen-4-Zyl.-Diesel OM 601.911	Reihen-4-Zyl.-Diesel OM 601.921	Reihen-5-Zyl.-Diesel OM 602.911
Bohrung × Hub; Hubraum	87,0 × 84,0 mm; 1997 cm^3	87,0 × 92,4 mm; 2197 cm^3	87,0 × 84,0 mm; 2497 cm^3
PS (kW) bei n/min	72 (53) bei 4600/min	72 (53) bei 4200/min	90 (66) bei 4600/min
Verdichtung	22,0		
Ventile, Steuerung	1 obenliegende Nockenwelle (sohc)		
Gemischaufbereitung	Diesel-Reiheneinspritzpumpe		
Batterie	12 V 72 Ah		
Kühlmittelmenge	8,0 Liter		
Getriebe	mechan. 4-Gang-Getriebe	wahlweise 4-Gang-Wandler-Automatik oder mechan. 5-Gang-Getriebe	mechan. 5-Gang-Getriebe
Lenkung	Kugelumlauflenkung; ab Sept. 1985 servounterstützt	Kugelumlauf-Servolenkung	
Bremsen	2-Kreis-Vierrad-Scheibenbremsen		
Bereifung	175/70 R 14 82 S; ab Jan. 85: 185/65 R 15 87 S		185/65 R 15 87 T
Radstand; Spur vorne/hinten	2665 mm; 1428/1415 mm; ab Jan. 85: 1437/1418 mm		2665 mm; 1437/1418 mm
Gesamtabmessungen	4420 × 1678 × 1383 mm ab Jan. 1985: 4420 × 1678 × 1390 mm	4445 × 1678 × 1383 mm ab Jan. 1985: 4445 × 1678 × 1390 mm	4420 × 1678 × 1390 mm
Leergewicht (Basisausrüst.)	1110 kg, ab Jan. 85: 1130 kg	1200 kg, mit Autom. 1225 kg	1175 kg
Tankinhalt	55 Liter		
Höchstgeschwindigkeit	160 km/h	149–160 km/h	174 km/h
Stückzahlen (bis 28. 2. 1986)	156 544	11 200 (nur für USA)	17 780

Mit dem leistungsfähigen und extrem genügsamen OM 601 wurde eine neue Mercedes-Dieselmotoren-Generation eingeläutet.

die Höchstgeschwindigkeit im fünften Gang erreicht – eine Folge der kürzeren Antriebsübersetzung von i = 3,64. Auch beim USA-2.5 weicht die Hinterachsübersetzung von der üblichen 190er-Relation (i = 3,23) ab: Die Version mit Schaltgetriebe ist 3,42:1 übersetzt, die Automatik-Variante mit 3,07:1 recht lang. Im übrigen wird der 190 D 2.5 grundsätzlich mit Servolenkung, die seit Herbst 1985 ohnehin generell Basisausstattung ist, ausgerüstet.

Die gewiß nicht schwächlich motorisierten Baby-Diesel können bei genügsamem Konsum mit ansprechenden Fahrleistungen aufwarten. Die vom Werk mit 160 km/h angegebene Höchstgeschwindigkeit des 190 D wurde in einem Test der Schweizer *Automobil Revue* mit einer Messung von 163 km/h leicht übertroffen. Die Beschleunigung (0–100 km/h) wurde mit 17,5 Sekunden ermittelt. Der protokollierte Testverbrauch von 6,6 l/100 km kam der Drittelmix-Herstellerangabe sehr nahe, als Mindestverbrauch wurden sechs Liter beobachtet. Kaum gefräßiger, aber deutlich flotter präsentiert sich der 190 D 2.5. Testwerte der österreichischen *autorevue* übertrafen mit einer Spitze von 177 km/h und einer Beschleunigungszeit von 14,3 Sekunden die Werksangaben und stellten einen Schnittverbrauch von 7,1 Litern pro 100 km unter Beweis. Damit ist der größere Kompaktdiesel bei erheblich stärker ausgeprägter Wirtschaftlichkeit im Leistungsvermögen gar nicht so weit vom – allerdings auch gleichstarken – Vergaser-190 der ersten Phase entfernt.

Der 190 D hatte einen Einstandspreis von 27 496,80 Mark. Bis zum Frühjahr 1986 war der Tarif für den kleinen Diesel auf 30 586,20 Mark geklettert. Der 2.5 war mit 34 542 Mark um fast 4000 Mark teuerer – viel Geld für den Zuwachs an Temperament. Die süddeutschen Wettbewerber bieten auch hier preisgünstiger an, ohne aber mit dem fünfzigjährigen Pkw-Diesel-Know-how der Untertürkheimer mithalten zu können. Der Audi 90 TD mit einem 1,6-Liter-Vierzylinder-Laderdiesel kostete im Frühjahr 1986 rund 2500 Mark weniger als der 190 D und erreicht ähnliche Leistungswerte. Auf den 190 D 2.5 trifft der BMW

324d – ein feiner, 86 PS starker Sechszylinder von 2,4 Litern Hubraum. Der Dreier-Diesel ist zwar ganze 6000 Mark billiger (April 1986) als der schwäbische Fünfer, aber eben auch weniger flott zu bewegen und deutlich gefräßiger.

190 E 2.3-16

Das Glanzstück der Mercedes-Kompaktklasse stellt in vielerlei Hinsicht der bereits zu Lebzeiten legendäre »Sechzehnventiler« – wie dieses Spitzenmodell mit der komplizierten Typenbezeichnung im Volksmund heißt – dar. Paradoxerweise war der 190 E 2.3-16 ursprünglich für den Einsatz im Motorsport – dem Daimler-Benz in hartnäckiger Abstinenz gegenübersteht – konzipiert worden: Da beim werksseitigen Rallye-Engagement mit den gewichtigen Fünfliter-Coupés und 280 CE auf lange Sicht allenfalls bei Langstrecken-Veranstaltungen Lorbeeren zu ernten waren, faßte man Ende der siebziger Jahre den Entschluß, ein neues Rallye-Auto auf die Räder zu stellen, um auch bei typischen Sprint-Rallyes ganz vorne mitfahren zu können. Als sich während der Saison 1980 trotz eines 25-Millionen-Sportbudgets ein Verharren in der Mittelmäßigkeit abzeichnete, weil sich die seriennahen Mercedes-Coupés trotz ihrer hohen Zuverlässigkeit nicht gegen ausgesprochene Spezialkonstruktionen durchsetzen konnten, fielen zwei Entscheidungen: Man bot Rallye-Weltmeister Walter Röhrl einen Platz im Werksteam an und erstellte ein Lastenheft für ein künftiges Siegerauto. Dafür bot sich die kleine Baureihe W 201 an, die bereits deutlich Gestalt angenommen hatte. Im September 1980 wurde in der Abteilung Sportmotoren die Entwicklung eines Vierventil-Zylinderkopfs für den soeben in Serie gegangenen Vierzylinder-Einspritzmotor M 102 mit 2,3 Litern Hubvolumen gestartet. Ein Vierteljahr später stieg Daimler-Benz jäh und kompromißlos aus dem Motorsport aus. Die Arbeiten am Vierventiler und an der nun brotlosen Sport-Version wurden jedoch fortgesetzt. Diese Beharrlichkeit hatte mehrere Gründe: Zunächst wollte man am zunehmenden Tuning-Geschäft teilhaben und die »Aftermarket«-Komponenten mit Mercedes-Qualität selbst herstellen. Die Erfolge kompakter *muscle cars* wie VW Golf GTI, Renault 5 Turbo oder Fiat Ritmo TC zeigten, daß sich ein zunehmender Markt für kleinere Personenwagen sportlichen Zuschnitts auftat. Und schließlich konnte man mit einem bestens gerüsteten Sport-190 Privatfahrern ein konkurrenzfähiges Wettbewerbs-Instrument in die Hand geben. Daß das Triebwerk ein hohes Potential in sich trug, bewiesen Prüfstands-Probeläufe wettbewerbsmäßig abgestimmter Motoren, die bis zu 280 PS (207 kW) abgaben. Eher als Zielvorstellung denn als unbeabsichtigter Nebeneffekt dürfte auch die prestigefördernde Rückwirkung eines supersportlichen Imageträgers auf die gesamte Baureihe W 201 zu werten sein.

Nach dreijähriger Entwicklungszeit wurde im September 1983 eine aus fünf Wagen bestehende Vorserie des 190 E 2.3-16 fertiggestellt, die gerade noch zur Vorstellung bei der Frankfurter IAA verfügbar war. Die Existenz des »Sechzehnventilers« war der Öffentlichkeit zumin-

Unten links: Martialisches Styling by Sindelfingen.

Unten: Hier wird die Aggressivität des 190 E 2.3-16 durch die Landstraßen-Kulisse gedämpft.

dest seit dem rekordbringenden Auftritt dreier Prototypen auf dem süditalienischen Nardo-Rundkurs im Monat zuvor bereits bekannt. Bei dieser Gelegenheit wurde auch erstmals die zungenbrecherische Typenbezeichnung, die neben dem Grundbaumuster den tatsächlichen Hubraum und die Gesamtzahl der Ventile ausdrückte, an Stelle des vorher werksintern gebrauchten Arbeitstitels »190 E Sport« benützt. Von Sport wollte man in Untertürkheim schließlich nicht mehr allzuviel wissen. Die Produktion im schwäbischen Stammwerk begann genau ein Jahr nach der offiziellen Präsentation im September 1984. Diese Verzögerung des Fertigungsanlaufs eines an sich produktionsreifen Wagens lag in der schleppenden Anlieferung der Spezial-Zylinderköpfe begründet, deren Ursache wiederum in Schwierigkeiten mit der Herstellung nach Daimler-Benz-Qualitätsstandard seitens des britischen Zulieferers zu suchen war. Im Bremer Werk startete der Bau des 2.3-16 im Mai 1985 – drei Monate später hatte die norddeutsche Filiale die Endmontage der Sportlimousinen ganz vom Mutterwerk übernommen. Im Mai 1985 waren – von Motorsport-Insidern interessiert erwartet – 5000 Wagen des Sport-190 fertiggestellt. Damit erfüllte Daimler-Benz die Anforderungen der internationalen Sportbehörde FISA zur Homologation in der seriennahen Gruppe A, die auch pünktlich beantragt wurde. Hiermit war jedoch der Daimler-Benz-Beitrag zum Sporteinsatz des 2.3-16 in privater Regie weitgehend erschöpft. Als *homologation special* – die Geschichte des Motorsports ist wahrlich nicht arm an solchen gekünstelten Renn-Hybriden – kann man den Top-190 jedoch nicht sehen, obwohl ursprünglich nur eine auf 5000 Exemplare limitierte Serie geplant war: Bei anhaltendem Verkaufserfolg wurden bis Ende 1985 mehr als 11 000 Einheiten ausgeliefert. Das unauffällig und geschickt geförderte, unverfälscht sportliche Renommée des 2.3-16 ließ ihn auf Anhieb zu einem Kultauto par excellence werden – die Nachfrage konnte zunächst nur schleppend befriedigt werden. Diesmal lagen die Kaufvertrag-Spekulanten richtig – im ersten Produktionsjahr ließen sich Neuwagen mit Aufschlag verkaufen. Doch Mitte 1985 normalisierte sich das Verhältnis zwischen Bedarf und Liefersituation, zumal die preisgünstigeren und geräumigeren Sechszylinder der neuen Mittelklasse-Baureihe W 124 drauf und dran waren, dem kompakten Exklusivmodell den Rang abzulaufen.

Eigentlich ist der 190 E 2.3-16 weniger als ein modifizierter 190er, sondern als ein eigenständiges Modell zu sehen. Mit einem nicht nur optisch stark vom Basis-Triebwerk abweichenden Motor, einem speziellen, enggestuften Fünfgang-Getriebe, modifizierten Bremsen, einer geänderten Lenkung und einer neu abgestimmten Radaufhängung, einer eigenständigen Inneneinrichtung und nicht zuletzt mit einem deutlich differenzierten Äußeren hatte der Sport-190 an und für sich eine eigene Typennummer verdient, wenn man hier die Praxis der sechziger Jahre angewandt hätte. Kernstück des 2.3-16 ist das potente Triebwerk mit dem Vierventil-Zylinderkopf. Bei der Leistungssteigerung entschied man sich für diese Bauart optimierter Atmungswege, weil sie eine gleichmäßige Kraftentfaltung über die gesamte Drehzahlspanne bietet und der Zwangsaspiration per Turbolader im günstigeren Drehmomentverlauf überlegen ist. Turbomotoren geben ihre Mehrleistung erst in höheren Drehzahlbereichen ab. Außerdem bedingt der beim Gasgeben verzögert einsetzende Lader das unangenehme »Turboloch«. Der Vierventilmotor stellt zwar eine exotische Bauart dar, keineswegs aber ein Novum im Automobilbau – nicht einmal für das Haus Daimler-Benz: Der Prinz-Heinrich-Benz des Jahrgangs 1910 besaß vier Ventile pro Zylinder – allerdings durch eine einzelne obenliegende Nockenwelle betätigt. Auch die Benz-Konkurrenz, die Daimler-Motoren-Gesellschaft, wandte sich diesem Prinzip zu und stellte mit dem legendären 4,5-Liter-Rennwagen 1914 den Dreifachsieger des französischen Grand Prix von Lyon. Bereits zwei Jahre zuvor waren bei einem Peugeot-Rennwagen vier Ventile pro Zylinder von zwei obenliegenden Nockenwellen gesteuert worden. Diese Bauart setzte sich dann auch bei Mercedes-Rennmotoren in den zwanziger und dreißiger Jahren durch. Nach dem Zweiten Weltkrieg wurden die Vierventiler in Deutschland erst wieder durch die ab 1966 eingesetzten, von Ludwig Apfelbeck konstruierten BMW-Formel-2-Rennmotoren populär. Porsche griff die Vierventil-Bauart bei Wettbewerbstriebwerken erst 1978 auf, und allmählich zog die *quattrovalvole*-Technik in Europa und Japan auch in den Serienbau ein.

Die Vorgaben zur Entwicklung des Edel-Zylinderkopfes umfaßten neben der 36prozentigen Leistungssteigerung die Bedingung, daß der Kraftzuwachs keineswegs zu Lasten der Alltagstauglichkeit gehen dürfe. Weiterhin sollte die Vierventil-Anordnung mit Hilfe des höheren thermischen Wirkungsgrades, der durch die potentiell höhere Verdichtung möglich wird, die Voraussetzung für eine bessere Kraftstoffausnützung und damit für einen günstigeren spezifischen Verbrauch schaffen. Hand in Hand damit war durch den geringeren Emissions-Ausstoß eine weitergehende Umweltentlastung zu erzielen. Dabei bietet der Vierventilkopf den Vorteil, auch beim Betrieb mit niederoktanigerem, unverbleitem Benzin noch immer mit einem relativ hohen Verdichtungsverhältnis arbeiten zu können. Am mangelnden Know-how lag es gewiß nicht – aber aus Kapazitätsgründen mußte Daimler-Benz die Herstellung der Gußprototypen und die Serienfertigung nach England delegieren. Mit der Beauftragung von Cosworth Engineering in Northampton, wo man sich seit 1966 fast ausschließlich mit Vierventilern befaßt, traf man freilich eine hervorragende Wahl. Dieses High-Technology-Unternehmen, dessen Firmenbezeichnung aus den Fami-

liennamen der Gründer Mike Costin und Keith Duckworth zusammengezogen ist, hat insgesamt 152 Grand-Prix-Siege zu verzeichnen und entwickelte mit dem Cosworth-Ford DFV den erfolgreichsten Rennmotor aller Zeiten.
Im Unterbau sind Zwei- und Vierventilausführung des 2,3-Liter-Motors weitgehend identisch. Der Aluminium-Querstromkopf stellt aber ein Musterbeispiel hochkarätiger Präzisions-Fertigungstechnik dar: Die Köpfe werden in einem speziellen, von Cosworth patentierten Niederdruckverfahren in einem Stück gegossen. Dieser aufwendige Vorgang dauert zehnmal so lange wie der Guß eines Leichtmetallkopfs der Großserie – kein Wunder, daß der Nachschub aus Britannien zuweilen ins Stocken geriet. Eine separate Herstellung des Steuergehäuses wurde als nicht praktikabel angesehen, da die Stabilität unter einer solchen Teilung gelitten hätte. Die Torsion des Zylinderkopfes bei hohen Temperaturen war ohnehin ein Problem, das sehr ernst genommen werden mußte. Die besondere Gußtechnik, nach der das äußerst komplizierte und zerklüftete Gebilde im ganzen gefertigt wurde, bedingt die Verwendung von speziellem Zirkon-Formsand, der aus Australien bezogen wird. Die daraus gefertigten Gußformen sind luftdurchlässig und machen die üblichen Steigkanäle entbehrlich. Das Werkstück kühlt sich gleichmäßig ab und weist dadurch eine homogene, spannungsfreie Kristallstruktur auf. Ein weiterer positiver Effekt des hier angewandten Gießverfahrens ist die völlig glatte Oberfläche des Gußteils, die eine Nachbearbeitung überflüssig macht. Durch die hohe Torsionsfestigkeit konnte die Anordnung der Stehbolzen vom Basistriebwerk unverändert übernommen werden. Kastenförmige Versteifungen und Längsrippen verteilen die Belastung gleichmäßig über das gesamte Gefüge. Ventilsitze und -führungen werden mit Flüssigstickstoff stark unterkühlt und in die bearbeiteten Paßräume des vorgewärmten Kopfes eingepreßt. Der sehr harte Schleuderguß der Sitzringe stellt eine problemlose Verwendung auch von unverbleitem Kraftstoff sicher. Die beiden Nockenwellen sind je fünffach gelagert und können ohne Demontage der verschraubten Kettenräder ausgebaut werden. Dieser Kniff hat eine tiefere Bedeutung, denn zum Einstellen des Ventilspiels durch Unterschieben von Distanzplättchen müssen die Nockenwellen entfernt werden. Dies ist von Zeit zu Zeit nötig, denn der 2.3-16 besitzt als einziger Mercedes keine Hydrostößel, da eine starre Verbindung zwischen Ventilschaft und Nocke nun einmal leistungsfreundlicher ist. Die Nocken verfügen paarweise über einen eigenen Ölsumpf, da sie innerhalb eines Trogs rotieren.
Die beiden Reihen parallel hängender Ventile bilden zueinander einen Winkel von 45 Grad. Die Einlaßventile besitzen einen Tellerdurchmesser von 38 Millimeter, die Auslaßventile einen Diameter von 33 Millimeter und eine Natriumfüllung im um einen Millimeter stärkeren Schaft zur besseren Wärmeableitung. Gegenüber der Standard-Version wurde die Öffnungsdauer der Einlaßventile um 37, die der Auslaßventile um 43 Prozent verlängert. Nicht zuletzt wegen dieser starken Überschneidung konnte der Ventilhub um 1,6 Millimeter auf neun Millimeter reduziert werden. Durch die kleineren – die Tellerflächen sind im Vergleich zum Stammtriebwerk um 41 bzw. 37 Prozent geringer – und leichteren Ventile und die leichten Tassenstößel wird zu einer enormen Drehfähigkeit beigetragen, die durch den bei 7100/min abregelnden Drehzahlbegrenzer bei weitem nicht ausgenützt werden kann. Die Brennräume weisen eine flache Dachform mit beidseitigen schmalen, symmetrisch angeordneten Quetschzonen auf, die an den Turbulenzen des Gemisches und der daraus folgenden schnellen und »sauberen« Verbrennung beteiligt sind. Die genau im Zentrum plazierte Zündkerze mit Konussitz gewährleistet ebenfalls kurze Brennzeiten. Die Mahle-Kolben sind aus einer Aluminiumlegierung geschmiedet und mit jeweils vier Prägungen im Boden für den Freigang der Ventile versehen. Erstaunlicherweise ist der Schmierölbedarf des Vierventilers erheblich geringer als der des Ausgangsprodukts – der Schmierstoffdurchsatz verringerte sich von 8,2 auf 3,8 Liter pro Minute! –, da die »Panscharbeit« gering gehalten wird.
Auch beim 190 E 2.6-16 ist die mechanisch-elektronische KE III-Jetronic für die Gemischaufbereitung zuständig, doch wurde die Gesamtabstimmung kraftstoff- und steuerungsseitig an den Triebwerkscharakter angepaßt. Von Modifikationen sind die Steuerschlitze, der Luftmengenmesser, der Membrandruckregler sowie – im Elektronikteil – Vollastanreicherung, Schubabschaltung und Leerlaufstabilisierung betroffen. Die Einspritzventile sind in den langen, übrigens ebenfalls bei Cosworth gegossenen Saugrohren 15 Zentimeter von den Einlaßventilen entfernt angeordnet. Das fast restlose Verdampfen des Kraftstoffs auf dieser langen Strecke ist einer effektiven Verbrennung sehr zuträglich. Die dabei auftretende Verdunstungskälte kühlt zudem das Gemisch und bewirkt dadurch sowohl eine spürbare Verringerung der Klopfneigung als auch eine Verbesserung des Füllungsgrades – beides angesichts der Wesensart des Sporttriebwerks sehr brauchbare Begleiterscheinungen.
Gleich hinter dem Einspritzventil gabeln sich die Saugrohre in acht im Durchmesser verkleinerte Kanäle. Anstatt eines Gußkrümmers erhielt der Vierventilmotor einen aus hochwarmfesten Blechrohren zusammengeschweißten, in seinen Rohrlängen exakt abgestimmten Auspuffkrümmer, der in eine zweiflutige, staudruckarme Auspuffanlage mit großzügiger als beim Mercedes 190 E bemessenen Rohren und Schalldämpfern mündet.
Der 190-Sportmotor erhielt als Mercedes-Novum eine vollelektronische Bosch-EZL-Kennfeldzündung, die in ihrer Funktion als Vollhy-

Oben: 300 E im Fränkischen Jura.

Rechts: 300 TD Turbo.

S-DM 6606

Rechts: Längs- und Querschnitt durch den Sechzehnventil-Motor des 190 E 2.3-16.

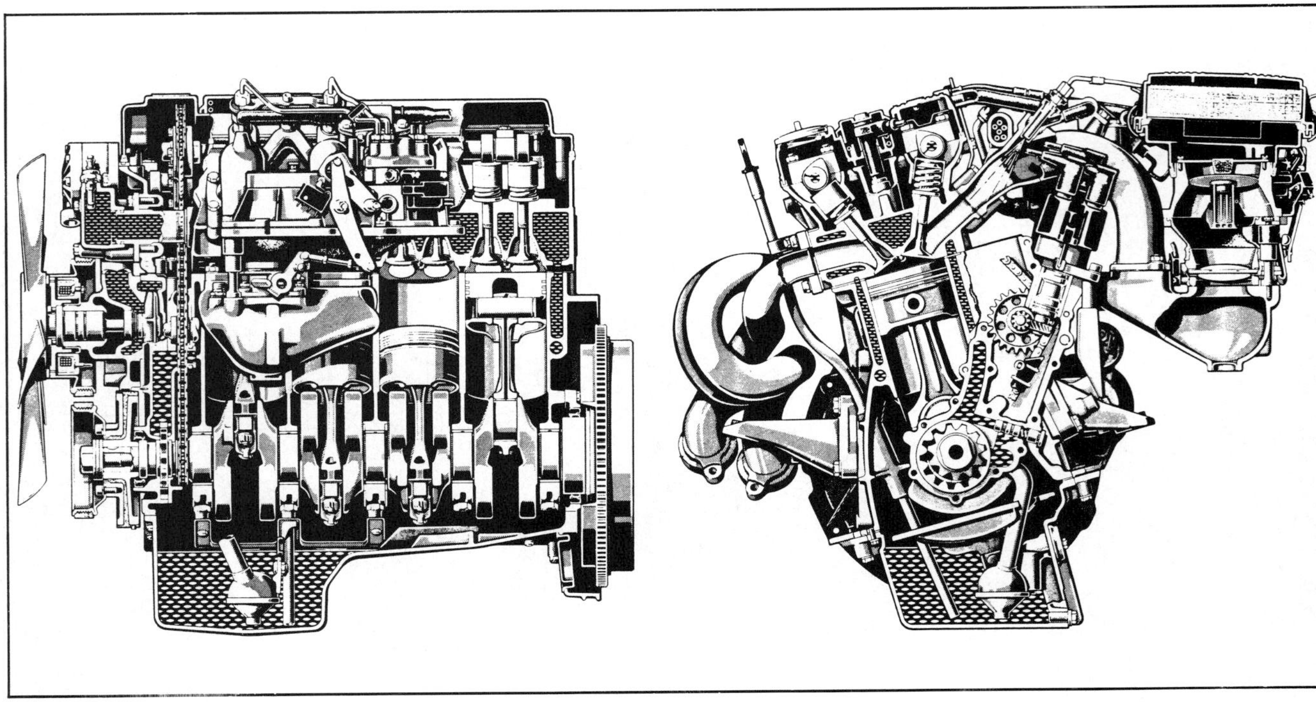

Unten rechts: Der Cosworth-Zylinderkopf ist ein kompliziertes Gußstück.

Unten: Die Aufschrift auf dem Steuergehäuse läßt keine Zweifel aufkommen . . .

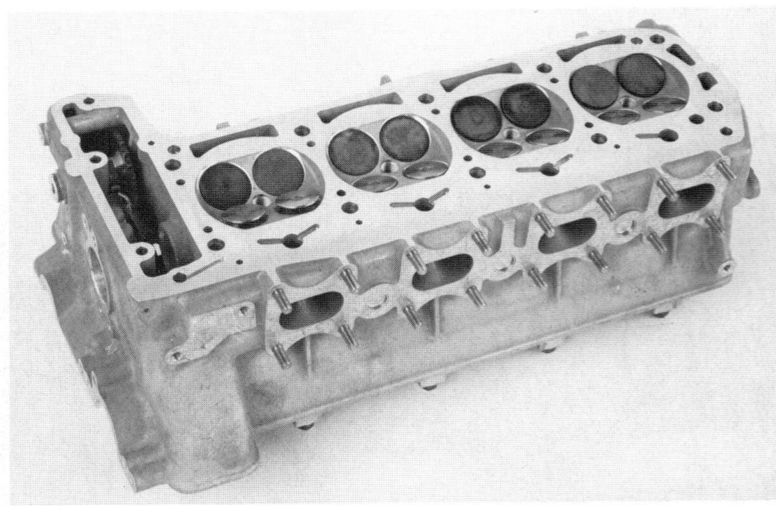

bridsystem ohne Lötstellen mit der von BMW eingesetzten Motronic eng verwandt ist. Dabei ermittelt der Mikroprozessor aus den Parametern Motor- und Ansauglufttemperatur, Saugrohrdruck, Drehzahl und Kurbelwellenposition den jeweils optimalen Zündzeitpunkt und steu-

Links: 190 E 2.3-16 im Gruppe-A-Rallye-Trim bei der Tour d'Europe des Jahres 1985.

Oben: Besonders gedrungen sieht der 2.3-16 im Serienfarbton Blauschwarz aus.

ert eine sehr kompakte, leichte Zündspule an. Im Falle eines Sensordefekts ist der Computer imstande, mit Hilfe gespeicherter Daten Notlaufeigenschaften zu bieten. Wie der 190 Diesel besitzt der 2.3-16 seit Serienanlauf den Keilrippenriemen. Die Nockenwellen werden – der neueren Mercedes-Praxis bei Benzinmotoren entsprechend – von einer Einfach-Rollenkette angetrieben. Der formschöne, leichte Magnesium-Ventildeckel ist zweiteilig ausgeführt und läßt dank ausführlicher Beschriftung keinerlei Zweifel über Fabrikat und Bauart des Triebwerks aufkommen. Um an die Kerzen und Zündkabel zu gelangen, muß das Mittelteil nach Lösen von drei Schnellverschlüssen abgenommen werden. Der Sportmotor ist paradoxerweise nicht etwa schwerer, sondern mit 167 Kilogramm um zwei Kilo leichter als das Basistriebwerk. Obwohl der aufwendige Zylinderkopf fünf Kilogramm mehr wiegt als das Zweiventil-Äquivalent, spielen der leichtere Krümmer, eine abgemagerte Schwungscheibe und ein kleinerer Startermotor ein Gewichtsminus ein.

Das größere Atmungsvolumen und die bessere Zylinderfüllung erbringen mit dem hohen Verdichtungsverhältnis von 10,5:1 eine Höchstleistung von 185 PS (136 kW), die bei 6200/min bereitsteht. Das maximale Drehmoment stieg im Vergleich zum 230 E um 14,5 Prozent an, steht aber erst bei 4500/min statt 3500/min zur Verfügung. Die üblichen Unarten ausgesprochener Sporttriebwerke sind beim 2.3-16 nicht zu befürchten: Bereits aus der Leerlaufdrehzahl heraus läßt sich der Wagen – auch bei zaghaftem Umgang mit dem Gaspedal – sauber und ruckfrei beschleunigen. Seit September 1985 wird der Sechzehnventiler auch in der für den Katalysator-Einbau vorbereiteten RÜF-Version angeboten, die – im Gegensatz zum Rest der Modellpalette – in der Nennleistung niedriger liegt. Wegen der mit anderen Kolben auf 9,7:1 abgesenkten Verdichtung – die höherkomprimierte ECE-Variante ist auf Superbenzin 98 ROZ angewiesen, die RÜF-Ausführung muß Euro-Super 95 ROZ vertragen können – gibt der RÜF-2.3-16 nur 177 PS (130 kW) ab. Die KAT-Version schließlich – seit Oktober 1985 zur Freude der Amerikaner auch auf dem US-Markt erhältlich – ist mit 170 PS (125 kW) ebenfalls kein Schwächling.

Auch hinsichtlich seiner Kraftübertragung unterscheidet sich der 190 E 2.3-16 erheblich vom übrigen Typenprogramm. Serienmäßig gibt es ein sportlich eng gestuftes Fünfgang-Schaltgetriebe, dessen oberster Gang keine Sparstufe, sondern direkt übersetzt ist. Offensichtlich wollen auch bei der Sportlimousine Kunden nicht auf einen höchstmöglichen Bedienungskomfort verzichten: Obwohl zunächst hartnäckig abgelehnt und dann mehrfach verschoben, ist seit März 1986 auch für den 2.3-16 das Automatikgetriebe als Sonderausstattung lieferbar. Hier dürften auch die Bedürfnisse des US-Markts eine stimulierende Rolle gespielt haben. Der höheren Motorleistung wird eine kräftiger dimensionierte Gelenkwelle mit einem um zehn Millimeter vergrößerten Lochkreisdurchmesser gerecht. Der Achsantrieb ist

500 SL
S·HV 9530

Links: Neuauflage 1985 des Tourensportwagens R 107, hier 500 SL.

Oben: Ein von Brabus in Bottrop überarbeiteter 190 E.

mit i=3,07 deutlich länger übersetzt als beim Rest der Familie. Wahlweise gibt es auch eine mit 3,27:1 weniger direkt ausgelegte Antriebsübersetzung. Das Lamellen-Sperrdifferential mit 35prozentiger Sperrwirkung – von Daimler-Benz etwas umständlich als »Ausgleichsgetriebe mit begrenztem Schlupf« bezeichnet und nicht mit den neueren Entwicklungen ASR und ASD zu verwechseln – gewährleistet auch in engen Kurven eine optimale Übertragung der Antriebskräfte und zählt zur Serienausrüstung.

Auch das Fahrwerk mußte, dem Naturell der Wagen entsprechend, eine Vielzahl von Änderungen über sich ergehen lassen. Mehr als dreißig Modifikationen und Abstimmungskorrekturen sind hier zu verzeichnen. Querstabilisatoren (inklusvie ihrer Lagerblöcke) und Stoßdämpfer sind kräftiger dimensioniert als beim »normalen« 190 E, die Federn sind härter. Das Tieferlegen des Aufbaus um 15 Millimeter brachte an den Hinterrädern einen um ein halbes Grad vergrößerten negativen Sturz mit sich. Die serienmäßig installierte hydropneumatische Niveauregulierung an der Hinterachse hält die Karosserie bei unterschiedlichen Belastungszuständen stets waagrecht. Wahlweise wird sie seit August 1985 auch für 2000 Mark Aufpreis an der Vorderachse eingebaut und bietet dort die Möglichkeit, durch Absenken des Bugs den c_w-Wert in drei Stufen zu verbessern, was die Spitzengeschwindigkeit um Bruchteile eines Prozents anhebt. Eine direkter übersetzte Servolenkung (i=15,27 statt 16,66) und ein im Durchmesser um zehn Millimeter reduziertes Lederlenkrad kommen dem sportiven Charakter entgegen. Die Bremse erhielt einen wirkungsvolleren Doppelmembran-Verstärker. Vorne werden beim 2.3-16 größere und innenbelüftete Bremsscheiben, die von Faustsätteln verzögert werden, montiert. Aus Gründen der Haltbarkeit werden stärkere Bremsklötze verwendet. Entgegen der ursprünglichen Planung wurde das Anti-Blockier-System mit dem Anlauf der Hauptserie in die Grundausstattung übernommen. Natürlich rollt der Sechzehnventiler auf breiteren Sohlen: Leichtmetallräder mit einer Felgenweite von sieben Zoll, aber der gewohnten Einpreßtiefe von 44 Millimetern, sind mit Reifen – in Erstausrüstung werden übrigens Pirelli P6 montiert – der Dimension 205/55 VR 15 bestückt.

Gemessen an seiner äußeren Erscheinung hält der 190 E 2.3-16 mit seinem Charakter sicher nicht hinter dem Berg. Als »Wolf im Schafspelz«, als der er zuweilen angesprochen wird, tritt er gewiß nicht auf. In puncto Stilistik wurden hier deutliche Zeichen gesetzt: Ein aggressives Styling schafft den Kontrast zum Großserienprodukt. Ein überaus sportiver Touch markiert die Wandlung einer Ideologie – von einer nahezu puritanisch geprägten Seriosität hin zu augenfälligen Konzessionen an einen vitalen Zeitgeschmack. Was bislang nur Tuner und »Veredler« wagten, wurde nun als Macho-Zuschnitt – der dem Wagen sicher nicht schlecht zu Gesicht steht – offiziell abgesegnet. Das Schürzen- und Spoilerwerk ringsum – ein schwärmerischer Prospekttext spricht von »atemberaubend gutem Aussehen« – macht freilich nicht nur der Zubehörindustrie Konkurrenz, sondern besitzt im Sinne einer optimierten Stromform auch einen echten Funktionsbezug, der über kosmetische Retuschen hinausgeht. Zunächst drohten die erheblich fetteren Reifen, den hervorragenden Luftwiderstands-Beiwert der Baureihe W 201 wieder zu verpatzen. Abhilfe schaffte die tief heruntergezogene Bugschürze aus Polyurethan, die mit dem Stoßfänger eine integrierte Einheit bildet, die Wagenfront um vier Prozent strömungsgünstiger macht und den Auftrieb vorne um 47 Prozent senkt. Im gleichen Maße drohte nun zwangsläufig – einfachen physikalischen Gesetzmäßigkeiten folgend – der Auftrieb an der Hinterachse durch ein Kippmoment um die Fahrzeugquerachse anzusteigen. Diese Neigung wird durch die Luftleitstege zwischen den Radausschnitten – konkav nach außen gewölbte Kunststoff-Schwellerverkleidungen –, die Heckschürze mit breiten Seitenblenden und den reichlich unorganisch und penetrant wirkenden Flügelspoiler auf dem Heckdeckel eliminiert. Dieses Maßnahmenbündel verbessert die Aerodynamik um weitere zwei Prozent. Der stegartige (prompt von der Zubehörbranche imitierte) Heckspoiler ist vor allem für die 40prozentige Minderung des Auftriebs an der Hinterachse verantwortlich. In puncto activer Sicherheit kommt diesem Bauteil im Hochgeschwindigkeitsbereich, bei Seitenwindeinfluß und bei ähnlichen zur Instabilität neigenden Fahrzuständen eine derart wesentliche Bedeutung zu, daß eine Demontage – etwa aus optischen Gründen – vom Werk (und vom Kraftfahrt-Bundesamt) strikt untersagt wird. Die fülligeren Reifen bedingen Radlaufverbreiterungen, die sich in seitlichen Strömungsleisten im unteren Türendrittel auf Stoßstangenhöhe fortsetzen. All diese Anbauteile weisen saubere Passungen auf und scheinen in hohem Maße alterungsbeständig zu sein, sie entsprechen kurzum dem gewohnten Mercedes-Qualitätsstandard. Die wenigsten Optik-Tuner können in dieser Disziplin mithalten. Insgesamt konnte der c_w-Wert beim 2.3-16 um ein signifikantes Hundertstel auf 0,32 gesenkt werden, während sich die USA-Ausführung wegen der aerodynamisch ungünstigen, vorschriftenbedingten Scheinwerfer mit dem mäßigen Resultat von 0,34 zufriedengeben muß. Dem profihaft-sportlichen Kaliber des 2.3-16 entspricht die Beschränkung der Wahlmöglichkeiten auf zwei Metallic-Lacktöne – blauschwarz und rauchsilber.

Auch im Interieur weicht der 2.3-16 augenfällig von seinen geringeren Brüdern ab. Fahrer und Copilot nehmen auf stark profilierten Schalensitzen Platz, die den ohnehin knapp bemessenen Knieraum im Fond noch weiter einschränken. Die Rückbank wich einer sportlich konturierten Einzelsitzanlage mit Mittelarmlehne, die die Transportkapazität der Sportlimousine auf maximal vier Personen limitiert. Die Kopfstützen sind die gleichen wie in den SEC-Coupés. Während der Dachhimmel stets grau ist, gibt es bei der Innenausstattung zwei Alternativen: Serienmäßig werden die Sitze mit schwarz-grau kariertem Stoff – eine Reminiszenz an den 300 SL-Flügeltürer – und schwarzen Velours-Seitenteilen bezogen. Als Sonderausstattung ist schwarzes Leder lieferbar. Der Schalthebel – sein Knauf ist lederbezogen – wird von einer sportiven Ledermanschette umhüllt. Armaturenanlage und Mittelkonsole entbehren jeglicher vordergründiger Effekte. Der Tacho ist bis 260 km/h kalibriert, der Tourenzähler – dessen roter Bereich ungeachtet des Drehzahlbegrenzers bei 7000/min beginnt – zählt samt dem integrierten Zifferblatt der Zeituhr zur Grundausrüstung. Drei Zusatzinstrumente sind über dem Ascher angeordnet: ein Analog-Voltmeter, eine (recht umständlich zu bedienende) Digital-Stoppuhr, die wohl persönlichen Rekordfahrten dienen soll, und das Fernthermometer für die Motoröltemperatur.

Der 190 E 2.3-16 gehört zur kleinen Elitetruppe der schnellsten Serienlimousinen der Weltproduktion. Das Werk gibt eine Höchstgeschwindigkeit von 230 km/h und eine Beschleunigung von 7,5 Sekunden für die Null-bis-hundert-Spanne an. Die belgische Fachzeitschrift *Le Moniteur de l'Automobile* ermittelte in einem Test eine Spitze von 233 km/h, *auto motor und sport* maß eine Beschleunigungszeit von 7,9 Sekunden und einen Durchschnittsverbrauch von 12,3 l/100 km. Dem 500 SE, dem Audi 200 Turbo, der einmal den Titel des schnellsten deutschen Viertürers für sich in Anspruch nahm, und selbst dem im Herbst 1984 offensichtlich auf den 2.3-16 angesetzten BMW 535i läuft der schwäbische Sechzehnventiler knapp davon. Nur der im Frühjahr 1985 lancierte, allerdings nicht vergleichbare BMW M 5 mit dem Sechszylinder-Vierventiltriebwerk des legendären M 1 ist in den Fahrleistungen deutlich überlegen. Die von der Schweizer *Automobil Revue* geprüfte KAT-Version des 2.3-16 mit 170 PS erreichte 221 km/h, beschleunigte aus dem Stand in 7,8 Sekunden auf 100 km/h und begnügte sich im Schnitt mit 11,7 Litern unverbleitem Super auf 100 Kilometer. Umweltbewußtsein muß eben nicht mehr gleichbedeutend mit einem Verzicht auf Fahrleistungen der Spitzenklasse und einem Hinnehmen exorbitanter Verbrauchswerte sein. Erfahrungsgemäß läßt sich der 2.3-16, ohne eine zu gemächliche Gangart anzuschlagen, durchaus mit einem Treibstoffkonsum von rund 10 Liter pro 100 km bewegen.

Wenn sich auch das Mutterhaus nach wie vor mit Nachdruck dagegen verwahrt, mit jeglichen motorsportlichen Aktivitäten in Verbindung gebracht zu werden, so konnte der 190 E 2.3-16 im Berichtszeitraum dieses Buches doch schon einige ansehnliche Erfolge einfahren. Im August 1983 begab sich eine 150köpfige Daimler-Mannschaft mit 18 Fahrern und drei Einsatzwagen nach Süditalien, um auf dem Fiat-Testkurs von Nardo, wo schon die Ausführungen IID, III und IV des Versuchs-Coupés C 111 (siehe Mercedes-Benz-Automobile Band 5, Seite 162 ff.) in den Jahren 1976 bis 1979 einige Weltbestleistungen aufgestellt hatten, mehrere jahrzehntealte Langstreckenrekorde zu brechen. Diese Aktion diente nicht nur der Imagepflege, sondern lief gleichermaßen im Rahmen der abschließenden Erprobung des 2.3-16 sozusagen als Feuertaufe ab. Die drei Autos wurden zwar als »völlig serienmäßig« propagiert, wiesen aber doch gegenüber der serienreifen käuflichen Version einige Modifikationen auf. Beim Triebwerk gab es zwar keine strukturellen Eingriffe, jedoch war die an der Kupplung verfügbare Motorleistung durch Maßnahmen der Feinbearbeitung, durch den Wegfall der Hydraulikpumpe der Servolenkung und eine »offene« Auspuffanlage um mindestens 16 Prozent auf 215 bis 220 PS gesteigert worden. Die extrem lange Antriebsübersetzung von i = 2,65 statt 3,07 senkte das Drehzahlniveau – bei 250 km/h beispielsweise auf 6000/min. Alle möglichen Arten von Fahrwiderständen und Reibungsverlusten wurden eliminiert oder begrenzt: Das ansonsten der Serienausführung entsprechende Getriebe verlor seinen Rückwärtsgang, spezielle Pirelli-Reifen sorgten für einen sehr niedrigen Rollwiderstand, während das Fahrwerk im übrigen unverändert blieb, und am Aufbau verbesserten einige Fördermaßnahmen die Aerodynamik. Die Außenspiegel entfielen, auf eine Innenraumbelüftung wurde zum Leidwesen der Piloten verzichtet und mit der hydraulischen Niveauverstellung konnte der Wagenbug um 45 Millimeter abgesenkt werden, um einen strömungsgünstigen Anstellwinkel zu erreichen. Durch einige gewichtssenkende Schritte und den nun mit 0,285 protokollierten c_w-Wert lag die Höchstgeschwindigkeit der Rekordwagen bei etwas über 250 km/h. Das strategisch und technisch mit der üblichen Daimler-Benz-Akribie vorbereitete Unternehmen, an dem alte Motorsport-Routiniers maßgeblich mitwirkten – die Projektierung lag in Händen von Erprobungschef Guido Moch, Joachim Kaden führte die Boxenregie und der eherne Erich Waxenberger hatte die Gesamtleitung inne –, wurde erwartungsgemäß zum vollen Erfolg: Alle drei angepeilten Langstrecken-Weltrekorde über 25 000 Kilometer, 25 000 Meilen und 50 000 Kilometer wurden mit Durchschnittsgeschwindigeiten von rund 248 km/h gebrochen. Daneben fielen noch als Zugabe neun neue internationale Klassenrekorde der Kategorie D bis 3000 cm^3 ab. Die Top-Version des 190 hatte bei dem über 201stündigen Dauerlauf trotz Außentemperaturen, die bis zu 40 Grad im Schatten reichten, ihre Standfestigkeit bewiesen. Die Dauervollgas-Jagd, die sich über achteinhalb Tage hinzog, ergab den vergleichsweise bescheidenen Kraftstoffverbrauch von 22 l/100 km und einen Motorölkonsum von gerade 0,4 l/1000 km.

Oben: Ein von AMG modifizierter 500 SL.

Rechts: Frühzeitig versuchte sich Lorinser am Optik-Tuning der Baureihe W 201.

INSELBAD
SACHS
Die Neue Mercedes-Klasse. 190/190 E
Die Neue Mercedes-Klasse.
190/190 E
SACHS GASDRUCK FEDERN
PIRELLI
KENWOOD
Lorinser

Kaum weniger spektakulär, aber doch lustbetonter ging ein Wettbewerbseinsatz ganz anderer Art unter Werksregie im darauffolgenden Jahr über die Bühne: Als der umgestaltete, entschärfte Nürburgring am 12. Mai 1984 seiner Bestimmung übergeben wurde, begab sich Daimler-Benz aus der selbstverordneten Enthaltsamkeit in Sachen Motorsport und richtete als Rahmenveranstaltung zu den Eröffnungsfeierlichkeiten das *Race of the Champions*, das Rennen der Nürburgringsieger, aus. Grand-Prix-Piloten aus fünf Jahrzehnten machten das Eröffnungsrennen auf 20 völlig identischen 2.3-16-Vorserienwagen unter sich aus und lieferten sich eindrucksvolle Duelle, teilweise unter Benützung der jungfräulichen Grasnarbe. Sieger wurde der brasilianische Nachwuchsfahrer Ayrton Senna da Silva. Das Siegerauto wurde dem Daimler-Benz-Werksmuseum eingegliedert, andere Kämpen dieses Rennens machten ihre Show-Runde bei Werksniederlassungen und Händlern. Daimler-Benz bemühte sich, in einer Pressemitteilung nachdrücklich darauf hinzuweisen, daß die Vorstellung in der Eifel »keineswegs eine Rückkehr des Hauses zum Motorsport« bedeute.

Die Initiativen für ein regelmäßiges Wettbewerbs-Engagement, für das der 190 E 2.3-16 ausbaufähige Anlagen mitbringt, müssen von Tunern, Händlern oder ausländischen Werksniederlassungen, die über einen relativ großen Handlungsspielraum verfügen, ausgehen. Zum 1. Mai 1985 besorgte Daimler-Benz die Homologation des 2.3-16 in Gruppe A, inklusive einer direkteren Lenkung, eines modifizierten Bremssystems, zweier alternativer Antriebsübersetzungen, einer geänderten Getriebeabstufung, Zentralverschlüssen für die Räder und eines Alu-Überrollkäfigs. Diese seriennahen Wettbewerbswagen sind in dieser Aufmachung keineswegs ab Werk lieferbar. Daimler-Benz beschränkt sich getreu seiner Devise auf eine wohlwollende Sportfahrerunterstützung, die sich nicht ins Finanzielle erstreckt, sondern einen gewissen Know-how-Transfer betrifft. Der große Rest wird unabhängigen Firmen der Motorenbau- und Karosseriebranche überlassen, wobei ein niedriges Basisgewicht und Motoren, die im Rahmen des Sportreglements spielend 220 bis 250 PS, vielleicht sogar 300, abgeben, dem Sport-190 auch unter privaten Bewerbern durchaus die Rolle eines Hechts im Karpfenteich zumessen können. AMG und Matter in Deutschland, SRS und Sodemo in Frankreich und RSM Marko in Österreich sind jedenfalls am Ball.

Die ersten Nägel mit Köpfen wurden in Frankreich gemacht, als Dany Snobeck für sich und Alain Cudini drei 2.3-16 für die nationale französische Produktionswagenmeisterschaft 1985 präparierte. Mercedes-Benz France und der französische Mercedes-Händlerverband griffen dabei Snobeck großzügig unter die Arme. Da das französische Reglement – über die Gruppe-A-Bestimmungen hinausgehend – toleranter ausgelegt ist, wurden die Motoren aufgebohrt und gaben bei 2,5 Liter Hubraum 310 PS ab. Alain Cudini beendete die Serie an dritter Position hinter einem Rover Vitesse und einem BMW M 635 CSi, Daniel Snobeck plazierte sich an fünfter Stelle. Ein weiteres Engagement bei einigen Läufen der 1985er Tourenwagen-Europameisterschaft mit dem Originalhubraum und 244 PS führte zu recht beachtenswerten Positionen, aber noch zu keinem durchschlagenden Erfolg. 1986 beteiligt sich das französische Team regelmäßig am Europa-Championat. Beim Auftakt in Monza im März konnten sich Cudini/Snobeck im Gesamtklassement an dritter Stelle plazieren. In der Division II mußten sie sich dem erstmals eingesetzten, hubraumstärkeren BMW 325i wegen einer undichten Ventildeckeldichtung knapp geschlagen geben. Im Zeittraining war der Mercedes indessen Schnellster seiner Division gewesen.

In Deutschland wurden 1985 unter der Regie des stark mit motorsportlicher Vergangenheit behafteten Ulmer Mercedes-Händlers Reinhold Fricker und des Stern-treuen Scuderia-Kassel-Piloten Holger Bohne zwei Rallye-Autos aufgebaut, für deren 210 (oder mehr) PS die Firma AMG verantwortlich zeichnet. Der erste Einsatz eines dieser Wagen unter Bohne/Fricker bei der Tour d'Europe im September 1985 endete bei der zweiten Sonderprüfung im Straßengraben. Die Deutsche Ral-

Modell	190 E 2.3-16 (W 201 E 23/2, Bm. 201.034)
Produktionszeit	seit September 1984
Motor	Reihen-4-Zylinder M 102.983
Bohrung × Hub; Hubraum	95,5 × 80,25 mm; 2299 cm^3
PS (kW) bei n/min	ECE 185 (136) bei 6200/min; RÜF 177 (130) bei 5800/min; KAT 170 (125) bei 5800/min
Verdichtung	ECE 10,5; RÜF und KAT 9,7
Ventile, Steuerung	4 Ventile pro Zylinder, 2 obenliegende Nockenwellen (dohc)
Gemischaufbereitung	mechan.-elektron. Benzineinspr. Bosch KE III Jetronic
Batterie	12 V 55 Ah
Kühlmittelmenge	8,0 Liter
Getriebe	mechan. 5-Gang-Getriebe
Lenkung	Kugelumlauf-Servolenkung
Bremsen	2-Kreis-Vierrad-Scheibenbr. mit Blockierverh. (ABS)
Bereifung	205/55 VR 15
Radstand; Spur vorne/hinten	2665 mm; 1446/1429 mm
Gesamtabmessungen	4430 × 1706 × 1361 mm
Leergewicht (Basisausrüst.)	1260 kg
Tankinhalt	70 Liter
Höchstgeschwindigkeit	220–230 km/h
Stückzahlen (bis 28. 2. 1986)	11 101

lye-Meisterschaft 1986 ging man jedoch in Ulm hoffnungsvoll an. Allerdings stieg Holger Bohne im Frühjahr 1986 wegen Finanzierungsproblemen wieder aus dem Projekt aus.
Der älteste und bekannteste Mercedes-Tuner (im ursprünglichen Sinne dieser Bezeichnung) AMG im schwäbischen Affalterbach wendet sich im Wiederaufgriff alter Traditionen (siehe Mercedes-Benz Automobile Band 5, Seiten 76 und 131) verstärkt dem Motorsport zu. Vielleicht als Ersatz für die nun ausrangierte Waxenberger-Division der Daimler-Benz AG richtete Hans-Werner Aufrecht eine gesonderte Abteilung für die Sportbetreuung von Kunden ein.
Auch an einem erfolgversprechenden Projekt zur Deutschen Tourenwagen-Meisterschaft 1986 ist die Firma AMG nicht unbeteiligt. Hierfür wurden vom Dr. Marko-Team zwei 190 E 2.3-16 vorbereitet, die von Peter Oberndorfer und dem österreichischen Ski-As Franz Klammer pilotiert werden. Beim ersten Lauf im belgischen Zolder am Ostersonntag des Jahres 1986 plazierten sich die beiden rund 240 PS starken und knapp eine Tonne schweren Mercedes an siebter und zehnter Position.
Angesichts der hochkarätigen Technik und der vergleichsweise geringen Auflagenhöhe – monatlich werden im Schnitt 720 Einheiten fertiggestellt; der Anteil der Sechzehnventiler an der Produktion der Kompaktklasse macht gerade vier Prozent aus – kann vom 190 E 2.3-16 kein Schleuderpreis erwartet werden. Vor dem Auslieferungsbeginn war der Listenpreis auf 49 590 Mark festgelegt worden. Im Frühjahr 1986 kostete der Top-190 – mittlerweile inklusive ABS – 58 140 Mark. Für diese Summe sind immerhin fast zwei Vergaser-190 oder eine reich ausgestattete S-Klasse-Limousine des Typs 300 SE zu haben. Bei der Betrachtung der Konkurrenz richtet sich der Blick zwangsläufig wieder nach München: BMW hat den nicht ganz so giftigen, aber in den Fahrleistungen gar nicht so sehr unterlegenen 325i im Programm, der eine harmonische Sechszylinder-Maschine besitzt und vor allem 23 000 Mark billiger ist. Aber natürlich – wie es im Wettbewerb der Erzrivalen auch nicht anders zu erwarten ist – schickt BMW auch ein direkt vergleichbares Modell ins Verkaufsrennen: Der im Sommer 1985 vorgestellte und ab Sommer 1986 ausgelieferte M 3 kostet fast auf die Mark soviel wie der 2.3-16, besitzt ebenfalls einen 2,3-Liter-Vierzylindermotor mit Vierventilkopf, ist aber nur zweitürig lieferbar, was allerdings kein Manko darstellt. Mit 200 PS (147 kW) – die Katalysatorversion ist um fünf PS schwächer – dürfte der M 3 dem Sport-190 in seiner Leistungsentfaltung zunächst überlegen sein. Aber auch im eigenen Stall entstanden überlegenswerte Alternativen zum 2.3-16 – interessant für jene, denen bloße Zahlen bei Leistungswerten und Kaufpreis genügen, weniger für Technik-Freaks und Liebhaber klassischer Automobile mit viel Flair. Der 300 E der Mittelklassereihe W 124 bringt haargenau die gleichen Fahrleistungen und Verbrauchsziffern und ist geräumiger, komfortabler, dazu 11 000 Mark preisgünstiger. Der für den Jahresbeginn 1987 avisierte 190 E 2.6 mit der gleichen Rohkarosserie ist bei einem Preisvorteil von fast 20 000 Mark nicht viel langsamer als sein Vierventil-Bruder.
Man kann aber sicher sein, daß der Leistungsabstand – vor allem zu bayerischen Produkten – wieder hergestellt wird, zumal die Wünsche nach einem potenteren Triebwerk mit der entsprechenden FISA-Homologation vor allem aus dem Lager der Motorsportler unüberhörbar sind. Daß längst eine Turboversion des 2.3-16 – bisher nahm man in Untertürkheim aufgeladenen Benzinmotoren gegenüber eine strikt ablehnende Haltung ein – und eine großvolumigere Variante, die dank einer Kurbelwelle mit verlängertem Hub einen Hubraum von 2,5 Litern aufweist, im Versuch laufen, ist ein offenes Geheimnis. Mehr als 200 PS wird ein weiterentwickelter Sechzehnventiler auf jeden Fall abgeben – dafür sorgt schon die Präsenz des BMW M 3. PS hin, Kilowatt her – die Typenbezeichnung 190 E 2.3-16 wird unter Kennern als »Formel für dynamische Individualität« – ein Schlagwort aus der Mercedes-Werbung – Gültigkeit behalten. Als Kultauto und ausgesprochenes »Gusto-Stückerl« ist der Sechzehnventiler ohnehin als Sammlerstück für Automobil-Liebhaber kommender Jahrzehnte vorprogrammiert.

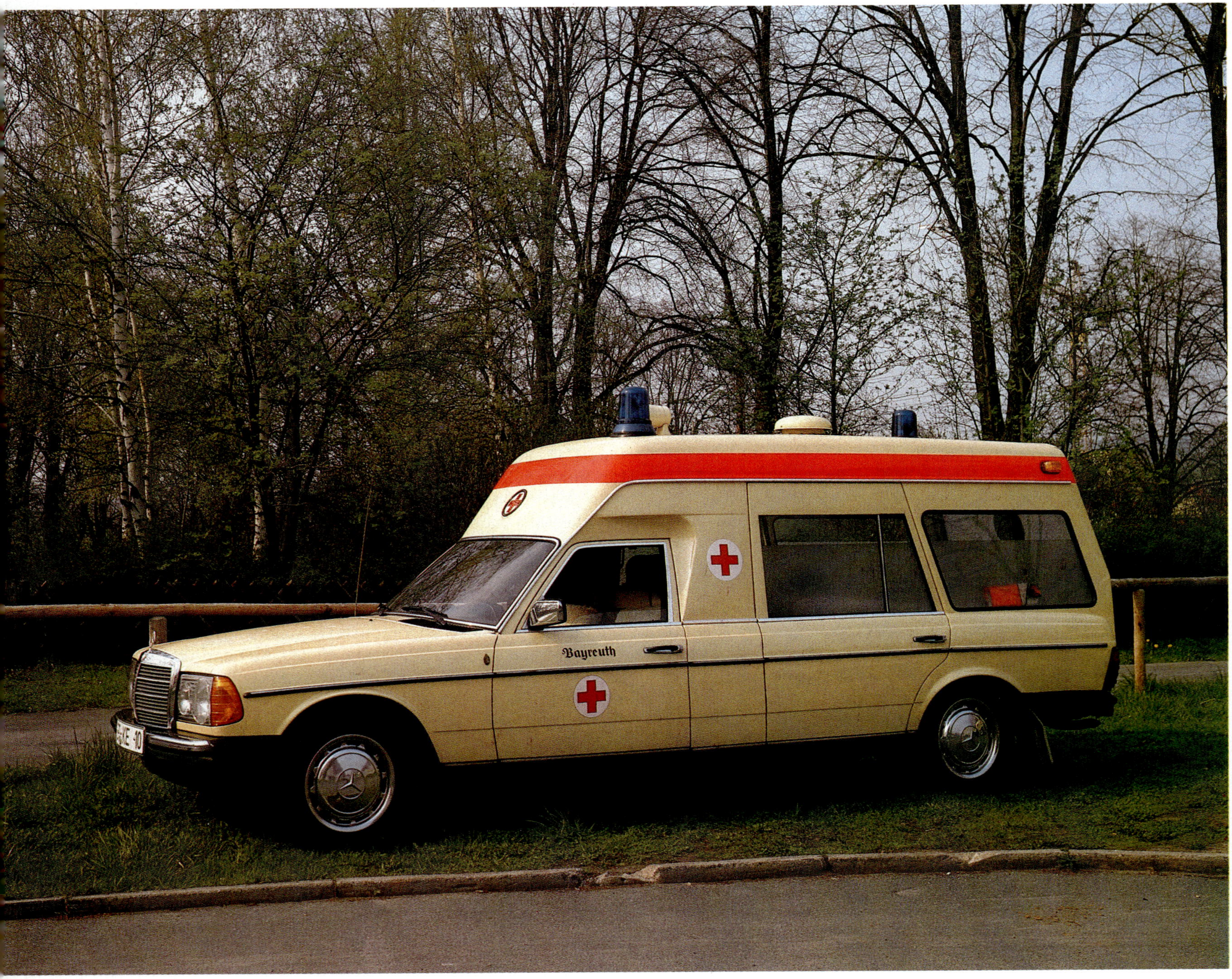
Bayreuth

Links: Miesen-Krankenwagen auf Basis eines 300 D mit langem Radstand, Baujahr 1981.

Rechts: Daimler-Benz-Werbestil der achtziger Jahre: nüchtern, sachlich, in der Aussage technisch akzentuiert – dennoch emotionsstark in der Grafik und in der Headline, die nichts weiter verrät als die verheißungsvolle Chiffre auf dem Kofferdeckel eines Topmodells . . .

Die neuen Modelle der mittleren Klasse W 124 wurden auf der konstruktiven und stilistischen Basis der 190er entwickelt – ein Konzept, das auf Anhieb zu einer ungewöhnlich regen Nachfrage führte:

Mercedes-Benz Mittelklasse W 124

Die Modellablösung in der Mercedes-Mittelklasse zum Jahreswechsel 1984/85 war ein fast ebenso spektakuläres Ereignis wie die Vorstellung der neuen Kompaktreihe. Nur handelte es sich hier nicht um eine Massierung technischer und formgestalterischer Neuerungen, sondern ganz einfach um ein traditionell breites Interesse, das der Mercedes-Hauptmodellreihe von jeher entgegengebracht wird. Nahezu 2,5 Millionen abgesetzter Exemplare der Baureihe W 123 schufen Verpflichtungen für den Nachfolger, die einem Erfolgszwang gleichkamen. Daß angesichts der technologiegeladenen 190er nur noch wenige Parallelen zu den Vorgängern zu erwarten waren, lag auf der Hand: Stromform, Frugal-Design, Dämpferbein-Vorder- und Raumlenker-Hinterachse kennzeichnen in enger Anlehnung an die Kompaktklasse auch die sechste Nachkriegsgeneration der gehobenen Mittelklasse. Neue Baureihen von Dieselmotoren und Sechszylinder-Einspritzern, die wiederum auf den Antriebsquellen der 190er fußen, vervollständigen das Bild. Trotz enger Blutsverwandtschaft mit der Kompaktfamilie W 201 – im Straßenbild sind die W 124-Limousinen ungeachtet ihrer Abmessungen von Laien nur schwer von den 190ern zu unterscheiden – handelt es sich bei der Mittelklasse-Neuauflage um eine eigenständige Neukonstruktion in logischer Verfolgung der 1982 gesteckten Leitlinie.

Die Vorentwicklung der 124er begann im Herbst 1976. Im Juli 1977 wurde ein erstes, noch sehr global abgefaßtes Lastenheft ausgegeben, das die Erstellung einer Maßkonzeption im Größenverhältnis 1:5 ermöglichte und Fahrgast- und Motorraum, Sitzposition, Radstand sowie vordere und hintere Überhänge festschrieb.

Im April 1978 folgte eine in allen Belangen präzisierte Version. Danach sollten die Mittelklasse-Nachkommen leistungsfähiger, sicherer, wirtschaftlicher und umweltfreundlicher werden als die 123er. Der c_W-Wert wurde mit einer strengen Mindestforderung von 0,30 vorgegeben. Das Gewicht sollte um 15 Prozent geringer ausfallen. Die Abmessungen waren in etwa beizubehalten, bei den Innenraummaßen diente der W 123 als Richtschnur. Das Fahrwerk hatte in seiner Gesamtkonzeption und in wesentlichen Elementen dem der gleichzeitig konzipierten Kompaktmodelle zu entsprechen. Zehn Plastilinmodelle im Maßstab 1:5, die mit den festgelegten Leitlinien übereinstimmten, wurden im Windkanal geprüft. Nach langen Meßreihen und Beurteilungen im Designteam kristallisierte sich die endgültige Form heraus. Im Winter 1980/81 war das Tonmodell im Maßstab 1:1 fertiggestellt. Der Bau des Kunststoff-Einstiegsmodells, das über eine komplette Innenausstattung verfügte, konnte sich anschließen. Nach Absegnung durch den Vorstand waren nur noch Detailänderungen erlaubt: Die Baureihe W 124 war geboren. Mitte 1982 – nachdem auch das Fahrwerkskonzept »stand« – gingen die ersten Prototypen in den Straßenversuch. Insgesamt 60 Stück davon wurden in Afrika und in den USA, in den österreichischen Alpen und im skandinavischen Winter erprobt, aber auch in Crashversuchen zu Schrott verarbeitet.

Nun war es an der Zeit, die endgültige Fassung des Lastenhefts zur Grundlage der unzähligen, noch notwendigen Feinarbeiten auszugeben. Im März 1984 waren die Basismodelle der Baureihe W 124 serienreif, die Pilotserie konnte anlaufen. Die ungewöhnlich umfangreiche Vorserie umfaßte 3453 Fahrzeuge. Der Bau dieser noch niemals dagewesenen Zahl von Nullserienwagen diente in erster Linie den Produktionsvorbereitungen im Werk Sindelfingen. Das Heer von Pilotmodellen wurde aber auch in weiteren Versuchsreihen, bei der Herstellung der Presse- und Werbefotos und als Testwagen der Fachblätter eingesetzt. Am 26. November 1984 fand im spanischen Sevilla die Pressevorstellung der Baureihe W 124 statt, die konzertierte Präsentation bei Vertretungen und Niederlassungen erfolgte am 10. Januar 1985. Zu diesem Zeitpunkt befand sich bereits der größere Teil der siebenköpfigen Modellfamilie in Produktion: 230 E und 200 D rollten bereits seit Oktober 1984 von den Bändern, 200 und 300 D folgten im November bzw. Dezember. Die Spitzenversion 300 E wurde erst ab Februar 1985 ausgeliefert, die Fertigung des 250 D lief im März zunächst schleppend an und kam erst im Mai auf Touren. Der Siebente im Bunde, der 260 E, stand erst im Juli 1985 bei den Händlern, da der Produktionsstart durch die Anpassung an den Stand der Abgastechnik verzögert wurde. Die Nachfrage nach den 124ern erwies sich auf Anhieb als ungeheuer: Die neuen Mittelklasse-Mercedes rückten in der Zulassungsstatistik schnell an vorderste Front und verdrängten bald die

Links: Die Mittelklasse-Generation W 124 weist die Stilelemente der Kompaktreihe auf.

Rechts: W 124 – Stand der Technik in Funktion und Form im Jahre 1985.

190er vom dritten Platz der bundesdeutschen Verkaufsmeldungen. Anders als bei den Kompaktmodellen wuchsen die Lieferfristen der 124er im Nu ins Uferlose an – beispielsweise waren bei den Sechszylindern 1985/86 Wartezeiten von zwei Jahren und mehr eher die Regel als die Ausnahme.

In ihrer Linienführung können die 124er eine enge stilistische Verwandtschaft zu den 190ern nicht verleugnen. Die 1979 mit der S-Klasse begründete und 1982 bei der Kompaktklasse weiterverfolgte Design-Strategie wurde in der bedeutungsvollen Mittelklasse konsequent fortgesetzt und äußert sich in einem homogenen Erscheinungsbild. Ein »innovatives Formkonzept von stilistischer Kontinuität« – so der Daimler-Benz-Wortlaut – bewahrt den typischen zeitüberdauernden Mercedes-Charakter. Die Motorhaube ist hier noch flacher ausgebildet, der Bug sanfter gerundet. Die Kühlermaske mit ihrer traditionstragenden Symbolik steht stärker geneigt als bei den 190ern. Auch die Seitenansicht wirkt in ihrem Formprofil vertraut – die Hüftlinie steigt allerdings hinten stärker an als bei den Kompakten. Die Heckgestaltung der Baureihe W 124 zeigt sich dagegen formal weitgehend eigenständig. »Das dicke Daimler-Ende«, wie das Magazin *stern* das 124er-Hinterteil nannte, ist seitlich etwas stärker eingezogen und ragt steiler empor als beim Style-Leader. Eine auffällig hohe Abrißkante ermöglicht auch ohne angepappten Spoiler einen sauberen Strömungsver-

Rechts: Die Karosserie der Baureihe 124 wurde rechnerunterstützt im CAD-Verfahren konzipiert. Hier eine Kombination aus Linien- und Flächenmodell auf dem Bildschirm.

Links: Kurz vor Weihnachten 1985 war die Baureihe 124 bereits Gegenstand eines Jubiläums, als mit einem Sechszylinder M 103 der zehnmillionste Pkw-Motor vom Untertürkheimer Band lief.

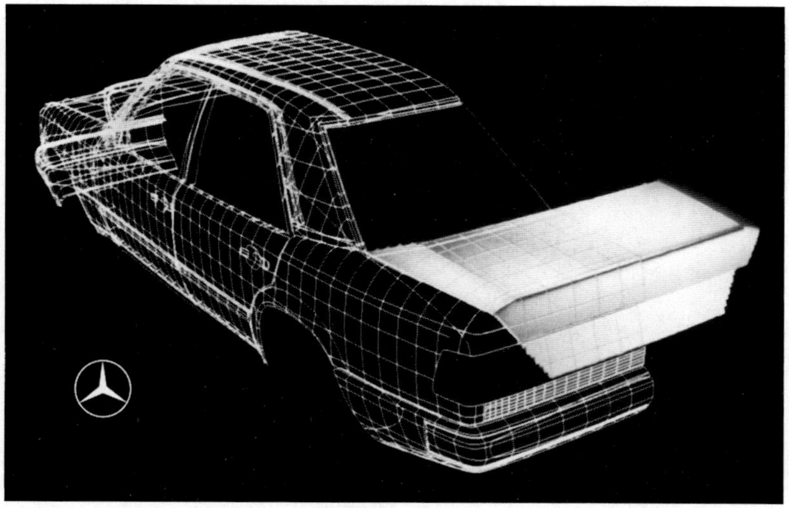

lauf. Der Kofferraum ist gegenüber den Vorgängermodellen kürzer, aber erheblich höher geworden. Um eine niedrige Ladekante zu erzielen, wurde die Kofferraumöffnung bis knapp über die Stoßfänger weit nach unten gezogen – zumal die Kofferklappe nun wegen der wesentlich weiter hinten ansetzenden Heckscheibe kürzer war. Das Kofferraumvolumen war im Vergleich zu den Vorläufern nach VDA-Norm um vier Prozent auf 520 Liter angewachsen. Aus Gründen der Aufbaustabilität und gemäß der Vorgabe, die gesamten rückwärtigen Leuchteinheiten karosseriefest zu integrieren, ergab sich die Notwendigkeit des eigentümlich schräg angeschnittenen Heckdeckels und der trapezförmigen Heckleuchten.

Das funktionsbetonte Stoßfängersystem, die Flankenschutzleisten, die breiten Seitenschweller mit den Strömungsabweisern vor den Hinterrädern, der hubgesteuerte Einarmwischer, der 86 Prozent der Windschutzscheiben-Sichtfläche bestreicht – all das sind bereits von den 190ern her bekannte Ausrüstungselemente. Dagegen konnte der Luftwiderstand trotz der größeren Stirnfläche von 2,07 m^2 gegenüber der Kompaktreihe weiter gesenkt werden, obwohl auf den ersten Blick kein Unterschied festzustellen ist: 200 D und 250 D brillieren mit einem c_w-Wert von 0,29, der 300 D liegt ein knappes Hundertstel ungünstiger, da beim Sechszylinder-Diesel die Unterboden-Aerodynamik der Geräuschkapsel durch die größere Kühlerfläche fast wieder wettgemacht wird. Auch die vier Benziner 200 bis 300 E weisen einen Luftwiderstands-Beiwert von 0,30 auf. Das dem Luftwiderstand zugrundeliegende Produkt aus c_w-Wert und projizierter Anströmfläche liegt rund ein Drittel vorteilhafter als bei der Baureihe W 123 – ein derart beträchtlicher Gewinn an Windschlüpfigkeit ist der neuen Mercedes-Mittelklasse nicht anzusehen, da wiederum auf eine kompromißlose Stromform verzichtet wurde. Dieses Resultat beruht vielmehr auf emsiger Detailarbeit und langwierigen Windkanaltüfteleien. Beispielsweise werden Front- und Heckscheibe nahezu karosseriebündig eingeklebt, die Schalldämpfer sind konisch geformt, die Federlenker der Hinterachse und die elektrischen Benzinpumpen der Einspritzer an der Unterseite des Wagenhecks sind aerodynamisch abgedeckt und bei den Benzinmodellen sind die Triebwerke unten teilverkleidet.

Neben der Optimierung des Strömungsverlaufs schritt eine gemäßigte Abspeckkur einher. Der Karosserie-Rohbau der 124er ist nun 23 Kilogramm leichter als beim W 123; je nach Modell beläuft sich die spezifische Gewichtsreduzierung gegenüber den jeweiligen Vorgängern auf 80 bis 130 Kilogramm. Leichtbau ist jedoch nicht mit Leichtsinn gleichzusetzen – bei verbessertem Trägerverbund konnte die Seitenaufprall- und Überschlagfestigkeit analog zur Sicherheitsstruktur der 190er deutlich erhöht werden. Darüberhinaus zeugen zahlreiche Details von der peniblen Pflege des Insassenschutzes: Die Pedalerie ist an einem verformbaren Lagertopf befestigt, der sie bei größerer Deformation nach vorn schwenken läßt und das Verletzungsrisiko der Fahrerfüße erheblich reduziert. Der vor der Stirnwand angeordnete Gebläsekasten kann bei schweren Frontalkollisionen nicht mehr in den Fahrgastraum geschoben werden und ist zudem dünnwandig mit Sollbruchstellen ausgeführt. Wie bei der Baureihe 201 werden Drehfallen-Keilzapfen-Türschlösser verwendet, die einer stärkeren Zugbelastung standhalten. Die Türen sind im Hüftbereich mit großflächigen, nachgiebigen Prallkörpern versehen. Die Obhut der »festen Burg« ist mehr als erhalten geblieben – auch wenn man sie nun nicht mehr so intensiv fühlt. In ihren Außenabmessungen weichen die 124er nur unwesentlich von ihren Vorgängern ab: Der Radstand hat um ganze fünf Millimeter zugenommen, die Gesamtlänge um 15 Millimeter. Die Wagenhöhe ist, zumal bereifungsabhängig, gleichgeblieben. Allein die Breite schrumpfte aus Gründen der Aerodynamik um 46 Millimeter. Hatten sich schon die 123er als besonders rostimmune Autos erwiesen, so werden sie in dieser Disziplin von ihren Nachfahren sicherlich noch übertroffen. 18 Prozent der Karosseriebleche sind galvanisch verzinkt – beim W 123 war es nur ein minimaler Anteil.

Das Interieur der 124er präsentiert sich ganz im Stil des Hauses – sachlich und nüchtern, von hoher Funktionalität. Auch hier hatte der 190er Pate gestanden. Wer vom 123er herkommt, findet sich blind zurecht, da die Anordnung der Bedienungselemente und Instrumente in üblicher Konsequenz beibehalten wurde. Gottlob ist bei Daimler-Benz das Digital-Zeitalter noch längst nicht in Sicht – noch immer beherrschen die drei hervorragend ablesbaren schwarzen Rundskalen die Armaturenanlage. Nach wie vor sind die Mittelklasse-Mercedes mit der Fußfeststellbremse ausgerüstet – die Stockhandbremse der 190er bleibt die Ausnahme. Das Lenkrad läßt sich wahlweise mit Hilfe eines elektrischen Servomotors axial verstellen – diese Sonderausstattungs-Position ist seit September 1985 lieferbar. Das Heizungssystem erfuhr durch die Übernahme der ausgezeichnet dosierbaren, wassermengengeregelten, elektronisch gesteuerten Heizmatic aus der S-Klasse eine deutliche Aufwertung. Die mit Zebrano-Furnier getäfelte Mittelkonsole bringt bei allen W 124-Versionen einen Hauch von Luxus in das sonst ein wenig steril wirkende Interieur – selbst die 2,8-Liter-Spitzenmodelle der alten Baureihe W 123 werden in der Holzespracht noch übertroffen. Viel Mühe wurde auf die Sitze verwendet: Die Vordersitze wurden durch einen seitlich verstärkten Federkern besser konturiert und im ganzen aufwendiger gepolstert. Die Rücksitzbank erhielt eine mit Einzelsitzcharakter ausgeformte Rückenlehne, die nicht gerade sehr einladend auf den gelegentlichen fünften Passagier wirkt. Mit den auf den Vordersitz-Innenseiten angebrachten Handrädern zur Lehnenverstellung wird nun auch die Höhe der vorderen Kopfstützen reguliert – durch Herausziehen der Rändelräder wird diese Doppelfunktion möglich. Ein weiterer Drehknauf an der Sitzaußenseite läßt die Neigung der vorderen Sitzkissen einstellen. Einen besonderen Gag ließ man sich bei den mit Aufpreis lieferbaren Fond-Kopfstützen einfallen: Um beim Rückwärtsfahren die Sicht freizugeben, können die hinteren Nackenstützen bei laufendem Motor per Kippschalter an der Mittelkonsole in ihre Nischen in der Hutablage versenkt werden. Das Wiederaufrichten muß dann allerdings von Hand geschehen. Den Vornesitzenden wird die gleiche Bewegungsfreiheit wie in den 123ern geboten. Der Knieraum im Fond nahm durch ein raumökonomisch ausgestaltetes Lehnenprofil der Vordersitze um 20 Millimeter zu, dagegen ist hinten die Kopffreiheit etwas knapp bemessen. Wie bei den Vorgängern ist das Platzangebot auf dem Rücksitz – in Relation zum Fahrzeugcharakter – als ausreichend zu bezeichnen. Rivalisierende Zeitgenossen wie Audi 100, Ford Scorpio, Renault 25 oder Citroën CX lassen weniger claustrophobe Gefühle aufkommen. Gemäß der neueren Daimler-Benz-Sicherheitsphilosophie sind die Umlenkpunkte der vorderen Sicherheitsgurte an den B-Säulen per Drucktaste dreifach in der Höhe verstellbar. Der sensorgesteuerte Gurtstraffer zählt zur Serienausrüstung.

Fahrwerkstechnisch sind die 124er sehr eng an die Kompaktmodelle angelehnt: Die Dämpferbein-Vorderachse mit Dreiecks-Querlenkern und die in Fachkreisen als »Kinematik-Wunder« geltende Raumlenker-Hinterachse wurden im Prinzip übernommen. Mit Hilfe eines CAE-Rechners (*computer aided engineering*), der ein Simulieren sämtlicher Fahrmanöver erlaubt, wurden jedoch die Geometrien auf die Erfordernisse der Mittelklassewagen abgestimmt und die Materialstärken entsprechend angepaßt. Im Gegensatz zu der bei den 190ern angewandten Bauweise wurde das Hinterachsgehäuse der 124er im Achsträger in elastischer Dreipunktlagerung aufgehängt. Gegenüber den Vorgängern hatte die Spurweite vorne um neun Millimeter, hinten um 42 Millimeter zugenommen. Auch die Mittelklasse rollt nun auf 15-Zoll-Rädern, die mit Serie-65-Reifen bestückt sind und einen größeren Bremsscheibendurchmesser mit verringerter Wärmebelastung erlau-

Die beiden Extreme der W 124-Motorenpalette – Vierzylinder-Diesel OM 601 und Dreiliter-Sechszylinder vom Typ M 103.

ben. 260 E und 300 E erhielten zur Erhöhung der Standfestigkeit vorne belüftete Scheiben. Seit Serienanlauf werden asbestfreie Brems- und Kupplungsbeläge mit einem zehnprozentigen Kunststoffaseranteil verwendet. Daß die bei den 190ern eingeführte neue Servolenkung zur Grundausrüstung zählt, bedarf keiner Erwähnung.

Die Fertigung der Mercedes-Mittelklassereihe wurde keineswegs abrupt auf das neue Modell umgestellt. Der Übergang erfolgte gleitend und nahm bis zu elf Monate in Anspruch. Die Gründe dafür waren vielschichtig: Beispielsweise waren Rechtslenker-Versionen für bestimmte Exportmärkte (Großbritannien, Australien, Japan und ehemalige britische Dominions) erst im Oktober 1985 verfügbar. Genausolange mußten die Amerikaner auf die neue Mittelklasse warten, da die umfangreichen US-Prüfverfahren – z. B. die ausgedehnte Abgas-Testrunde – einen beträchtlichen Lieferaufschub bewirkten. Die auslaufenden 123er konnten auf diesen Märkten ihre Aktualität noch bis zum November 1985 bewahren. Auch die langfristig noch nicht bereitstehenden 124er-Varianten mit gestrecktem Radstand verliehen den entsprechenden Vorgängern eine bis zum Jahresende 1985 reichende Lebensspanne. Die neue Generation der Langversionen wird erst seit September 1986 ausgeliefert – mit 3450 Millimeter Radstand und als 250 D, 230 E oder 260 E motorisiert –, um als Hoteltaxi oder als Basis für Ambulanz- oder Bestattungswagen-Aufbauten zu fungieren.

Vierzylinder-Benzinmodelle 200, 200 E (Italien), 230 E

Anders als bei den 123ern existieren bei der neuen Mittelklassegeneration keine preisgruppenspezifischen Unterscheidungsmerkmale bei Karosseriedetails und Interieur – Vier- und Sechszylinder und Diesel sind allenfalls nach der Reifengröße vage einzuordnen, wenn auf das Typenkennzeichen am Heck verzichtet wird. So verfügen auch die Vierzylinder-Basismodelle über den gleichen Prestigewert wie die teureren und stärker motorisierten Paralleltypen. 200 und 230 E besitzen die im Sommer 1980 eingeführten Motoren der Baureihe M 102 mit Querstromkopf, V-förmig hängenden Ventilen und Transistorzündung, die nach wie vor um 15 Grad nach links geneigt eingebaut werden. Beide Triebwerke sind nun analog zur technischen Strömung des Hauses mit hydraulisch tätigen Motorlagern, dem Einriemenantrieb der Nebenaggregate per automatisch nachgespanntem Keilrippenriemen und dem hydraulischen Ventilspielausgleich ausgerüstet. Dazu kam die Ölstandskontrollanzeige, die von einem Schwimmgeber in der Ölwanne betätigt wird und sich im Aufleuchten einer Warnlampe an der Armaturenanlage äußert, wenn der vorgeschriebene Motorenölpegel um einen Liter gesunken ist. Die Pleuel sind nun kolbengeführt – dadurch wird die Reibleistung gemindert. Neben der Wartungsvereinfachung und der verbesserten Wirtschaftlichkeit dient dieses Maßnahmenbündel auch einer weitergehenden Optimierung der Laufkultur – wegen der gerade beim Vierzylinder auftretenden Massenkräfte zweiter Ordnung keine Nebensache.

Der Zweiliter-Vergasermotor des 200 leistet bei 5200/min unverändert in RÜF-Spezifikation 109 PS (80 kW), als KAT-Version 105 PS (77 kW). Das Verdichtungsverhältnis wurde geringfügig von 9,0 auf 9,1:1 angehoben, das mit 17,3 mkp (170 Nm) gleichgebliebene Höchstdrehmoment steht nun schon bei 2500 statt bei 3000/min bereit. Dieser Kniff verlieh dem Motor einen deutlich spontaneren Antritt. Der Stromberg-Vergaser war in Details überarbeitet worden: Zur Verbesserung des Heißstartverhaltens erhielt die Schwimmerkammer eine Wechselbelüftung. Ein pneumatischer Drosselklappensteller, der über eine Unterdruckdose gesteuert wird, stabilisiert die Leerlaufdrehzahl. Das Triebwerk des Schwerpunktmodells 230 E hatte für die Baureihe W 124 nun analog zum verwandten 190 E die mechanisch-elektronische Bosch-Einspritzung der Type KE III-Jetronic erhalten. Dabei hält eine elektronische Füllungsregelung die Leerlaufdrehzahl unabhängig von der Motorbelastung konstant. Der Einspritz-Vierzylinder gibt nach wie vor 136 PS (100 kW) bei 5100/min ab, mit Katalysator 132 PS (97 kW). Es ist immer noch frappierend, wie mühelos und vibrationsfrei dieser Motor seine Kraft entfaltet – derart kultiviert, daß es manchem Sechszylinder zur Ehre gereichen würde. Erst oberhalb 4500/min wird der Einspritzer laut, aber durchaus nicht auf unangenehme Weise.

Im Mai 1985 ging mit dem ausschließlich für den italienischen Markt bestimmten 200 E eine in Deutschland und selbst innerhalb der Mercedes-Benz-Vertriebsorganisation weithin unbekannte W 124-Variante in Produktion. Wegen der in Italien für Personenwagen über zwei Liter Hubraum sprunghaft ansteigenden Kraftfahrzeugsteuer zog bei diesem Modell der Zweiliter-Einspritzer des 190 E mit 122 PS (90 kW) in die Mittelklasse ein. Bis Februar 1986 waren von dieser Rarität 1325 Exemplare entstanden.

In ihren Fahrleistungen stießen die Mittelklasse-Vierzylinder dank sensationell niedrigem Luftwiderstand und konsequenter Gewichtskontrolle in Bereiche vor, die bisher größervolumig motorisierten Modellen vorbehalten waren. Der Vergaser-200 ist etwa so temperamentvoll wie der ehemalige 230 E der Vorgängerreihe: Laut Hersteller erreicht er eine Spitze von 187 km/h und beschleunigt in 12,6 Sekunden von Null bis 100 km/h, der Normverbrauch beläuft sich im Drittelmix auf 8,8 l/100 km. Ein Test der Zeitschrift *mot* ergab 186,8 km/h, 14 Sekunden für den Standard-Spurt und einen durchschnittlichen Konsum von 11,9 l/100 km. Mit deutlich überlegenen Werten wartet in jeder

Hinsicht der 230 E auf: Während das Werk eine Höchstgeschwindigkeit von 203 km/h (Version RÜF mit Schaltgetriebe) und eine Beschleunigung von 10,5 Sekunden nennt, erreichte ein von *auto motor und sport* geprüfter 230 E stramme 208 km/h und sprintete in 10,1 Sekunden auf 100 km/h. Für das *Zweite Deutsche Fernsehen* testete Paul Frère anläßlich der IAA 1985 einen KAT-230 E mit 132 PS, wobei ebenfalls ansehnliche Ergebnisse erzielt wurden: Spitze 196 km/h, Beschleunigungszeit 10,8 Sekunden und Durchschnittsverbrauch 10,7 Liter Eurosuper auf 100 Kilometer. Selbst mit unverbleitem Normalbenzin – die Verträglichkeit wird per Abgleichstecker geregelt – stieg der Konsum nach einer *auto motor und sport*-Untersuchung ohne wesentliche Leistungseinbußen nur auf 11,6 Liter. Ein 230 E der zweiten Generation läuft dem alten 280 E, der immerhin als ausgesprochen potentes Auto galt, unter günstigen Umständen knapp davon – so haben sich die Zeiten geändert! Diese Leistungsausbeute ist mit streng gezügeltem Appetit verbunden. Mit 9 Litern im Mischverkehr kann ein 230 E durchaus auskommen, auch bei flüssiger Fahrweise steigt der Konsum nicht über zehn Liter. Freilich ist diesen bescheidenen Verbrauchswerten das als Sonderausstattung lieferbare Fünfganggetriebe zugrundezulegen, aber selbst mit der überarbeiteten Getriebeautomatik ist der Durst kaum größer.
Vom Konzept her gesehen sind die beiden »kleinen« 124er mit Abstand die komfortabelsten und fahrsichersten Autos ihrer Kategorie – ältere Konstruktionen wie der BMW 520i oder der auf Ablösung wartende Opel Rekord 2.2i können in keiner Disziplin mehr mithalten, auch wenn man ihre günstigeren Gestehungskosten berücksichtigt. Dagegen haben der Audi 100 CC und der Ford Scorpio 2.0i schon eher das Zeug zum Konkurrenten: Beide verfügen über Karosserien mit mehr Raumangebot, der Ford weist harmonische Fahreigenschaften auf, die – soweit meßbar – gar nicht so weit von denen der Mittelklasse-Mercedes entfernt sind, und der Audi zeigt sich dem Daimler im Antriebsbereich überlegen.

Sechszylinder-Benzinmodelle 260 E und 300 E

Die beiden Sechszylinder-Einspritzer des Baumusters M 103 mit 2,6 und drei Liter Hubraum entstanden zwar auf der konstruktiven Basis der Vierzylinderfamilie M 102, stellen aber trotz einer Vielzahl übereinstimmender Merkmale – Querstromkopf mit V-förmig hängenden Ventilen, Einriemenantrieb der Nebenaggregate, Kipphebelsteuerung mit hydraulischem Ventilspielausgleich und kolbengeführten Pleueln – sowie identischem Hub von 80,25 Millimetern eigenständige Neukonstruktionen dar. Mit der Generation M 103 löste man sich endgültig von dem 1951 mit dem M 180 im 220 (W 187) begonnenen Konzept, auf dem selbst noch der 2,5-Liter und der dohc-2,8-Liter der Baureihe W 123 fußten. Zur Vermeidung einer ungehinderten Schallausbreitung und des Wärmeverzugs bei hoher Beanspruchung entschieden sich die Untertürkheimer Motorenentwickler unter der Regie von Dr. Kurt Obländer wiederum für Grauguß statt Aluminium als Werkstoff für den Triebwerksblock. Die moderne Gußtechnik macht dünne Wandstärken möglich, dazu sorgen zahlreiche nach dem CAE-Verfahren per Rechner konzipierte Versteifungsstege für die nötige Stabilität. Der neueren Daimler-Benz-Technologie entsprechend reicht der Block 65 Millimeter unter die Kurbelwellen-Längsachse und erhält dadurch weitere Steifigkeit. Durch diese Leicht- und Kompaktbauweise sind die beiden neuen Sechszylinder 57 Millimeter niedriger und 43 Millimeter kürzer als ihre Vorgänger und bis zu 42 Kilogramm leichter – der 300 E-Motor wiegt gerade 190 Kilogramm. Der Kühlmittelinhalt der Zylinderblöcke konnte von 6,1 auf 3,5 Liter reduziert werden. Durch das schnellere Erreichen der Betriebstemperatur vermindert sich naturgemäß der Schadstoffausstoß, auch der Kraftstoffkonsum profitiert von dieser Maßnahme. Die Kurbelwellen sind siebenfach gelagert und besitzen zwölf Gegengewichte. Lagerdurchmesser und -breiten wurden optimiert, um die Reibleistung in Grenzen zu halten. Die Leichtmetallkolben haben ebenso wie die von 138 auf 145 Millimeter verlängerten, nun axial durch die Kolben geführten Pleuel deutlich an Gewicht abgenommen. Die – anders als bei den Vierzylindern – unter der Kurbelwelle plazierte, kettengetriebene Zahnradölpumpe trägt zum kurzen Einbaumaß bei.
Die Zylinderköpfe werden natürlich aus Leichtmetall gefertigt. Aus Gründen der Laufruhe und der Wartungsvereinfachung ging man von der technisch so hochkarätigen, anspruchsvollen Ventilsteuerung durch zwei obenliegende Nockenwellen ab, zumal hohe Literleistungen mittlerweile mit weitaus weniger ingeniösem Aufwand erreichbar sind, ohne daß man etwa optimale Brennraumformen opfern müßte. Außerdem reduziert eine einzelne obenliegende Nockenwelle – nach der neueren Philosophie des Hauses von einer Einfachrollenkette getrieben – die Reibleistung ganz erheblich. Der verwirbelungsaktive Quetschflächenanteil der Brennräume konnte gegenüber den Vorgänger-Triebwerken von 13,5 auf 18,4 Prozent gesteigert werden. In Verbindung mit den in Längsrichtung versetzt angeordneten Ventilen wird so eine verbesserte Turbulenz in den Verbrennungsräumen erzielt – auch ein mageres Kraftstoff-Luft-Gemisch vermag sicher gezündet zu werden. So konnte man das Verdichtungsverhältnis von 9:1 auf 10:1 heraufsetzen und damit einen weiteren verbrauchszügelnden Effekt erzielen. Wie die überarbeiteten V8-Motoren besitzen die mit der KE III-Jetronic ausgerüsteten Sechszylinder nun luftumspülte

Oben: Der automatisch schaltende Vierradantrieb 4MATIC erfordert die Vorderfeder »mit Stich« (unteres Foto).

Links: Interessante Detaillösungen bei den 124ern: verstellbare Schultergurte, per Handrad justierbare Kopfstützen vorn und fernbetätigt umklappbare Fondkopfstützen.

Einspritzventile. Wie beim 190 E 2.3-16 ermöglicht eine vollelektronische, nach dem Motorkennfeld rechnergesteuerte Zündanlage der Type EZL die optimale Anpassung des Zündzeitpunkts an die Betriebsbedingungen des Triebwerks. Die Leerlaufdrehzahl wird beispielsweise stets bei 700/min stabilgehalten.

Während die Vierzylinder des Baumusters M 102 über eine elektromagnetische Lüfterkupplung verfügen, die den Ventilator erst bei einer Kühlmitteltemperatur über 100° C zuschaltet, wird bei den Sechszylindern wegen des höheren Kühlluftbedarfs eine Viskosekupplung verwendet. Diese setzt den elfflügeligen Lüfter bei einer Lufttemperatur von 80° C – hinter dem Kühler gemessen – in Bewegung. Die beiden Motoren des Grundbaumusters M 103 sind ihren Vorgängern in puncto Laufruhe deutlich überlegen. Die mit einem hohen Aufwand an Detailarbeit erzielte Verbesserung des Massenausgleichs läßt diese prachtvollen Triebwerke spontan und völlig vibrationsfrei hochdrehen. Diese nahezu turbinenhafte Laufcharakteristik wird durch das serienmäßige Fünfganggetriebe ergänzt, dessen fünfte Stufe als Schongang ausgelegt ist – die Höchstgeschwindigkeit wird im vierten Gang erreicht.

Der 260 E ersetzt den ungeliebten 250 der Vorgängerserie und ist sicherlich dazu angelegt, mehr Erfolg zu haben. Keineswegs war der kleinere Sechszylinder von Anfang an als 2,6-Liter-Einspritzer konzipiert gewesen: Bis zum Sommer 1983 ging man von einem 2,4-Liter-Vergaseraggregat aus, die Katalysatordiskussion führte dann zur Vergrößerung des Hubvolumens – die Gemischaufbereitung sollte weiterhin per Vergaser erfolgen. Diese Triebwerks-Prototypen gaben 163 PS (120 kW) ab. Bald – für einen pünktlichen Serienbeginn jedoch zu spät – stellte sich heraus, daß ungeachtet des Kostenfaktors die KE III-Jetronic mit der Auslegung auf unverbleites Super weitaus besser harmonierte. Mit fünf Monaten Verspätung wurde die Produktion des 260 E im Juli 1985 aufgenommen. Die ursprünglich angekündigte ECE-Version mit 170 PS (125 kW) ging nicht in Serie – Basismodell wurde die RÜF-Version mit 166 PS (122 kW). Die KAT-Ausführung leistet 160 PS (118 kW). Mit seinen Fahrleistungen stellt der 260 E den alten 280 E deutlich in den Schatten: *auto motor und sport* stellte in einem Test eine Spitze von 222 km/h, eine Null-bis-hundert-Zeit von 8,7 Sekunden und einen durchschnittlichen Verbrauch von 11,8 Litern auf 100 km fest.

Der 300 E, dessen Auftragsvolumen 1986 mehr als 80 Prozent des Sechszylinder-Benziner-Geschäfts in der Mercedes-Mittelklasse ausmachte (die Sechszylinder stellen wiederum ein gutes Viertel der georderten 124er), ist der legitime Nachfolger des 280 E und damit das Flaggschiff der Baureihe W 124. Sein Triebwerk unterscheidet sich vom kleineren Sechszylinder nicht nur durch die – bei gleichem Hub – um 5,6 Millimeter erweiterte Bohrung, sondern auch durch paarweise zusammengegossene Zylinder mit eingefrästen Wasserführungen unterhalb der Kopfdichtung zur probaten Wärmeableitung. Dieser Trick kam erstmals 1968 mit dem ersten 280 S/SE der Baureihe W 108 auf. Der thermisch günstiger konstituierte 260 E-Motor besitzt konventionelle Wasserkanäle zwischen den in gleichmäßiger Folge angeordneten Zylindern. Auch beim 300 E wurde die nach den »alten« ECE-Grenzwerten projektierte Ausführung mit 197 PS (145 kW) nicht realisiert. Allerdings ging für kurze Zeit eine entschärfte ECE-Version mit 190 PS (140 kW) in Serie, bis sie im September 1985 durch die RÜF-

Variante mit 188 PS (138 kW) ersetzt wurde. Der KAT-300 E gibt 180 PS (132 kW) ab. In der spezifischen Leistung liegt der neue Dreiliter im Vergleich zum abgelösten dohc-Sechszylinder M 110 mit 185 PS sogar niedriger: 64,2 PS/l (ECE) bzw. 63,5 PS/Liter (RÜF) stehen 67,4 PS/Liter beim 280 E gegenüber. Dafür ist eine gelinde Steigerung des Höchstdrehmoments zu verzeichnen: Beim 300 E fallen bei 4400/min 26,5 mkp (260 Nm) an, beim 280 E waren es 24,5 mkp (240 Nm) bei 4500/min. Umso deutlicher zeichnen sich die Unterschiede in den Fahrleistungen ab, zumal der 300 E durchschnittlich – gleiche Ausrüstung vorausgesetzt – um 135 Kilogramm leichter ist als sein Vorgänger. Ein von *auto motor und sport* gefahrener ECE-300 E lief 232 km/h, beschleunigte aus dem Stillstand in 7,8 Sekunden auf 100 km/h und verbrauchte während des Tests 12,1 Liter auf 100 km. Daß dem viel teureren und in seiner Transportkapazität letztlich unterlegenen 190 E 2.3-16 damit ein ernstzunehmender Konkurrent aus dem eigenen Stall erwachsen mußte, liegt auf der Hand. Emissionsarm reist es sich kaum langsamer – ein vom Schweizer Fachblatt *Automobil Revue* untersuchter KAT-300 E brachte es auf 223 km/h und eine Beschleunigungszeit von 8,3 Sekunden bei einem Verbrauchsschnitt von 11,9 Liter auf 100 km. Selbst die Kombination Katalysator plus Automatikgetriebe bedeutet im Falle 300 E alles andere als eine Preisgabe tradierter Werte hinsichtlich Temperament und Wirtschaftlichkeit: *auto motor und sport* stellte bei einem Wagen dieser Ausrüstung eine Spitze von 221 km/h, einen 8,9-Sekunden-Spurt und einen Testkonsum von 12,4 Litern auf 100 km fest. Zehn Jahre früher entstammten derartige Leistungsobservationen noch der Kategorie mehr oder weniger kompromißloser Sportwagen, und ein Verbrauch der genannten Größenordnung war bei behäbigen, unterhalb der 100-PS-Marke angesiedelten Vierzylindern, wie wir uns erinnern, gang und gäbe. Seinen Hauptrivalen auf dem deutschen Markt – dem BMW 528i – hat der 300 E von seinem Vorgänger geerbt. Die bayerische Limousine gerät gegenüber dem neuentwickelten Schwaben trotz eines Preisvorteils von mehr als 6000 Mark arg ins Hintertreffen: Der Mercedes kann sein modernes Konzept in den Punkten Fahrleistungen, Verbrauch, Handlichkeit und vor allem mit seinen unproblematischeren Fahreigenschaften – lediglich im Geradeauslauf zeigt sich der BMW überlegen – leicht und locker ausspielen. Selbst hinsichtlich der Triebwerkscharakteristik kann der Bayern-Sechszylinder nicht mehr Paroli bieten: Der 2,8-Liter-BMW-Motor – jahrelang das Sechszylinder-Vorbild par excellence – ist in seinen Laufeigenschaften dem neuen M 103 nicht mehr gewachsen. Auch wenn man den 300 E klassenübergreifend mit dem größeren, aber nur um 1000 Mark teureren BMW 728i vergleicht, geht die hinsichtlich der Aktualität nicht unbedingt faire Konfrontation zwangsläufig – vom Raumangebot natürlich abgesehen – zugunsten des Mercedes aus.

Der 300 E ist das einzige Benzinmodell der Baureihe W 124, das im Berichtszeitraum dieses Buches auf dem nordamerikanischen Markt angeboten wird. Die Auslieferung begann im November 1985. Mit einem auf 0,31 gestiegenen c_w-Wert – schuld daran sind die hinsichtlich ihrer Aerodynamik ungünstigeren US-Scheinwerfer – erreicht der Amerika-300 E 225 km/h, mit Automatikgetriebe 219 km/h, für die Vereinigten Staaten allerdings rein hypothetische Werte! Erstmals konnte auf spezielle US-Stoßfänger verzichtet werden, da die amerikanischen DOT-Bestimmungen mit der »Heimatversion« erfüllt werden. Zentralverriegelung und Alarmanlage zählen bei den US-Versionen zur Serienausstattung.

Links unten: Neu beim W 124 – der hubgesteuerte Einarm-Panoramawischer.

Oben: 260 E mit Genfer Zulassung.

Unten: Kommandozentrale eines wohlausgerüsteten Mercedes-Benz 200 D.

Dieselmodelle 200 D, 250 D, 300 D und 300 D Turbo (USA)

Die Mercedes-Pkw-Dieseltriebwerke waren im Laufe langer Jahre ungeachtet unbestreitbarer Verdienste deutlich angegraut. Die Diesel-Personenwagen mit dem Dreizackstern waren die Nummer Eins bei Europas Taxiunternehmern, in der ADAC-Pannenstatistik waren sie wegen ihrer extrem niedrigen Schadensanfälligkeit permanent auf den ersten Platz abonniert, der alljährliche TÜV-Report weist sie als überdurchschnittlich mängelarm aus und von einer Kraftfahrerorganisation in Übersee wurden sie einmal schlichtweg zum »besten Auto der Welt« erkoren. Nun waren sie in die Jahre gekommen – und mit der Einführung der Modellreihe W 124 bot sich eine Erneuerung der Triebwerkspalette an, zumal mit dem 190 D ein Jahr zuvor der Grundstein zu der brandneuen Dieselmotoren-Familie OM 600 gelegt worden war. Während der Vierzylinder OM 601 aus dem 190 D praktisch unverändert in den 200 D einzog, schuf man nach dem Baukastensystem durch Anhängen weiterer Zylindereinheiten in Bohrung und Hub identische Fünfzylinder (OM 602 im 250 D) und Sechszylinder (OM 603 im 300 D). Die gemeinsame Technik hatte bereits der 190 D präsentiert: Die Leichtmetall-Zylinderköpfe weisen parallel hängende Ventile mit Hydrostößeln auf, die von einer obenliegenden Nockenwelle betätigt werden. Der Nockenwellenantrieb erfolgt – im Gegensatz zu den Benzinmotoren der neuen Generation – durch eine Doppelhülsenkette. Die Duplex-Auslegung wurde wegen des gleichzeitigen Antriebs der Hochdruck-Reiheneinspritzpumpe gewählt. In eingehenden Versuchsreihen war das hunderttausendfach bewährte Vorkammerprinzip als das insgesamt ausgewogenste Pkw-Diesel-Brennverfahren bestätigt worden. Hydraulische Motorlager, die bei strengen Wintern segensreiche Kraftstoffvorwärmung und der Einriemenantrieb der Nebenaggregate mit automatischer Nachspannung entsprechen dem neuesten Stand der Technik. Neben der erheblich verbesserten Laufkultur wurde bei den D-Modellen der Baureihe W 124 auch das Geräuschniveau drastisch gesenkt. Wie schon der kompakte 190 D erhielten die Mittelklasse-Diesel die fünfteilige Triebwerkkapselung, die eine Vollverkleidung des Fahrzeugs unter Motor und Getriebe mit zusätzlicher Motorraum-Schallisolierung darstellt.

Im Vergleich zu den Vorgängern schwang sich die spezifische Leistung der neuen Diesel-Generation mit einer Steigerung von 30 PS/l um rund 20 Prozent auf 36 PS/l in bislang ungewohnte Gefilde auf. Daß die Erfolgsquote der Mittelklasse-Diesel – vor allem vor dem Hintergrund der Umweltdiskussionen und der (allerdings umstrittenen) Einstufung der Diesel als »schadstoffarm« – anhält, zeigt der Anteil von 40 Prozent an den 124ern im Produktionsjahr 1985.

Der Einstieg in die Diesel-Mittelklasse wird – wie gehabt – mit dem 200 D vollzogen. Obwohl der Zweiliter-Selbstzünder die gleiche Nennleistung (72 PS/53 kW) wie der alte 240 D abgibt, erweist er sich als temperamentvoller – in der Endgeschwindigkeit ist er sogar dem alten Fünfzylinder-300 D überlegen. Sein Element sind Langstreckenreisen auf der Autobahn, die überraschend flott vonstatten gehen. Im Stadtverkehr und auf Landstraßen läßt das nur schwächlich entwickelte Durchzugsvermögen nicht allzuviel Verve zu und bedingt ständiges Schalten – eine Folge der langen Antriebsübersetzung. Automatik- und Fünfganggetriebe sind für den 200 D nur bedingt zu empfehlen – beim Fünfgang-Schaltgetriebe ist bei der geringsten Steigung ein Zurückschalten in den Vierten nötig. Mehr noch als der 190 D brilliert der 200 D mit einem in hohem Maße gedämpften, unaufdringlichen Motorengeräusch. Für einen runden Motorlauf auch in der Aufwärmphase sorgt die pneumatische Leerlaufdrehzahl-Anhebung (PLA), die bei Kühlmitteltemperaturen unter 20° C wirksam wird. Ist der Wagen mit Automatikgetriebe und Klimaanlage ausgerüstet, wird diese Kontrollfunktion von einer elektronischen Leerlaufregelung übernommen. Eine elektromagnetische Lüfterkupplung trägt zur Senkung des Geräuschpegels und der Verlustleistungen bei. Ein vom Fachblatt *mot* getesteter 200 D übertraf mit einer Höchstgeschwindigkeit von 169 km/h die Werkangabe (160 km/h) deutlich, beschleunigte aus dem Stand in 19,8 Sekunden auf 100 km/h und gab sich mit einem Durchschnittsverbrauch von 8,5 Liter auf 100 km zufrieden. Bei wohlüberlegter, wirtschaftlicher Fahrweise liegen 7 Liter durchaus im Bereich des Möglichen – gegenüber dem Vorgänger aus der Baureihe W 123, der selten weniger als zehn Liter zu sich nahm, ein bemerkenswerter Fortschritt! Mit dem 70 Liter fassenden Kraftstoffbehälter ist nun ein Aktionsradius von annähernd 1000 Kilometern pro Tankfüllung durchaus realisierbar.

Der in seinem Wesen dem Ottomotor angenäherte, in hohem Maße kultivierte Vierzylinder-Diesel macht den 200 D gegenüber seinen Konkurrenten resistent. Der Audi 100 2.0 Diesel mit seinem Zweiliter-Fünfzylinder-Triebwerk und 70 PS ist zwar beispielsweise um mehr als 4000 Mark preisgünstiger, jedoch in seinen Fahrleistungen, in der Wirtschaftlichkeit, in der Durchzugsstärke und trotz – oder gerade wegen? – des Fünfzylindermotors in der Laufruhe unterlegen. Das großzügigere Raumangebot des Audi wird durch den besseren Federungskomfort und die gelungener abgestimmten Fahreigenschaften des Mercedes ohnehin mehr als wettgemacht. Auch die Turbodiesel-Version des Audi 100 2.0 D, die dem 200 D etwa im Preis entspricht, kann allein mit ihren überlegenen Fahrleistungen überzeugen.

Der 250 D mit dem Fünfzylinder-Triebwerk OM 602 ist noch ein wenig leiser als der Vierzylinder-Diesel und im unteren Drehzahlbereich spürbar durchzugskräftiger. Mit 90 PS (66 kW) stellt er sich deutlich agiler und spritziger dar als der alte 300 D. Die ungerade Zylinderzahl scheint keine schwingungstechnischen Probleme aufgeworfen zu haben, allerdings ist der Leerlauf nicht gerade kultiviert zu nennen. Der Kühlerventilator wird hier über eine Viskosekupplung in Betrieb gesetzt. Wie beim 200 D ist eine durch Unterdruck geregelte Leerlaufdrehzahl-Anhebung tätig. Das Fünfgang-Schaltgetriebe, das mit dem größeren Triebwerk ungleich besser harmoniert, ist beim 250 D Bestandteil der Serienausrüstung. Während der Hersteller eine Spitze von 175 km/h angibt, lief ein von *auto motor und sport* geprüfter Mercedes-Benz 250 D 179 km/h und beschleunigte in 16,2 Sekunden auf 100 km/h. Der Testverbrauch blieb mit 8,1 Liter Dieselkraftstoff auf 100 km mäßig.

Der 300 D mit dem Sechszylinder OM 603 verkörpert den leisesten Diesel-Personenwagen der Weltproduktion. Der Geräuschpegel im Interieur liegt bei allen Fahrzuständen unter dem des 200 mit Benzinmotor! Das auch im unteren Drehzahlbereich sehr drehmomentstarke Triebwerk – bei 2800/min stehen 18,9 mkp (185 Nm) bereit – gibt 109 PS (80 kW) ab, ist serienmäßig mit dem Fünfgang-Schaltgetriebe gekoppelt, paßt in seiner Gesamtcharakteristik aber auch hervorragend zur Automatik. Beim Sechszylinder-Diesel wird die Leerlaufdrehzahl von einer elektronischen Regelvorrichtung unter allen Betriebsbedingungen konstant gehalten. An der Leistungsfähigkeit des 300 D ist auch das mit 203 Kilogramm vergleichsweise niedrige Motorgewicht beteiligt – das Fünfzylinder-Aggregat des gleichnamigen Vorgängers wog noch 244 Kilogramm. In einem Test der Zeitschrift *auto motor und sport* erreichte ein 300 D der neuen Generation eine Spitze von 193 km/h, wobei sich der durchschnittliche Konsum auf 9,5 l/100 km belief. Damit liegt der Top-Diesel eher noch unter dem Verbrauchsniveau des alten 200 D – im Vergleich zu seinem direkten Vorgänger kann er geradezu als Sparwunder angesprochen werden. Etwa ein Liter des Minderverbrauchs geht auf Konto des Fünfgang-Getriebes. Auch im Anzugsvermögen setzt der neue 300 D höhere Maßstäbe für Mercedes-Personenwagen mit Saug-Dieselmotoren: Die österreichische *autorevue* ermittelte in einem Test eine Zeit von 13,5 Sekunden für die Beschleunigung von Null auf 100 km/h. Sparsamkeit und Leistungsfähigkeit müssen allerdings teuer erkauft werden: Im Frühjahr 1986 kostete der 300 D als Basisversion 41 712 Mark, mit komparabler Ausstattung (Fünfgang-Getriebe) war er um 7700 Mark teuerer als der leistungsmäßig vergleichbare und mit Ausnahme des Triebwerks identische 200. Obwohl angesichts dieses Kaufpreises auch bei Vielfahrern trotz Verbrauchsvorteil keine Rede von einer Amortisierung sein kann, zählt der 300 D zu den begehrteren Mercedes-Modellen: Kurz nach der Vorstellung dieses Typs reichten

Rechts: Ein mit dem automatischen Sperrdifferential (ASD) ausgerüsteter Wagen bei der Traktionsmessung auf einer Eisfläche.

Unten: In der Schweiz ist der 260 E nur mit Katalysator lieferbar.

die Auftragsbestände bis Mitte 1987. Auch im Frühsommer 1986 war noch mit mindestens zwei Jahren Lieferfrist zu rechnen.
Wie schon bei der Baureihe W 123 ist für den Export nach Nordamerika und Japan wieder eine Turbodiesel-Version der Mittelklasse-Limousine vorgesehen – natürlich auf der Basis des Sechszylinders OM 603. Der 300 D Turbo, wie dieses Modell nun mit verkürzter Namensgebung heißt, wurde für Herbst 1985 angekündigt – über den Bau von 16 Vorserienexemplaren kam man in jenem Jahr jedoch nicht hinaus.
Die Auslieferung wurde erst im Februar 1986 gestartet, als die ersten zweihundert Exemplare über den Atlantik verschifft wurden. Während ursprünglich von 150 PS (in den USA 148 SAE-hp) die Rede war, gelten seit Lieferbeginn 143 PS (105 kW) nach europäischer Norm als authentisch. Dieser Leistungsschwund auf dem Papier dürfte mit der elektronisch geregelten Abgasrückführung und der Rußfiltervorrichtung (*trap oxidizer*) zu erklären sein. Die Leistungssteigerung des OM 603 A erfolgt durch einen Garrett AiResearch-Abgasturbolader mit Ladedruck-Regelventil. Gegenüber dem abgelösten Fünfzylinder-Turbodiesel OM 617 A wurde der Ladedruck von 0,75 auf 0,9 bar heraufgesetzt. Das Verdichtungsverhältnis (22:1) entspricht der Auslegung der Saugmotoren. Einzelne Triebwerkskomponenten mußten allerdings der höheren Motorleistung angepaßt werden: Die Kurbelwellen der Turbomotoren werden zur Steigerung der Dauerwechselfestigkeit an den Radien der Hub- und Hauptlagerzapfen induktiv gehärtet. Die Kolbenbolzen wurden im Durchmesser um zwei Millimeter vergrößert. Die Kolbenkühlung erfolgt über feststehende Ölspritzdüsen. Dadurch konnte die Druckölschmierung des Kolbenbolzens entfallen, die Fördermenge der Ölpumpe mußte aber gegenüber dem Saugmotor erhöht werden. Die Gesamt-Ölfüllmenge wuchs aus dem gleichen Grunde – auch die hinzukommende Laderschmierung ist hier zu bedenken – um einen halben Liter auf acht Liter an. Die Einlaßventile erhielten eine veränderte Formgebung, die Auslaßventile sind wegen der Wärmeableitung natriumgefüllt. Um thermische Überlastung auszuschließen, wurde der Brennerdurchmesser der Vorkammern um einen Millimeter vergrößert. Während die Reihen-Einspritzpumpe im Aufbau unverändert blieb, wurde der Abspritzdruck der Flächenzapfendüsen auf 135 bar gesteigert. Nicht minder eindrucksvoll als der Zuwachs an schierer Power gestaltete sich der Anstieg des maximalen Drehmoments: Bereits bei 2400/min stehen 28 mkp (273 Nm) bereit. Auch die übrigen Leistungsdaten sind beeindruckend: Eine Höchstgeschwindigkeit von 203 km/h und eine Beschleunigung von 11,5 Sekunden aus dem Stand auf 100 km/h stellen wohl eine Weltbestleistung für serienmäßige Diesel-Personenwagen dar – zumal dann, wenn man in Betracht zieht, daß der 300 D Turbo ausschließlich mit Getriebeautomatik geliefert wird. Da kommt der für das gleiche Zielgebiet hergestellte und mit dem gleichen Triebwerk motorisierte 300 SDL der S-Klasse nicht mehr mit.

Das neue Fahrdynamik-Konzept ASD, ASR, 4MATIC

An dieser Stelle sei das bei der IAA im September 1985 vorgestellte dreigliedrige »Fahrdynamik-Konzept«, das schwerpunktmäßig der Mercedes-Mittelklasse zur Verfügung steht, besprochen. Bislang hatte sich Daimler-Benz am weltweit verbreiteten Allrad-Boom nicht beteiligt, laut Vorstandserklärungen diese Antriebsart für Personenwagen sogar schlichtweg abgelehnt. Daß durch diese Abstinenz das Technologie-Prestige der Untertürkheimer in einer dynamisch orientierten Automobilwelt etwas ins Wanken geraten konnte, zumal alle übrigen deutschen Hersteller entsprechende Vortriebssysteme entwickelt hatten, war rechtzeitig erkannt worden. Jedoch konnte nicht erwartet werden, daß Daimler-Benz auf orthodoxe Weise auf dem Gebiet der permanent wirkenden *quattros*, *syncros*, *X-Tracs*, *4WD* und *4×4* mitmischen würde. Auch hier haben die Schwaben nun ein sophistischer ausgearbeitetes, hochkarätiges Generalkonzept parat, das zudem – je nach Bedarfsgrundlage und Wagentype – in dreifacher Abstufung ausgeführt wird. Über den imagehebenden Wert einer derartigen unabhängiger und mobiler machenden Ausrüstung hinaus hat man wohl auch eine Anhebung der Wintertauglichkeit der Mercedes-Personenwagen im Auge, die allerdings besser ist als ihr Ruf. Die Zielsetzung besteht in verbesserter Traktion und erhöhter Fahrstabilität bei anormalen Straßenverhältnissen und extremen Wetterbedingungen. Ein selbsttätiges Entscheiden der Elektronik führt zu einem situationsgerecht und praktisch verzögerungsfrei angepaßten Fahrzeugverhalten. Der vollautomatische Ablauf der Schlupfbegrenzung, auf den der Fahrer keinen Einfluß ausüben kann, wird diesem jedoch gleichsam als Warnfunktion vor kritischen Fahrbahnzuständen optisch signalisiert.
Für alle Modelle der Baumusterfamilien 201 und 124 und die Sechszylinder der Baureihe W 126 ist vom Spätherbst 1986 an für einen Aufpreis von 1539 Mark (Stand: Mai 1986) als Grundstufe der elektronisch-automatischen Vortriebssysteme das Automatische Sperrdifferential (ASD) lieferbar. Das ASD ist eine weitaus effektivere Traktionshilfe als das herkömmliche Ausgleichsgetriebe mit begrenztem Schlupf durch 35prozentige Sperrwirkung, wie es im 190 E 2.3-16 und bei den 560ern serienmäßig zu finden ist. Sobald ein Hinterrad durchzudrehen beginnt, vergleicht das elektronische Steuergerät die Raddrehzahlen an Vorder- und Hinterachse und erteilt ab einer vorgege-

Modell	200 (W 124 V 20, Bm. 124.020)	230 E (W 124 E 23, Bm. 124.023)
Produktionszeit	seit November 1984	seit Oktober 1984
Motor	Reihen-4-Zyl. M 102.922	Reihen-4-Zyl. M 102.982
Bohrung × Hub; Hubraum	89 × 80,25 mm; 1997 cm^3	95,5 × 80,25 mm; 2299 cm^3
PS (kW) bei n/min	RÜF 109 (80) bei 5200/min; KAT 105 (77) bei 5200/min	RÜF 136 (100) bei 5100/min KAT 132 (97) bei 5100/min
Verdichtung	9,1	9,0
Ventile, Steuerung	1 obenliegende Nockenwelle (sohc)	
Gemischaufbereitung	1 Flachstromvergaser Stromberg 175 CDT	mechan.-elektron. Benzineinspr. Bosch KE III Jetronic
Batterie	12 V 62 Ah	
Kühlmittelmenge	7,5 Liter	
Getriebe	mechanisches 4-Gang-Getriebe	
Lenkung	Kugelumlauf-Servolenkung	
Bremsen	2-Kreis-Vierrad-Scheibenbremsen	
Bereifung	185/65 R 15 87 H	195/65 R 15 90 H
Radstand; Spur vorne/hinten	2800 mm; 1497/1488 mm	
Gesamtabmessungen	4740 × 1740 × 1440 mm	4740 × 1740 × 1446 mm
Leergewicht (Basisausrüst.)	1260 kg	1280 kg
Tankinhalt	70 Liter	
Höchstgeschwindigkeit	187 km/h	203 km/h
Stückzahlen (bis 28. 2. 1986)	27 918	54 296

Fahrversuche mit dem ASD: Ein 124er tritt erfolgreich gegen einen alten 116er an. Eine optische Funktionsanzeige im Tacho informiert bei wirksamem ASD über kritische Fahrzustände.

benen Differenz der hydraulischen Regeleinheit einen Impuls. Durch den Öldruck wird die Lamellensperre im Differential in Sekundenbruchteilen geschlossen, wobei die Sperrwirkung bis zu 100 Prozent betragen kann. Die Anfahrfähigkeit ist hergestellt, der Vortrieb verbessert. Dieses System weist einen interessanten »Lerneffekt« auf, der – laut Daimler-Benz – seine »Intelligenz« beweist: Bei einem vergeblichen Anfahrversuch wird die Sperre für einen erneuten Start bereits im Stand automatisch zugeschaltet – nicht erst beim Durchdrehen eines Rades. Bei Geschwindigkeiten über 60 km/h bleibt das ASD aus Gründen der Fahrdynamik wirkungslos, nicht jedoch die warnende Kontrolleuchte, die auf Schlupf reagiert. Beim Bremsen wird die Sperre entkoppelt, um die Räder stabiler verzögern zu können.

Als logische Weiterentwicklung oder bildlicher als Umkehrung des ABS wird gemeinhin die ausschließlich für die Achtzylinder der S-Klasse vom Spätherbst 1986 an gelieferte und 2850 Mark teuere Antriebs-Schlupfregelung (ASR) dargestellt. Die ASR sichert Vortrieb und Seitenführung beim Beschleunigen, sie hält die Fahrstabilität aufrecht, indem sie das Durchdrehen der Hinterräder verhindert. Bei provozierten Kavalierstarts oder bei wenig griffiger Fahrbahn wird das durchdrehende Rad so weit abgebremst, bis es den günstigsten Antriebsschlupf erreicht hat. Gerät nun auch das andere Hinterrad an die Grenze seines Kraftschlusses, so wird – nach kurzem Eingriff der Bremse – automatisch das Motordrehmoment reduziert, bis wieder ein stabiler Zustand erreicht ist, auch wenn der Fahrer Vollgas geben sollte. Eine Warnleuchte ermahnt den Fahrer darüber hinaus, sein Tempo zu zügeln. Da die ASR auf dem Anti-Blockier-System aufbaut, werden die bei den V8-Modellen bereits vorhandenen Komponenten durch das sogenannte »E-Gaspedal«, eine zusätzliche elektronische Steuereinheit und weitere Hydraulikelemente ergänzt.

Das Optimum an Traktionsförderung stellt die ausschließlich für die Sechszylinder-Limousinen und -T-Modelle der Baureihe W 124 (300 D, 260 E, 300 E, 300 TD Turbo und 300 TE) vorgesehene 4MATIC dar. Hierbei handelt es sich um einen automatisch in drei Stufen zuschaltenden Vierradantrieb, der kaum vor Jahresende 1986 in Serie gehen wird, da ein derart ausgeklügeltes, feinfühlig mit elektronisch-hydraulisch beaufschlagten Differentialen arbeitendes System ganz einfach eine enorme Entwicklungsarbeit erfordert. Als die 4MATIC am 17. Januar 1986 der Fachpresse am schwedischen Polarkreis vorgestellt wurde, waren gerade elf Vorserienwagen mit dieser umfassendsten Vortriebstechnik fertiggestellt – zwei 300 D und neun 300 E. 4MATIC-

Die Heckleuchten des W 124 erinnern ein wenig an romanische Automobil-Architektur.

Äußerlich sind die 124er nur am Typenschriftzug – falls vorhanden – zu identifizieren.

Autos werden bei normaler Fahrbahnbeschaffenheit – wie gewohnt – über die Hinterräder angetrieben. Die Raddrehzahlen werden ständig von Sensoren gemessen und an das elektronische Steuergerät gemeldet. Dort werden die Impulse mit den gespeicherten Sollwerten verglichen. Wird nun eine Differenz festgestellt, weil eines der Hinterräder oder gar beide durchzudrehen beginnen, erhält die Hydraulikeinheit einen Regelimpuls. Der jeweils notwendige Schaltzustand wird ohne Zutun des Fahrers gewählt: Der Vorderradantrieb wird zugeschaltet, die Differentiale bleiben ungesperrt, die Kraft verteilt sich vorne/hinten im Verhältnis 35:65. Oder in extremeren Fällen: Das zentrale Planetenrad-Ausgleichsgetriebe zwischen Vorder- und Hinterachse wird zusätzlich längsblockiert, wobei sich ein 50:50-Kraftschluß ergibt. Bei einem noch niedrigeren Haftreibungs-Koeffizienten des Fahrbahnbelags tritt als dritte mögliche Maßnahme unter 20 km/h eine weitere Sperrung des Hinterachsdifferentials nach dem ASD-Prinzip ein – denkbares Maximum: bis zu 100 Prozent Frontantrieb. In umgekehrter Reihenfolge werden diese Automatismen unwirksam, wenn sich die Raddrehzahlen wieder ausgeglichen haben. Wenn man bei zugeschaltetem Vierradantrieb bremst, wird nicht das (integrierte) ABS wirkungslos, sondern die zusätzlichen Vortriebsfunktionen. Alle diese

Modell	260 E (W 124 E 26, Bm. 124.026)	300 E (W 124 E 30, Bm. 124.030)
Produktionszeit	seit Juli 1985	seit Februar 1985
Motor	Reihen-6-Zyl. M 103.940	Reihen-6-Zyl. M 103.980
Bohrung × Hub; Hubraum	82,9 × 80,25 mm; 2599 cm³	88,5 × 80,25 mm; 2962 cm³
PS (kW) bei n/min	RÜF 166 (122) bei 5800/min; KAT 160 (118) bei 5800/min	bis 9/85: ECE 190 (140) bei 5600/min ab 9/85: RÜF 188 (138) bei 5700/min KAT 180 (132) bei 5700/min
Verdichtung	10,0	
Ventile, Steuerung	1 obenliegende Nockenwelle (sohc)	
Gemischaufbereitung	mechan.-elektron. Benzineinspr. Bosch KE III Jetronic	
Batterie	12 V 62 Ah	
Kühlmittelmenge	8,5 Liter	8,0 Liter
Getriebe	mechanisches 5-Gang-Getriebe	
Lenkung	Kugelumlauf-Servolenkung	
Bremsen	2-Kreis-Vierrad-Scheibenbremsen	
Bereifung	195/65 VR 15	
Radstand; Spur vorne/hinten	2800 mm; 1497/1488 mm	
Gesamtabmessungen	4740 × 1740 × 1446 mm	
Leergewicht (Basisausrüst.)	1330 kg	1340 kg
Tankinhalt	70 Liter	
Höchstgeschwindigkeit	218 km/h	228 km/h
Stückzahlen (bis 28. 2. 1986)	7 741	32 433

Vorgänge laufen in Millisekunden ab und verkörpern ein wahres Technologie-Wunder – beispielsweise vermag die Elektronik unterschiedlich stark abgefahrene Reifen auf der gleichen Achse oder in der Relation vorne/hinten zu erkennen und diesen Zustand in ihre Steuerfunktion einzubeziehen. Beim Anfahren und in den Kurven schaltet sich die 4MATIC übrigens stets zu.
Was die 4MATIC für eine sophistische Lösung verkörpert, zeigt auch die Anordnung ihrer mechanischen Elemente: Vom zentralen Verteilergetriebe führt der zusätzliche Antriebsstrang rechts unter dem Fahrersitz nach vorn und mündet in das in die Motorölwanne integrierte und trotzdem mit speziellem Getriebeöl geschmierte Vorderachsdifferential. Die rechte Antriebswelle läuft dabei quer durch die Ölwanne. Da die bestehende Vorderachs-Geometrie der 124er auch bei Allradantrieb ein Optimum darstellt, die Schraubenfedern aber den vorderen Antriebswellen im Weg stehen, ließ man sich einen besonderen Gag einfallen und patentierte eine Spiralfeder »mit Stich«: Die dritte Windung der Feder wurde extrem gespreizt, in die Länge gezogen – so schuf man Platz für die Seitenwelle. Allerdings mußte auch die vordere Quertraverse des Aufbaus nach vorne gerückt und verstärkt werden.

Das Zuschalten des Frontantriebs und der Längs- und Quersperren soll sich völlig unmerklich vollziehen – sieht man von der Signalleuchte ab. Durch das höhere Gewicht der 4MATIC-Ausrüstung und die Reibungsverluste im Antriebsstrang ist gegenüber den Standardmodellen sowohl mit einem um etwa zehn Prozent höheren Treibstoffverbrauch als auch mit geringfügig schlechteren Fahrleistungen zu rechnen. Stärker ins Gewicht fallen dürften da schon die Aufpreise – nach dem Stand vom Mai 1986 rund 12 500 Mark für die Limousinen und 13 200 Mark für die Kombis, einschließlich des ABS.
Mit Sicherheit hat die 4MATIC einen neuen Markstein gesetzt, einen wesentlichen Trend geschaffen – die Ausschaltung einer der Hauptunfallursachen, der plötzlich verminderten Radhaftung, durch objektives Entscheiden und Agieren jenseits menschlicher Fehlreaktionen und Hemmungen von Handlungsabläufen. Physikalische Grundgesetze lassen sich freilich durch keines der neuen Mercedes-Benz-Vortriebssysteme korrigieren – in puncto Seitenführung sind auch bei der 4MATIC keine Wunder zu erwarten: Wer eine vereiste Kurve zu schnell angeht, hat gegenüber der Standardausführung zwar eine größere Chance, auf der Straße zu bleiben – das Unfallrisiko bleibt dennoch hoch.

Modell	200 D (W 124 D 20, Bm. 124.120)	250 D (W 124 D 25, Bm. 124.125)	300 D (W 124 D 30, Bm. 124.130)	300 D Turbo (W 124 D 30 A, Bm. 124.133)
Produktionszeit	seit Oktober 1984	seit März 1985	seit Dezember 1984	seit Februar 1986
Motor	Reihen-4-Zyl.-Diesel OM 601.912	Reihen-5-Zyl.-Diesel OM 602.912	Reihen-6-Zyl. Diesel OM 603.912	Reihen-6-Zyl.-Diesel OM 603.962 mit Abgasturbolader
Bohrung × Hub; Hubraum	87 × 84 mm; 1997 cm^3	87 × 84 mm; 2497 cm^3	87 × 84 mm; 2996 cm^3	87 × 84 mm; 2996 cm^3
PS (kW) bei n/min	72 (53) bei 4600/min	90 (66) bei 4600/min	109 (80) bei 4600/min	143 (105) bei 4600/min
Verdichtung	22,0			
Ventile, Steuerung	1 obenliegende Nockenwelle (sohc)			
Gemischaufbereitung	Diesel-Reiheneinspritzpumpe			
Batterie	12 V 72 Ah			12 V 92 Ah
Kühlmittelmenge	7 Liter	8 Liter		10 Liter
Getriebe	mechan. 4-Gang-Getriebe	mechan. 5-Gang-Getriebe		4-Gang-Automatik mit Wandler
Lenkung	Kugelumlauf-Servolenkung			
Bremsen	2-Kreis-Vierrad-Scheibenbremsen			2-Kreis-4-Rad-Scheibenbr. mit Blockierverhinderer (ABS)
Bereifung	185/65 R 15 87 T	195/65 R 15 90 T	195/65 R 15 90 H	195/65 R 15 91 H
Radstand; Spur vorne/hinten	2800 mm; 1497/1488 mm			
Gesamtabmessungen	4740 × 1740 × 1440 mm	4740 × 1740 × 1446 mm		4755 × 1740 × 1446 mm
Leergewicht (Basisausrüst.)	1280 kg	1320 kg	1370 kg	1530 kg
Tankinhalt	70 Liter			
Höchstgeschwindigkeit	160 km/h	175 km/h	190 km/h	203 km/h
Stückzahlen (bis 28. 2. 1986)	35 433	23 313	19 071	212 (nur für USA und Japan)

Die T-Limousinen der zweiten Generation vereinigen den hohen technischen Standard der Mercedes-Mittelklasse mit geschickter Formgebung und variablem Nutzungskonzept:

Mercedes-Benz T-Limousinen (S 124) 200 T, 230 TE, 300 TE, 200 TD, 250 TD, 300 TD Turbo

Nach knapp 200 000 gebauten Exemplaren wurde – von einigen Einzelanfertigungen im darauffolgenden Monat abgesehen – die Produktion der so erfolgreichen T-Modelle der Baureihe S 123 eingestellt. Der Übergang zur zweiten Mercedes-Kombi-Generation, die auf dem Baumuster 124 fußt und bei der IAA im September 1985 vorgestellt worden war, vollzog sich beinahe nahtlos. Von März bis Juli 1985 waren sieben Vorserienwagen der im werksinternen Sprachgebrauch mit der Vokabel »Vollhecklimousine« umschriebenen und parallel mit den Limousinen entwickelten T-Modelle entstanden. Als am 12. Dezember des gleichen Jahres die Auslieferung begann, war die stufenweise einsetzende Fertigung im Bremer Werk seit drei Wochen im Gang: 200 TD – erstmals wird die Mehrzwecklimousine mit dem Zweiliter-Diesel angeboten –, 250 TD und 230 TE liefen planmäßig ab November 1985 vom Band, der 300 TE kam erst ab Dezember auf nennenswerte Stückzahlen, der 200 T tröpfelte zunächst aus der Endkontrolle und erschien erst im März 1986 in den erforderlichen Mengen auf dem Markt. Der für Mitte 1986 avisierte 300 TD Turbo – wiederum die einzige für das europäische Absatzgebiet vorgesehene Turbodiesel-Variante; einen 300 TD mit Saugmotor gibt es nicht mehr – blieb vorerst aus. Aus nicht ohne weiteres transparenten Gründen wurde der Lieferbeginn mehrfach verschoben – schließlich auf das erste Quartal 1987. Hier spielt die vordringliche Versorgung des US-Markts mit den dort ungeheuer populären Turbodiesel-Versionen eine wesentliche Rolle. Als Rechtslenker-Ausführung ist der 300 TD Turbo übrigens nicht geplant, während die rechtsgesteuerten Exportmodelle der übrigen T-Typen im Februar 1986 zusammen mit der US-Version des 300 TE bzw. 300 TD Turbo in Serie gingen.

Als erste Mercedes-Personenwagen sind die Sechszylinder-T-Modelle dazu auserkoren, in den Genuß der 4MATIC zu gelangen; vorgesehener Termin war Jahresende 1986, für den Turbo Frühjahr 1987. Im Januar 1986 lag die Tagesproduktion der T-Reihe bei 75 Wagen, wurde aber bis Jahresmitte auf 130 Einheiten gesteigert. Der bei einigen Typen schleppende Fertigungsanlauf bedingte ebenso lange Lieferfristen wie bei den Limousinen – als günstigste Spanne gelten neun Monate bei den Saugdieseln und beim 230 TE. Dabei sind diese Edelkombis gewiß keine billigen Autos: Die Mehrpreise gegenüber den entsprechenden Limousinen belaufen sich auf 4600 bis 5200 Mark – bei anderen Herstellern bleibt der Kombi-Zuschlag nicht selten bei 1000 Mark.

Die Rohkarosserie des zweiten T-Aufgusses ist vom Vorbau bis zu den B-Säulen – mit Ausnahme des Daches – mit den entsprechenden Blechpreßteilen der Limousinen identisch. Gleiches gilt für die angebotene Triebwerkspalette, für die Getriebe, für Basisausstattung und Instrumentierung und für das grundsätzliche Fahrwerkskonzept, das allerdings dem Verwendungszweck der Fahrzeuge entsprechend einige Modifikationen erfuhr: Die Hinterachse der T-Modelle wird serienmäßig mit einer Niveauregulierung ausgerüstet, die bei den Saugmotor-Modellen von einer gesonderten Hydraulikpumpe versorgt wird. Der 300 TD Turbo besitzt eine Tandempumpe für den Niveauausgleich und die Servolenkung, die eine Kombination aus einer Radialkolben- und einer Flügelzellenpumpe darstellt und auf zwei getrennte Kreisläufe wirkt. Vorder- und Hinterradaufhängung weisen eine Anzahl verstärkter Bauteile auf. Alle T-Modelle erhielten Räder der Dimension 6½ J × 15, die generell mit Reifen der Serie 195/65 bestückt sind. Die hinteren Bremsen wurden wegen der höheren Achslast größer dimensioniert. Die Antriebsübersetzungen sind jeweils kürzer ausgelegt als bei den analog motorisierten Limousinen – nur der 300 TD Turbo besitzt einen mit i=2,65 recht lang verzahnten Antrieb.

Das Styling der T-Modelle erscheint im Heckbereich wesentlich gelungener als die Linienführung der Limousinen. Waren schon die »Stationswagen« – wie ein weiterer werksinterner Terminus lautet – der Baureihe 123 ausgesprochen schöne Autos, so scheint die Harmonie der Form bei der Nachfolgefamilie einen Höhepunkt erreicht zu haben: Keine Spur von einem Nutzfahrzeug – hier hat man anspruchsvolle Großraumlimousinen mit einer Vielzahl von Variationsmöglichkeiten vor sich. Das Wort »Kombi« mag kaum mehr über die Lippen kommen – und das ist sicher im Sinne der Väter. Das Stoßfänger- und Schürzensystem bildet eine formale Einheit ähnlich wie bei den Limousinen, nur wirken die aerodynamischen Hilfsmittel hier noch integrativer. Die Heckschräge steht im Unterteil um ein halbes Grad steiler als beim S 123, das Rückfenster ist dagegen mit einem Winkel von 48 Grad (beim alten T-Modell 45,5 Grad) stärker geneigt. Die seitlichen Fensterflächen sind um ein Grad mehr eingezogen als beim

Links oben: Die zweite Mercedes-Generation umfaßt sechs Modelle vom 200 TD zum 300 TE.

Rechts: Wiederum wird die Bezeichnung »Kombi« vom Hersteller streng vermieden – es handelt sich um fünftürige Universal-Limousinen.

Vorgänger. Die im Vergleich zu den Limousinen um 25 Millimeter größere Außenlänge ist stilistisch nicht relevant. Der Luftwiderstands-Beiwert der neuen T-Reihe muß zwangsläufig – beispielsweise wegen der serienmäßigen Dachreling oder wegen der Heckgestaltung ohne Abrißkante – ungünstiger liegen als der c_w-Wert der Limousinen, ist aber mit – je nach Modell – 0,34 bis 0,35 eine hervorragende Klassenleistung.

Im Ladevolumen reichen zwar auch die neuen T-Typen nicht an die King-Size-Kombis der Volvo 740/760-Reihe oder aus der Citroën CX-Sippe heran, ihre Transportkapazität hat sich aber gegenüber ihren Vorgängern deutlich erhöht. Bei zwei Sitzreihen faßt das Gepäckabteil bei vorschriftsmäßiger Beladung bis zur Heckfenster-Unterkante zwar nur 540 Liter und damit weniger als der Kofferraum der Limousine, bei umgelegter Rücksitzbank wächst es aber auf ein Volumen von 885 Litern an. Im Vergleich zum S 123 nahm die reine Ladeflächenlänge um einen Zentimeter (nun: 179 Zentimeter) zu – wegen des kurzen Dachs ist sie für quaderförmige Lasten, beispielsweise Möbelstücke, nur zu 145 Zentimetern voll nutzbar. Die effektive Ladeflächenbreite beträgt nun – zwischen den Radkästen gemessen – 108 Zentimeter und verkörpert damit gegenüber der ersten T-Generation ein Plus von zwölf Zentimetern. Auch die Stauraumhöhe wuchs um zwei Zentimeter. Der Laderaumboden liegt etwas tiefer als beim S 123, ist völlig eben und zusammen mit den Seitenwänden mit Feintuftvelours ausgekleidet. Die Hecktür reicht bis in die ausgeschnittene Stoßfängereinheit hinein. Trotz zweier Gasdruckfedern ist der Kraftaufwand beim Öffnen der Heckklappe kein geringer – dafür tut man sich beim Schließen leichter: Die Hecktür braucht nur sanft in die Vorraste der Schloßfalle gedrückt zu werden, das vollständige Schließen besorgt innerhalb einer Sekunde eine elektromechanische Zuziehhilfe. Dieser Servo-Automatismus hinterläßt im Defektfall keine schmerzliche Lücke: Nach der Devise »Mechanik sticht Elektrik« kann die Hecktür dann auf konventionelle Art zugeschlagen werden.

Wie bei der ersten T-Generation gestaltet sich das Umklappen der Rücksitzbank denkbar einfach – die im Verhältnis 1:2 asymmetrisch geteilten Lehnen sind bereits beim Öffnen einer Fondtür entriegelt. Wiederum kann die Rücksitzanlage auch vollständig herausgenommen werden. Gegenüber den Limousinen verschwand hier sogar ein Kritikpunkt: Beim T-Modell ist die Fondbank straffer gepolstert, der hintere Kopfraum großzügiger bemessen. Das praktische Doppelrollo, das sowohl als Sichtschutz als auch mit seinem Sicherheitsnetz als Insassenschutz vor unbefestigtem Ladegut fungiert, ist ein 570 Mark teueres Extra. Für rund 1250 Mark ist auch beim S 124 eine Zusatz-Hecksitzbank lieferbar, die entgegen der Fahrtrichtung im Gepäckabteil montiert wird, die Transportkapazität der T-Modelle auf sieben Passagiere erhöht und voll in den Laderaumboden versenkt werden kann. Zu diesem Zweck befinden sich unter dem Boden zwei Staufächer – ein flaches und eines mit immerhin 39 Litern Fassungsvermögen –, die bei nicht vorhandener oder bei ausgeklappter Heckbank für Kleinzeug oder Reiseutensilien benützt werden können. Warndreieck und Verbandskasten sind in der rechten, das Ersatzrad in der linken

Das Diesel-Topmodell 300 TD Turbo erfuhr einen stark verzögerten Produktionsstart.

hinteren Seitenverkleidung untergebracht. Die maximale Zuladung beträgt bei allen T-Modellen in Basisausstattung einheitlich 620 Kilogramm, vermindert sich jedoch bei Zusatzausrüstung zum Teil beträchtlich. Die ansehnlichen Mehrgewichte von Getriebeautomatik, Klimaanlage oder Airbag müssen beispielsweise in Abzug gebracht werden. Die neu gestylte, galinitfarbene Leichtmetall-Dachreling läßt eine Nutzung der auf 100 Kilogramm begrenzten Dachlast zu. Wie schon bei den Vorgängern steht hierfür ein differenziertes Dachtransportsystem zur Verfügung, das neben einer integrierten Gepäckbrücke auch Ski-Container, Gepäckboxen und Haltevorrichtungen für eine Vielzahl von Sportgeräten umfaßt.

In ihren Fahrleistungen stehen die T-Modelle zweiter Auflage den zugrundeliegenden Limousinen kaum nach. Ein vom Fachblatt *mot* getesteter 250 TD erreichte eine Spitze von 168 km/h, beschleunigte aus dem Stand in 19,2 Sekunden auf 100 km/h und verbrauchte im Schnitt 10,3 Liter auf 100 km. Ein in der gleichen Zeitschrift veröffentlichter 230 TE-Test wies korrespondierend 190 km/h sowie 11,9 Sekunden und 12,2 Liter aus. Die *ADAC motorwelt* fuhr einen mit Automatikgetriebe ausgerüsteten KAT-300 TE und protokollierte eine Höchstgeschwindigkeit von 206 km/h, eine Beschleunigungszeit von 9,9 Sekunden und einen Testkonsum von 13,1 Litern. Der 300 TD Turbo wird nicht weit dahinter zurückstehen: Hier ist mit knapp 200 km/h und rund elf Sekunden zu rechnen, während der vom Werk angegebene Drittelmix-Verbrauch von 8,2 Litern nur unter sehr günstigen Umständen erreichbar scheint. Im Automobil-Alltag sehen Verbrauchswerte mitunter doch etwas anders aus.

Modell	200 T (S 124 V 20, Bm 124.080)	230 TE (S 124 E 23, Bm. 124.083)	300 TE (S 124 E 30, Bm. 124.090)	200 TD (S 124 D 20, Bm. 124.180)	250 TD (S 124 D 25, Bm. 124.185)	300 TD Turbo (S 124 D 30 A, Bm. 124.193)
Produktionszeit	seit Dezember 1985	seit Oktober 1985	seit November 1985	seit November 1985	seit November 1985	–
Motor	Reihen-4-Zyl. M 102.922	Reihen-4-Zyl. M 102.982	Reihen-6-Zyl. M 103.983	Reihen-4-Zyl.-Diesel OM 601.912	Reihen-5-Zyl.-Diesel OM 602.912	Reihen-6-Zyl.-Diesel mit Abgas-Turbolader OM 603.962
Bohrung × Hub; Hubraum	89 × 80,25 mm; 1997 cm^3	95,5 × 80,25 mm; 2299 cm^3	88,5 × 80,25 mm; 2962 cm^3	87 × 84 mm; 1997 cm^3	87 × 84 mm; 2497 cm^3	87 × 84 mm; 2996 cm^3
PS (kW) bei n/min	RÜF 109 (80) bei 5200/min KAT 105 (77) bei 5200/min	RÜF 136 (100) bei 5100/min KAT 132 (97) bei 5100/min	RÜF 188 (138) bei 5700/min KAT 180 (132) bei 5700/min	72 (53) bei 4600/min	90 (66) bei 4600/min	143 (105) bei 4600/min
Verdichtung	9,1	9,0	9,2	22,0	22,0	22,0
Ventile, Steuerung	1 obenliegende Nockenwelle (sohc)					
Gemischaufbereitung	1 Flachstromvergaser Stromberg 175 CDT	mechanisch-elektronische Benzineinspritzung KE III Jetronic		Bosch Diesel-Reiheneinspritzpumpe		
Batterie	12 V 62 Ah			12 V 72 Ah		
Kühlmittelmenge	7,5 Liter		8,0 Liter	7,0 Liter	8,0 Liter	
Getriebe	mechanisches 4-Gang-Getriebe		mechanisches 5-Gang-Getriebe			4-Gang-Wandler-Automatik
Lenkung	Kugelumlauf-Servolenkung					
Bremsen	2-Kreis-Vierrad-Scheibenbremsen					
Bereifung	195/65 R 15 91 T	195/65 R 15 91 H	195/65 VR 15	195/65 R 15 91 T		195/65 R 15 91 H
Radstand; Spur v./h.	2800 mm; 1497/1488 mm					
Gesamtabmessungen	4765 × 1740 × 1490 mm					
Leergewicht (Basisausrüst.)	1390 kg	1400 kg	1470 kg	1410 kg	1440 kg	1540 kg
Tankinhalt	70 Liter					
Höchstgeschwindigkeit	178–180 km/h	193–195 km/h	217–220 km/h	155 km/h	170 km/h	200 km/h
Stückzahlen (bis 28. 2. 86)	464	2076 (incl. 4 Chassis)	384	917	1348 (incl. 4 Chassis)	(19 Vorserienwagen)

Mit vierzehn Jahre altem Konzept, aber mit neuen Motoren, überarbeitetem Fahrwerk und sanftem Facelifting gingen die klassischen Mercedes-Tourensportwagen in ihre letzten beiden Produktionsjahre:

Mercedes-Benz 300 SL, 420 SL, 500 SL, 560 SL Neuauflage 1985

Totgesagte leben länger: Als zu Beginn des Jahres 1985 die ersten Prototypenfotos des SL-Nachfolgers der vierten Generation durch die Presse geisterten – der Straßenversuch des Keilform-Sportwagens wurde in Kalifornien begonnen –, räumten manche Propheten dem altgedienten Roadster der Baureihe R 107 allenfalls noch ein knappes Lebensjahr ein. Bei der Frankfurter IAA im November 1985 erfuhr der im April 1971 in Produktion gegangene SL dann eine durch entsprechende Daimler-Dementis vorbereitete Wiederbelebung. Die formale und technische Aktualisierung hielt sich allerdings in Grenzen – am typischen Erscheinungsbild dieses Klassikers änderte sich im Grunde nicht viel. Dennoch rechtfertigen die gleichsam den Schwanengesang verkörpernden Modifikationen den ergänzenden Wiederaufgriff dieses Kapitels aus Band 5 (Seite 94 ff.). Paradox ist, daß man die Roadster schon nicht mehr auf regulärem Wege kaufen konnte, als die Renaissance auf der IAA dokumentiert wurde. Durch den seit Beginn der achtziger Jahre in den USA um sich greifenden, zweifellos von *upper crust*-Familienserien im Fernsehen beeinflußten SL-Boom – 1985 wurden mehr als 75 Prozent der Roadster-Produktion nach Nordamerika verschifft – mußte die Belieferung des europäischen Marktes kontingentiert werden. Nach dem im Sommer 1985 vorliegenden Auftragsbestand war die gesamte, noch bis zum Herbst 1987 laufende SL-Fertigung schon ausverkauft. Bereits bei der Präsentation der Roadster-Neuauflage wurden in der Bundesrepublik Deutschland keine Bestellungen mehr aufgenommen – die Folge: ein schwunghafter

Handel mit Kaufverträgen. Fabrikneue Tourensportwagen wurden als Raritäten zu Spekulationsobjekten. Größere Mercedes-Vertretungen hatten oft rechtzeitig für den Eigenbedarf disponiert und konnten sich einen oder mehrere SL für bevorzugte Großkunden sichern. Im krassen Gegensatz zu dieser Liefersituation steht die bis weit in das Jahr 1986 hinein gar nicht so geringe durchschnittliche Tagesproduktion von 85 Einheiten, die allerdings bis zum Fertigungsstopp auf 40 Exemplare gedrosselt wird.
Nach wie vor präsentiert sich die Roadsterfamilie dreiköpfig: Das Sechszylinder-Basismodell erhielt analog zur S-Klasse das neuentwickelte Dreiliter-Triebwerk M 103 mit 188 PS (138 kW) in RÜF- und 180 PS (132 kW) in KAT-Version. Gewissermaßen aus Respekt vor dem legendären 300 SL der fünfziger und frühen sechziger Jahre beabsichtigte man ursprünglich, die Typenbezeichnung 280 SL 3.0 zu verwenden, entschloß sich dann aber – sicher nicht zur Freude der Gullwing-Eigner – zu der logischeren Ziffernfolge 300 SL. Der neue Sechszylinder-Sportwagen löste bereits im August 1986 den 280 SL ab, kostete im Frühjahr 1986 64 581 Mark und wird serienmäßig mit einem Fünfgang-Schaltgetriebe ausgerüstet.
Der 380 SL wurde ab September 1985 durch den 420 SL mit dem aufgebohrten V8-Motor von 218 PS (160 kW) als RÜF-Ausführung oder 204 PS (150 kW) mit Katalysator ersetzt. Der 500 SL blieb schließlich dem Namen nach im Programm. Sein Triebwerk wurde den gleichen Modellpflegemaßnahmen unterzogen wie in den S-Klasse-Limousinen

Links und oben: Mit Karosserieretuschen und teilweise neuen Motoren gehen die Tourensportwagen in ihre letzte Runde.

und leistet nun – bei Mercedes-Personenwagen ein Einzelfall – in der ausschließlich erhältlichen ECE-Version 245 PS (180 kW). Im Frühjahr 1986 beliefen sich die Listenpreise der beiden V8-Tourensportwagen auf 82 308 bzw. 90 744 Mark. Das stärkste V8-Triebwerk bleibt dem amerikanischen Markt vorbehalten: Der 560 SL löste in den USA im August 1985 den 380 SL ab. Die obligatorische KAT-Version des 5,6-Liter-V8 leistet im Roadster allerdings »nur« 230 PS (169 kW) statt 242 PS, da der Katalysator und der Platzmangel am Wagenboden eine nicht sonderlich ausatmungsaktive Auspuffanlage bedingen. Dennoch geht der 560 SL zügig zur Sache: Ein vom amerikanischen Fachmagazin *Road & Track* getesteter 560 SL beschleunigte aus dem Stillstand in 7,5 Sekunden auf 60 mph (96 km/h) und verbrauchte dabei durchschnittlich 15,6 l/100 km – *normal driving* vorausgesetzt. Die Spitzengeschwindigkeit des an der Westküste 48 600 Dollar teueren Roadsters wurde nicht gemessen und wird auch als Werksangabe von Mercedes-Benz of North America verschwiegen – Relevanz besitzt sie im Lande des strikten *speed limit* ohnehin keine. Aus Untertürkheim verlautete aber, daß der 560 SL 220 km/h laufen soll. Alle Achtzylinder-Roadster werden serienmäßig mit Getriebeautomatik und Anti-Blokkier-System ausgerüstet.

Mit einem ganzen Maßnahmenbündel von Modifikationen wurde das Fahrwerk der Roadster – was auch nötig erschien – auf einen neueren Stand gebracht. Die geänderte Kinematik der Doppellenker-Vorderachse umfaßte eine verbesserte Radabstützung durch größere Spreizung und andere Nachlaufwinkel der Vorderräder. Der Lenkrollradius war reduziert worden, um Geradeauslauf und Lenkpräzision zu opti-

Die formschönen Leichtmetallräder zählen zur Serienausstattung der SL-Reihe.

Modell	300 SL (R 107 E 30, Bm. 107.041)	420 SL (R 107 E 42, Bm. 107.047)	500 SL (R 107 E 50, Bm. 107.046)	560 SL/USA (R 107 E 56, Bm. 107.048)
Produktionszeit	seit August 1985	seit September 1985	seit April 1980	seit August 1985
Motor	Reihen-6-Zyl. M 103.982	V 8 M 116.964	V 8 M 117.962	V 8 M 117.967
Bohrung × Hub; Hubraum	88,5 × 80,25 mm; 2962 cm^3	92,0 × 78,95 mm; 4196 cm^3	96,5 × 85,0; 4973 cm^3	96,5 × 94,8 mm; 5547 cm^3
PS (kW) bei n/min	RÜF 188 (138) bei 5700/min KAT 180 (132) bei 5700/min	RÜF 218 (160) bei 5200/min KAT 204 (150) bei 5200/min	ECE 245 (180) bei 4750/min	KAT 230 (169) bei 4800/min
Verdichtung	9,2	9,0	9,0	9,0
Ventile, Steuerung	1 obenliegende Nockenw. (sohc)	2 × 1 obenliegende Nockenwelle (2 × sohc)		
Gemischaufbereitung	mechanisch-elektronisch gesteuerte Benzineinspritzung Bosch KE III Jetronic			
Batterie	12 V 62 Ah	12 V 66 Ah		12 V 92 Ah
Kühlmittelmenge	8 Liter	13 Liter		
Getriebe	mechan. 5-Gang-Getriebe	4-Gang-Automatik mit Wandler und Programmwähler		
Lenkung	Kugelumlauf-Servolenkung			
Bremsen	2-Kreis-Vierrad-Scheibenbremsen	2-Kreis-Vierrad-Scheibenbremsen mit Blockierverhinderer (ABS)		
Bereifung	205/65 VR 15			
Radstand; Spur vorne/hinten	2460 mm; 1462/1465 mm	2455 mm; 1462/1465 mm		
Gesamtabmessungen (Coupédach)	4390 × 1790 × 1290 mm			4580 × 1790 × 1290 mm
Leergewicht (Basisausrüst.)	1500 kg	1600 kg	1610 kg	1715 kg
Tankinhalt	85 Liter			
Höchstgeschwindigkeit	203 km/h	212 km/h	225 km/h	221 km/h
Stückzahlen (bis 28. 2. 1986)	1 990	436	9 239	6 133 (nur für USA, Japan, Australien)

mieren. Die Abstimmung der Hinterradaufhängung wurde ebenfalls mit der Zielrichtung eines Gewinns an Federungskomfort und Handling geändert. Die innenbelüfteten Bremsscheiben an den Vorderrädern wurden vergrößert, die vorderen Festsättel werden durch jeweils vier Kolben betätigt. Neu ist auch ein Acht-Zoll-Bremskraftverstärker in Leichtbauweise. Die neuen Leichtmetallräder mit der Bemaßung 7J × 15 zählen zur Serienausrüstung und sind mit Reifen der Dimension 205/65 VR 15 bestückt.

An der Karosserie wurde eine auffällige Facelifting-Aktion vorgenommen, deren Zweck zwar einzusehen ist, deren ästhetischer Erfolg sich jedoch bestreiten läßt: Der mächtige Bugspoiler aus Polycarbonat harmoniert nicht recht mit dem traditionellen SL-Gesicht alter Schule. Er soll den Auftrieb an der Vorderachse um 30 Prozent reduzieren und weist eine verkleinerte Lufteinlaßöffnung – die neue Motorengeneration ist thermisch ausgewogener und läßt einen geringeren Kühlluftdurchsatz zu – und angebaute Nebellampen auf. Die Türgriffe wurden an die der S-Klasse angeglichen und halbversenkt gestaltet. Der (mit geschlossenem Verdeck gemessene) c_w-Wert von 0,41 ist – zumal für einen Sportwagen – sicherlich nicht mehr zeitgemäß. Hier ist eben die Daimler-Benz-Sprachschöpfung »Dynamische Form, die die Mode hinter sich läßt« in Anwendung zu bringen.

Auch bei der Innenausstattung der R 107-Zweitauflage wurde am Detail gearbeitet: Die beiden Sitze wurden erheblich besser konturiert, erhielten nun einen betont sportiven Schalensitzcharakter. Die Lehnenverstellung wird nun mit einem griffgünstigeren Handrad bedient. Der Lenkradbezug und der Faltenbalg am Schalt- oder Wählhebel sind in Leder ausgeführt. Die Schaltkulisse wurde an das übrige Wagenprogramm angeglichen. Die Ablageschale auf der Mittelkonsole erhielt höhere Wülste. Der Lichtdrehschalter ist nun beleuchtet und die Flüssigkeitsstand-Anzeigen entsprechen der Ausrüstung der restlichen Wagenpalette.

Die Ablösung für die Klassiker, deren Erscheinungsbild durch die angegrauten Schläfen – wie so oft – eher gewonnen hat, stand beim Abfassen dieser Zeilen schon auf dem Plan. Für das Frühjahr 1988 hatte sich Daimler-Benz den Start der Nachfolge-Generation gedacht, und ihre Vorstellung sollte im September 1987 erfolgen. Die Trauer um den alten 107er wird dann nur kurz sein – denn schon längst sind Sammler und Liebhaber dabei, ihm ein ewiges Leben zu gewähren.

Der 2,5-Liter-Motor brachte dem sportlichen Sechzehnventiler mehr Drehmoment.

Der 190: Stille Modellpflege, Evolution und andere Sondermodelle

Die Freunde des SL der Baureihe 107 erhielten noch eine Schonfrist. Zunächst blieb ihr Wunschmodell erhalten, der nächste Schritt in der Produktplanung von Daimler-Benz betraf nämlich erst einmal die dringend notwendige Evolution des 190. Im Mittelpunkt der Maßnahmen stand erwartungsgemäß eine motorische Aufrüstung des Spitzenmodells 190 E 2.3-16. Eine Hubraumvergrößerung machte aus ihm einen 2.5-16, wobei der Hub bei unveränderter Bohrung um 6,95 Millimeter angewachsen war. Das brachte ein Plus von 25 PS oder 10 km/h – nun war das Optimum bei 230 km/h erreicht. Der vergrößerte Motor verhalf dem Sportler zu einem souveränen Umgang mit der Kraft, in der Charakteristik war er damit dem Hauptkonkurrenten BMW M3 angenähert. Nach fast sechs Jahren Bauzeit sollten kleine optische Veränderungen die ganze Reihe ein wenig aktualisieren. Neue Bug- und Heckschürzen sowie eine zusätzliche Schwellenverkleidung und glattflächiger Flankenschutz machten den Wagen noch etwas eleganter, zumal, dem modischen Trend folgend, die Kunststoffteile jetzt auf die Wagenfarbe abgestimmt waren. Die von Anfang an überzeugende Linienführung war zu diesem Zeitpunkt durchaus noch gefällig. Immer mehr aber rückten Nachteile des Wagens in den Vordergrund, deren gewichtigster der knappe Fußraum hinten war. Zwar bescherte die Modellpflege 1988 andere hintere Sitze, um ein paar Millimeter herauszuholen. Am prinzipiellen Minus der Enge auf den hinteren Plätzen konnte das aber nichts ändern. Die Sicherheitstechniker des Hauses durften ebenfalls einen Beitrag zur stillen Modellpflege leisten. Die Gurtschlösser vorn waren jetzt an den Sitze angebracht, außerdem waren die vorderen Gurte in drei Stufen verstellbar. Erstmals gab es für diese Modellreihe einen Fahrer-Airbag, wenn auch gegen Aufpreis. Ein wie die Innenraumverhältnisse gravierender weiterer Nachteil war der hohe Preis der 190er, mit der Modellpflege 1988 war er für das Einstiegsmodell 190 auf 33 980 DM geklettert, der 2.5-16 kostete stolze 67 950 DM. Bei BMW reichte die Skala von 25 950 DM (316i) bis 61 900 DM (M3).

Es war 1989 längst kein Geheimnis mehr, daß der 190 in die Jahre kommen würde, ehe der Nachfolger parat stand. Neben letzten Verbesserungen auf dem Motorensektor ließ sich Mercedes deshalb Sonderserien einfallen (von Sonderangeboten konnte man des unverändert hohen Preises wegen nicht sprechen). Im September 1989 warb die Version „Sportline" um Kundschaft. Damit kamen außer dem 16-Ventiler auch alle anderen Modelle in den Genuß besonders flotten Aussehens. Das Fahrwerk war durch Verkürzung der Federn um 20 Millimeter tiefergelegt, breite Felgen und Reifen und eine sportliche Innenausstattung gehörten dazu. Immerhin fuhren die echten Sportversionen schon ihre vierte Saison in der ungemein populären Deutschen Tourenwagenmeisterschaft (den ersten Titel gab es 1991 in der Markenwertung und 1992 in der Einzelwertung). Die sportliche Welle rollte, Sportline kam gut an beim Publikum.
Schon 1988 hatte es eine direkte Auswirkung des Rennsportes auf das Verkaufsprogramm gegeben: der 190 E 2.5 Evolution wurde zu Homologationszwecken den Sportgesetzen entsprechend genau 500mal gebaut, ein Sondermodell also in limitierter Auflage. Es hatte eine völlig neue Maschine. Vierzylinder-Reihenmotor, Vierventiler, 2,3 Liter Hubraum, kurzhubig ausgelegt. Die Leistung für die Straße war auf 195 PS festgeschrieben. Die Bosch-Motronic regelte das elektronische Zünd- und Einspritzsystem. Auf der Rennstrecke kamen die Evolutionsmodelle auf 300 PS. Zwei Jahre später schlug die Stunde für den Nachfolger, wieder in Form einer auf 500 Stück begrenzten Sonderserie. Auf dem Genfer Salon 1990 stand der Evolution II im Mittelpunkt der Mercedes-Präsentation. Dieser geriet neben den respektablen Daten auch optisch zur besonders auffälligen Erscheinung dank eines überdimensionalen Heckflügels und rennmäßig aggressiv gestalteter Räder. Sie fanden übrigens seinerzeit nicht den Zuspruch von Chefdesigner Bruno Sacco. Er sprach vielmehr etwas abfällig vom „Kampfrad" (was es ja schließlich auch war). Die für jedermann käufliche Version war 235 PS stark, den Rennfahrern standen 333 PS zur Verfügung. Je nach Übersetzung waren die Rennwagen 300 km/h schnell, die Straßenversion 250.
Im April 1990 gab es letztmalig eine wichtige Änderung im Programm des 190: Gut acht Jahre nach Produktionsstart verschwindet der einfache 190 von der Bildfläche. Ersetzt wird er durch den 190 E 1.8 mit 109 PS. Die Notwendigkeit des Katalysators nun in jedem Modell (die Möglichkeit für den Käufer, auf den Katalysator zu verzichten, fiel gleichzeitig bei allen anderen Modellen weg) hatte die Verwendung der Einspritzanlage bewirkt. Die Verkaufsstrategen in Untertürkheim waren stolz darauf, nun einen Einspritzer für einen Preis anbieten zu können, der 5000 DM niedriger war als der des schon bekannten 190 E. Erstaunlicher als dies war die Tatsache, daß das neue Einstiegsmodell 1080 DM weniger kostete als zuletzt der ausgemusterte einfache 190. Mercedes hatte am Markt bereits zu kämpfen mit seinem 190. Vor allem, seit BMW ab September 1990 mit seinem sehr erfolgreichen neuen 3er sich wesentliche Anteile sicherte. Der 190 war nicht mehr ganz aktuell, Mercedes-Benz aber hatte sich noch nicht auf kürzere Laufzeiten eines Modells eingestellt. Das wurde erst zwei Jahre später angesichts der Absatzkrise der Jahre 1992 und vor allem 1993 für die

Unverkennbar: Die voluminösen Räder und vergrößerte Spoiler vorne und hinten kennzeichnen den 190 E 2.5-16.

Zukunft beschlossen. Daß es die Untertürkheimer in dieser allgemeinen Krise mehr traf als BMW, lag zum großen Teil an den ungleichen Waffen in der Klasse des 190, so gut er in seinen Anlagen auch war und so aktuell und erfolgreich er seine Laufbahn 1982 angetreten hatte. Eine letzte Aktualisierung präsentierte das Werk im Frühjahr 1992: 4600 Wagen wurden von der Sonderserie Avantgarde gebaut, in den Varianten Rosso (190 E 1.8), Azzuro (190 E 2.3) und Verde (190 D 2.5). Neben dem vom Publikum stets als zu hoch empfundenen Preis und den Raumverhältnissen hat wohl die Monostruktur im Programm, was die Karosserie angeht, ihren Anteil an der steilen Bergabkurve der letzten drei Produktionsjahre, vor allem auf dem heimischen Markt. BMW war schon beim alten 3er mit Touring und Cabrio zwei Schritte weiter. Dennoch geht der 190, der erste „kleine" Mercedes, keineswegs als Mißerfolg in die Modellgeschichte des Hauses ein. Am Schluß waren es 1.874.668 Limousinen, die Million war 1988 erreicht. 42 Prozent davon wurden in Sindelfingen gebaut, 58 Prozent in Bremen. 53 Prozent blieben im Inland. Von den Exportautos gingen 29 Prozent nach Europa und 10 Prozent in die USA. 34 Prozent aller 190 liefen als Diesel vom Band, von den Benzinern waren 60 Prozent Vierzylinder und nur 6 Prozent Sechszylinder. In die Geschichte der Marke eingehen wird der 190 in jedem Fall als das erste parallel an zwei Standorten produzierte Auto. Die höchste Tagesproduktion betrug in Sindelfingen 744 Stück, in Bremen 600.

Das Evolutionsmodell (ganz rechts) wurde vor allem für rennsportliche Zwecke konzipiert.

Elegant, geräumig, solide – die mittlere Mercedes-Benz-Baureihe W 124.

W 124 – der Rückhalt in schlechteren Zeiten

In turbulenten Zeiten des Absatzrückganges, acht Jahre nach Einführung der Baureihe, ist der W 124 im Jahre 1992 immer noch eine sichere Bank für Mercedes-Benz. Inzwischen gibt es fünf Karosserievarianten, nachdem 1987 das Coupé, 1989 die Langversion und 1991 das bildschöne Cabriolet sich zu Limousine und Kombi gesellt hatten. Diese erfuhren zur Internationalen Automobilausstellung (IAA) 1989 in Frankfurt ihre erste stilistische Veränderung. Es blieb aber wie beim 190 und der S-Klasse bei der Maßnahme, statt der Schutzleiste aus Gummi glatte Seitenverkleidungen, abgestimmt auf die Wagenfarbe, anzubringen. Die Bug- und Heckschürzen waren nun weiter herumgezogen. Damit gaben sich die 90er-Modelle als neu zu erkennen, vom Erscheinungsbild her notwendig war die Umstellung nicht. In der Tat wirkte der W 124 noch immer frisch, auch gegenüber dem 1988 eigeführten neuen 5er von BMW.

Gelungen war auch die Abwandlung zum Coupé, das 1987 als 230 CE, 300 CE und ein Jahr später als 300 CE-24 erschien, übrigens schon mit der glattflächigen Seitenverkleidung. Der um 85 Millimeter auf 2715 verringerte Radstand gibt dem Wagen gute Proportionen, die breiten Seitentüren strecken optisch die Linie. Im Gegensatz zu manchen anderen Coupés ist die C-Säule nicht zu dick geraten. Großzügig bemessene Fensterflächen – auch hinten – prägen den eleganten Wagen. Dieses Werk wurde noch übertroffen vom Cabriolet, das lang erwartet, 1991 endlich erschien. Die Cabriolet-Welle war bereits im vollen Gange, doch die Mercedes-Kundschaft konnte leichten Herzens feststellen, daß sich das Warten gelohnt hat. Die für das Aussehen eines offenen Auos entscheidende Fläche im Bereich des hinteren Seitenfensters und der (gedachten) C-Säule wirkt beim Mercedes-Cabriolet sympathisch gerundet. Auch geschlossen kann

Der W 124 zeigt ...

... exzellentes Handling ...

... und neuerdings LM-Felgen im Neunlochdesign.

sich der Mercedes sehen lassen. Für den deutschen Markt ist das Cabrio nur als 300 CE lieferbar, im Ausland gibt es auch ein 320 CE Cabrio. Das hochwertig ausgeführte Verdeck ist leicht zu bedienen, gegen 4000 DM Aufpreis ist eine Automatik lieferbar. Die 1989 hinzugekommenen Langversionen 260 E und 250 D können naturgemäß stilistisch nicht überzeugen. Solche übrigens auch nur in einer Größenordnung von wenigen hundert Stück im Jahr produzierten Wagen sind eben ein Kompromiß, gedacht für die Zwecke von Taxiunternehmen oder Hotels. Für die zusätzliche Sitzbank ist der Radstand um 800 Millimeter angewachsen, eine harmonische Linienführung ist da nicht zu erzielen. Immerhin wirkt sich hier die zeitgleich mit den Langversionen eingeführte glatte Seitenflächengestaltung als eine Art optischer Halt positiv aus. Um 240 Kilogramm ist die Langversion schwerer als der Basiswagen, seine Fahrwerte liegen dennoch nicht sehr unter denen der normalen Limousinen.

Frischluftgenuß für vier: das neue Cabrio auf W-124-Basis.

Zur Auffrischung der Baureihe gehörten 1989 parallel zum 190er bessere Sitze. Dies war wirklich notwendig, denn vor allem Fondpassagiere klagten immer wieder über zu weiche Sitze. Die Sicherheitsgurte erhielten auch im Fond eine automatische Höhenanpassung. Außerdem gab es analog zum 190 die Sonderausstattung Sportline. Die wesentlichen Weiterentwicklungen der Baureihe bezogen sich aber auch nach 1989 nicht auf Design oder Innenausstattung, sondern im wesentlichen auf die Motoren. Noch ein Jahr vor dem Facelift wurde der Zweilitermotor durch den Einspritzer ergänzt, der seit 1986 wegen spezieller Steuergesetze bereits in Italien angeboten wurde. Ab der IAA 1989 waren beim W 124 nur noch Katalysatorfahrzeuge lieferbar. Die Einspritzanlage brachte beim 200 weder in der Beschleunigung, der Höchstgeschwindigkeit noch im Verbrauch gegenüber dem Vergaserauto spürbaren Fortschritt. Wohl aber ist die Abgasreinigung in E-Motoren wirksamer. Der einfache 200 verschwand 1990 aus dem Programm.

Mit der Einführung des Vierventilers im 300 war Mercedes zur IAA 1989 dem Konkurrenten BMW ein kleines Stück voraus, dessen Vierventiler folgten auf breiter Front erst 1990 (abgesehen vom M5, aber der fuhr praktisch in einer anderen Klasse und erhielt erst ein Jahr später durch den 500 E echte Konkurrenz aus dem Hause Mercedes-Benz). Der Vierventiler war im Frühjahr desselben Jahres im 300 SL eingeführt worden. Er brachte gegenüber dem vertrauten Dreiliter des 300 E ein Plus von 40 PS (nun 220, im SL sogar 232). Zusammen mit dem für die ganze Baureihe vom SL übernommenen Fünfganggetriebe unterschied sich der 300 E-24 in der Leistungscharakteristik mehr vom 300 E als es die ganz ähnlichen Fahrwerte es vermuten lassen. Obwohl die hohe Leistung mit hoher Drehzahl — maximal 7000 Umdrehungen in der Minute — erkauft wurde, überraschte der Wagen durch Laufruhe. Umfangreiche Dämmungsmaßnahmen im Motorraum hatten das bewirkt. Deshalb reute das Vergnügen, das sich bei schaltfreudiger Fahrweise einstellte, keinen komfortbewußten Mercedes-Fahrer. Über variable Steuerzeiten — um 34 Grad vorverstellte Einlaßnok-

Gelungene Proportionen ...

... trotz langgestreckter Linien ...

... der offene 300 CE-24 ist eine Augenweide.

kenwellen – wurde der Wagen im Bereich zwischen 2000 und 5000 Umdrehungen kräftiger. Zusammen mit dem Vierventiler kam außerdem eine neue Fünfgangautomatik zum Einsatz, wahlweise angeboten zur schon bekannten Viergangautomatik. Der 300 E-24 ist wiederum ein Beispiel mercedestypischer Preispolitik: 1989 kostete die moderne Motorentechnik einen Mehrpreis von 7500 DM.

Drei Jahre lang war der Vierventiler die Spitze der Motorisierung der Baureihe. Dann verblüffte Mercedes mit einer ganz neuartigen Offerte: der 500 E ging an den Start, um das Rennen gegen den M5 von BMW aufzunehmen. Der Vierventil-Achtzylinder, schon bekannt aus dem SL, machte aus der Mercedes-Mittelklasse eine Sportlimousine ersten Ranges! „Stern und Drang" überschrieb „auto motor und sport" seinen ersten Testbericht. 326 PS lassen den zwar dezent, aber doch unübersehbar als Sportauto gekennzeichneten (Kotflügelverbreiterungen) 500 E exakt an die 250 km/h heran, jene Marke also, bei der die schnellsten SL und später auch die schnellsten Limousinen der S-Klasse automatisch abriegeln. Zum ersten Mal stieß der W 124 in diese Sphären vor. Die Tester zeigten sich begeistert von der Laufkultur des Motors, seiner Elastizität – Kraft steht im Bereich zwischen 1700 und 5700 Umdrehungen in der Minute zur Verfügung – und der sportlich ausgelegten Viergang-Automatik. Als der 500 E erschien, hatte er gegenüber dem „Organspender" 500 SL sogar einen kleinen Vorteil: es war bereits die neue LH-Jetronic statt der bis dahin verwendeten KE-Jetronic eingebaut. Die neue Technik der Hitzdrahtmessung – auf breiter Front dann mit der neuen S-Klasse im Jahre 1991 eingeführt – hatte eine effektivere Leistungsausbeute zur Folge. Das Fahrwerk war sportlich abgestimmt, aber dabei nicht unkomfortabel. Fazit im Testbericht: Kein Rase-, sondern ein Reisewagen, trotz der rekordverdächtigen Leistungsdaten. Daß auch der Preis von 137 000 DM (bei Einführung, im Jahre 1993 dann 144 324 DM) rekordverdächtig ist, wundert niemanden. Außer ihm sorgen auch Stückzahl und der Produktionsweg des 500 E für Exklusivität: die Montage erfolgt bei Porsche – dort ein willkommener Auftrag in immer schwierigeren Zeiten – in einer Stückzahl von nicht mehr als 18 Fahrzeugen am Tag.

Das große Interesse am 500 E und die Einsicht, für ein breiteres Publikum einen Achtzylinder auch unterhalb der S-Klasse anbieten zu müssen, weil letztere nicht überall auf die erhoffte Akzeptanz stieß, bewegte die Firma, den 1991 schon in Japan und den USA eingeführten 400 E im Herbst 1992 auch in Deutschland zu bringen. Ganz ohne optische Hinweise außer dem Typschild auf dem Kofferraumdeckel wurde dieser Wagen zu einem echten Understatement-Auto: unauffällig, schnell, zu einem Preis, der mit

Das ideale Sommergefährt für die Familie.

92 340 DM etwa auf der Höhe der billigsten S-Klasse lag. Diese neue S-Klasse hatte die V8-Motoren im Prinzip vom Vorgänger übernommen. Für den Einsatz in der Mercedes-Mittelklasse wurde der Motor durch leichtere Kolben und schmälere Pleuel noch aufgewertet. „auto motor und sport" ermittelte einen Verbrauch von 14,4 Litern auf hundert Kilometer (beim 500 E waren es 16,5 gewesen, für den 400 SE 16,9 Liter). Auch der 400 E erreicht die 250 km/h. Ihm stehen 279 PS zur Verfügung. Vom 500 E unterscheiden ihn nicht nur die 100 Kubikzentimeter und 45 PS, sondern auch das „bürgerliche" Fahrwerk und Reifen in Normalbreite. Alles, was beim 500 E so gut zusammenpasste, hatte auch der 400 E, bei ausschließlicher Betonung des kraftvollen, aber sehr komfortablen Fahrens.

Zu Beginn der 90er Jahre hat Mercedes-Benz manche Kritik einstecken müssen, was die Modellpolitik betraf. Das späte Erscheinen des Nachfolgers vom 190 oder die emotionale Ablehnung der S-Klasse gehören dazu. Nichts vorzuwerfen hatten die Kritiker den Verantwortlichen aber bei deren Bemühungen, den W 124 auf dem aktuellen, konkurrenzfähigen Stand zu halten. Ein wirksamer Schritt dazu war die Umstellung des gesamten Programms an Benzinmotoren auf Vierventiltechnik im Herbst 1992 (mit der unbedeutenden Ausnahme des 300 E, der mit der wenig georderten 4-Matic ausgrüstet wird). Dies ging einher mit einer Erweiterung des Angebotes. An Vierzylindern gab es nun außer dem 200 E auch den 220 E und an Sechszylindern 280 E und 320 E. Die Spitze des umstrukturierten Programms bildeten die Stars 400 E und 500 E. Das Interesse konzentrierte sich natürlich auf die beiden Hubraumneulinge 220 E und 280 E. Und gerade sie erfuhren sehr positive Kritiken. Das leichte Plus von 200 Kubikzentimetern und 14 PS macht sich vor allem in besserer Elastizität und stärkerer Durchzugskraft bemerkbar, während der 200 E etwas kultivierter läuft. Erstaunlicherweise ist der Preissprung zwischen beiden minimal, nur rund 2000 DM kostet der 220 E mehr – 52 000 DM bei Einführung. Der Verwendung der wohlklingenden und traditionsreichen Typenbezeichnung 220 hilft möglicherweise dem größeren Motor auch zur größeren Verbreitung. Im Segment der Sechszylinder könnte das anders werden. Denn der neue Vierventiler 280 E fällt bei ersten Tests als besonders laufruhig auf. Pluspunkte erntet dagegen der größere 320 E mit seiner Durchzugskraft im

Wer's besonders praktisch mag, ist mit einem T-Modell bestens bedient.

Auch in Coupéform vermag die mittlere Mercedes-Baureihe zu überzeugen.

Der aktuelle 3,2-Liter-Motor ist besonders durchzugskräftig.

Die Kraft und die Herrlichkeit: der bärenstarke 500 E.

unteren Drehzahlbereich. Hier bedeuten die unterschiedlichen Zahlen am Kofferraumdeckel allerdings erhebliche Unterschiede in der Rechnung für den Käufer. 60 477 DM kostet der „kleine" bei Einführung, 69 483 DM der große Sechszylinder.

Knapp ein Jahr später war die Dieselpalette an der Reihe. Mit Vierventiltechnik auch hier betrat Mercedes technisches Neuland. Gleichzeitig erhielt die ganze Baureihe eine neue Typbezeichnung. Nach der Premiere des 190-Nachfolgers, der C-Klasse (C für compact) hören die W 124 nun auf den Buchstaben E (wie economy). Damit hat das Programm mit C-, E- und S-Klasse eine leicht nachvollziehbare Struktur. SL und G bleiben Sonderbaureihen. Zum zweiten Mal in seiner Laufbahn erhält der W 124 optische Retuschen. Der mit der S-Klasse eingeführte Plakettenkühler bei separat auf der Motorhaube befestigtem Stern hält nun Einzug auch in der mittleren Baureihe. Außerdem gibt ganz leichte Anpassungen an das Coupé im Heckbereich.

E 250 Diesel und E 300 Diesel, ein Fünf- und ein Sechszylinder, heißen die beiden Neulinge unter den Selbstzündern. Die Vierventiltechnik ermöglicht Werte, für die man bisher einen Turbo benötigte. Die Vorkammer sitzt bei den neuen Motoren genau in der Mitte der vier Ventile. Das ist ein guter Platz, um das Gemisch schnell und gleichmäßig zu verbrennen. Der E 250 Diesel leistet 113 PS, der E 300 Diesel 136 PS. Im Programm bleiben der Zweilitermotor (E 200 Diesel) und die zwei Turbodiesel E 250 und E 300. Außer dem Oxydationskatalysator sorgt eine elektronische Regelung des Partikelausstosses für noch mehr Umweltverträglichkeit des Dieselmotors. Mit den neuen Motoren ist Mercedes-Benz seinem Ruf als Dieselpionier, der immer noch an der Spitze steht, wieder einmal gerecht geworden.

1993 hatte die Gesamtfertigung der Baureihe W 124 schon die Zweimillionenmarke überschritten. Von keinem Mercedes wurden bisher mehr Autos produziert und er scheint gut gerüstet für die letzten zwei Jahre seiner Produktionszeit. 1995 soll der Nachfolger bereitstehen.

Der SL – schnell, leise, elegant

Der deutsche Traumsportwagen schlechthin . . .

. . . macht im Stand genauso Eindruck . . .

. . . wie im zügigen Fahreinsatz.

Nach dem Salonstar brauchten die Journalisten und Besucher des Genfer Automobilsalons 1989 nicht lange zu suchen: kein Ferrari, kein Lamborghini, kein Entwurf der gerade in Genf so wirkungsvoll auftrumpfenden italienischen Designstudios, schon gar nicht ein Rolls-Royce zog die Massen an, sondern der neue SL. Selbst eilige Betrachter konnten nicht anders, als wenigstens die eine Minute zu verharren, die der neue Star brauchte, um auf der Drehscheibe seine Schau abzuziehen. Wie von Geisterhand öffnete sich das Dach, verschwand hinter den Sitzen, die Seitenscheiben senkten sich ab und das dauerte nicht länger als 30 Sekunden. Majestätisch zeigte der SL sich dann von allen Seiten, um am Ende der Darbietung lautlos in den ursprünglichen Zustand zurückzukehren. So ging das stundenlang. Obwohl es kein Geheimnis war, daß das ständige Öffnen und Schließen des Verdeckes mit dem Alltag nichts zu tun hatte und daß für diesen Messegag eine eigene Batterie installiert werden mußte, wirkte die Vorführung so überzeugend, daß die Besucher immer wieder hinschauen mussten.
Denn zu diesem Sportwagen paßt lautlose Eleganz. Das klingt wie ein Widerspruch, falls ein Sportwagen außer schnell und fahrsicher auch kernig laut und hart gefedert sein muß. Mit solch kompromißlosen Vertretern der Gattung wollte der neue SL sich von Anfang an nicht messen. Ein Sportwagen ist er aber dennoch, im Gegensatz zum Vorgänger, dessen Produktion übrigens bei der stolzen Zahl von 300.175 geendet hatte. Der neue SL ist einer von der sanften Art mit guten Fahrleistungen und einem hohen Maß an Bequemlichkeit. Kurz, ein echter Grand Tourisme (GT), ein Auto für die weite, schnelle und auch einmal scharfe Fahrt. Der SL gefällt aus jedem Blickwinkel, geöffnet und geschlossen, mit Hardtop und mit Stoffdach. In der strömungsgünstigen Keilform sind viele Sportwagen gehalten. Beim SL sind Länge, Breite und Höhe (besser gesagt: Niedrigkeit) in einem Maße stimmig, wie man es nur selten findet. Die Motorhaube ist lang, der Dachaufbau kurz und gedrungen, das Heck kompakt. Die breite, das Kühlergrill umfassende Motorhaube bildet zusammen mit den Scheinwerfern und den großen Blinklichtern eine kraftvolle und doch harmonische Einheit. Sie ruht optisch in einer Einbuchtung der Stoßfänger. Beide Stoßfänger sind weit um die Kanten herumgezogen und gehen in die Linie der wuchtigen Seitenverkleidungen über. Was macht den Wagen so elegant? Die leicht angedeuteten Ausbuchtungen über den Radausschnitten gehören dazu, die sanft gerundeten Seitenflächen mit den Übergängen in Motor- und Kofferraumhaube. Seltsam: obwohl der SL keine Ecken und Kanten hat, stellt er sich nicht in eine Reihe mit vom Windkanal gleichgemachten Autos. Er ist trotzdem kernig und einprägsam. Am wenigsten kommt das noch in der Heckgestaltung zum Ausdruck, obwohl die weit herumgezogenen Rückleuchten einen imposanten Eindruck machen. Dennoch, das Design des SL ist ein Meisterwerk!
Es würde der Tradition des Hauses widersprechen, wenn sich hinter solchem Design nicht auch ingenieurtechnische Kabinettstückchen verbergen würden. Der SL machte gleich mehrere Evolutionsschritte: der verblüffendste war der bei Bedarf automatisch hochfahrende Überrollbügel. Im Ruhestand liegt er im Verdeckkasten. Registriert das elektronische Steuergerät eine kritische Fahrsituation, die zu einem Überschlag führen könnte, stellt sich der Bügel innerhalb von 0,3 Sekunden auf! Wer will (und der neuen Technik nicht traut), kann den Bügel auch per Knopfdruck bedienen. Als Folge dieser Technik sind die Notsitze weggefallen, sie haben auch nur selten in einem Sportwagen Sinn gemacht. Die ewige Debatte, ob ein Cabrio „bügelfrei" sein muß, hat Mercedes auf überzeugende Weise beendet, wenn auch mit der Einschränkung, daß sich solche Technik in Autos, die nur die Hälfte oder ein Drittel des SL-Preises kosten dürfen, nicht ökonomisch verwirklichen läßt. Aber das war ja nicht die Sorge von Mercedes-Benz. Und wer behauptet, daß man mit offenen Autos nicht schnell fahren kann? Im SL sollte das Vergnügen kein natürliches Tempolimit erfahren dank des neuartigen Windschotts unmittelbar hinter den Rückenlehnen. Um es zu nutzen, muß man allerdings den Überrollbügel ausfahren. Das Windschott ist ein Netz und verringert lästige Zugluft im Fahrzeuginnern ebenso nachhaltig wie Windgeräusche. Neue Maßstäbe setzte außerdem

das elektro-hydraulische Verdeck. 30 Sekunden, wie gesagt, nimmt die Öffnung nur in Anspruch. Immerhin werden in dieser kurzen Zeit drei Arbeitsgänge erledigt: Entriegeln, Einklappen und Versenken des Verdecks im Deckkasten. Auf dem umgekehrten Wege gehört die Verriegelung der Seitenscheiben und die Rückkehr in deren Ausgangsposition dazu. Zum Lieferumfang jedes SL gehört außerdem das nur 34 Kilogramm schwere Coupédach.
Im Innenraum wurde jedes Detail im Hinblick auf größtmöglichen Komfort und auch Sicherheit gestaltet. Prunkstück zur Premiere war der neuen Integralsitz. In seinem Gurtsystem mit Gurtaufroller, Gurtstraffer und Gurthöhenverstellung und Kopfstützenverstellung sind alle Elemente aufeinander abgestimmt. Damit hatten die Konstrukteure gleichzeitig die im Cabrio stets schwierige Frage der idealen Gurtbefestigung gelöst. Die Memoryschaltung für den Sitz gibt es auf Wunsch. Sie empfiehlt sich durchaus, denn der Sitz ist in zehn Richtungen verstellbar. Außerdem können Lenksäule und die Spiegel über sie gesteuert werden. Natürlich bestimmen feine Stoffe (gegen Aufpreis Leder) und Holz (in der Mittelkonsole und in den Türen) den Innenraum. Das Armaturenbrett umfasst mit kühnem Schwung die Einheit der fünf unterschiedlich großen Rundinstrumente und führt so die Karosserielinie im Innenraum fort. Airbag gab es übrigens bei Erscheinen des SL nur auf Wunsch und nur auf der Fahrerseite. Serie war dagegen von Anfang an der Elektrete-Filter. Er reinigt die von außen einströmende Luft mit Hilfe von elektrostatisch aufgeladenen Stoffasern. Eine sinnvolle Verwertung der Restwärme bei abgestelltem Motor in Heizwärme – vor der Bahnschranke oder bei längeren Rotphasen – macht eine elektrische Umwälzpumpe möglich.
Dieses Auto steckte voller neuer Ideen. Um das Ziel des komfortablen Sportwagens nicht nur zu erreichen, sondern zu perfektionieren, entwickelten die Ingenieure für den SL das Adaptive Dämpfersystem (ADS), angeboten als Sonderwunsch. ADS paßt während der Fahrt die Dämpferkennung permanent dem jeweiligen Bedarf an. Vier Stufen stehen zur Verfügung von weich bis hart. Sie müssen nicht, wie bei anderen damals schon verwirklichten Systemen, von Hand geschaltet werden, sondern stellen sich vollautomatisch ein, auch im schnellen Wechsel, ohne daß die Insassen irgend etwas davon mitbekommen. Nicht nur der Fahrbahnzustand wird aufgenommen und umgesetzt, sondern auch Seitenkräfte der Kurvenfahrt und freiwerdende Energie beim Bremsen und Beschleunigen. Antriebsschlupfregelung (gegen Aufpreis), Sperrdifferential (Aufpreis) und ABS (Serie) verbessern noch mehr das Fahrverhalten des SL. Generell schon verhelfen die Raumlenkerachse hinten und die Dämpferbeinvorderachse zu hervorragenden Fahreigenschaften. Über die Früchte der Daimler-Benz-Forschung zur passiven Sicherheit braucht hier nicht weiter berichtet zu werden. Der SL stellte bei seinem Erscheinen wie alle anderen Mercedes-Typen das Optimum in dieser Beziehung dar.

Fast schon eine Skulptur: der offene SL.

Die Umstellung des gesamten Modellprogramms auf Abgaskatalysatoren war 1989 fast abgeschlossen. Ein Auto wie den SL gab es natürlich von Anfang an nur mit Katalysator. Hier war erstmals eine Verbesserung der Abgaszusammensetzung in der Warmlaufphase erreicht worden. Dazu bläst eine Luftpumpe frische Luft durch den Zylinderkopf in die Auslaßkanäle, unverbrannte Kohlenwasserstoffe und Kohlenmonoxid werden

Mit einem SL läßt sichs vortrefflich an südliche Gestade reisen.

dadurch nachverbrannt. Auf dem Motorensektor standen dem SL zunächst ein bekanntes Triebwerk (der Sechszylinder-Zweiventiler aus der S-Klasse und der Baureihe W 124, für den SL im Abgasverhalten leicht verbessert) und zwei stark überarbeitete Aggregate zur Verfügung, nämlich der Sechszylinder-Vierventiler (300 SL) und der Achtzylinder, ebenfalls mit Vierventiltechnik (500 SL). Im Juli 1992 folgte dann der mit der S-Klasse W 140 eingeführte Zwölfzylinder. Der neue Sechszylinder unterschied sich vom schon bekannten hauptsächlich durch den Vierventilzylinderkopf mit der verstellbaren Einlaßnockenwelle. Es handelte sich um den intern M 104 genannten Motor, der kurz für den 300 E-24 zum Vierventiler weiterentwickelt worden war. Im SL hatte er aber statt 220 PS nun 231 PS. Basis des neuen V8 ist der Motor aus der S-Klasse. Auch hier kamen nun Zylinderköpfe mit Vierventiltechnik zum Einsatz, die je zwei Ein- und Auslaßnockenwellen betätigen über wartungsfreie, hydraulische Tassenstössel die Ventile. Seine Leistung war auf 326 PS angehoben worden. Der 600 SL verfügt über 395 PS. In beiden 300 SL konnte der Kunde von Anfang an zwischen dem Fünfgangschaltgetriebe und der Viergangautomatik wählen. Den 500 SL gab es nur mit dieser Automatik, ebenso den 600 SL. Die Getriebe waren sämtlich schon vorhanden, wurden aber für das SL-Programm neu abgestuft.

Dank der Entscheidung, jeden schnellen Mercedes bei 250 km/h elektronisch abzuriegeln, läßt sich über die Höchstgeschwindigkeit der Mercedes-Sportwagen nicht viel sagen. Unter der magischen Marke bleiben nur der 300 SL-Zweiventiler (230 km/h) und der 300 SL-Vierventiler (240 km/h). Die Beschleunigungswerte von 0 bis 100 km/h bewegen sich zwischen 9,3 und 6,1 Sekunden (Zwölfzylinder). Zwischen dem 500 SL und dem 600 SL liegt hier nur eine Zehntelsekunde.

Der SL war von Anfang an ein Erfolg. Letztmalig wohl für lange Zeit konnte der Konzern Lieferfristen registrieren, zwei Jahresproduktionen waren schnell ausverkauft, die Wartezeiten haben sich seitdem noch verlängert. 1992 waren es fünf Jahre! Und das trotz gesteigerter Produktion, 25 000 Autos pro Jahr in dieser Preisklasse sind gewiß nicht wenig. Gebaut werden die Wagen im Werk Bremen nach einer neuen Produktionsmethode, die über Gruppenarbeit die Eigenverantwortlichkeit der Arbeiter stärken soll. Qualitätsprobleme sind beim SL nie aufgetaucht.

Zu Beginn gab es das „Einsteigermodell“ 300 SL für 92 500 DM, 1993 kostete es 108 600 DM. Der kleine Vierventiler begann mit 102 200 DM und lag vier Jahre später bei 115 800 DM, der 500 SL „entwickelte“ sich von 125 400 DM zu 152 900 DM. Und der 600 SL, erschienen im Juli 1992, war 1993 für 217 000 DM zu haben. Teurer kam da nur noch der neue SEC für 220 000 DM.

Die neue S-Klasse – Verkaufserfolg trotz Gegenwind

Die Inszenierung war wie immer. Eine neue S-Klasse gibt es nur einmal in zehn Jahren, zuletzt feierte Mercedes-Benz ein solches Fest im September 1979. Knapp zwölf Jahre später hatte jener W 126 ausgedient – nach genau 892.123 Fahrzeugen einschließlich SEC – und der Nachfolger W 140 stand im Lichte der Scheinwerfer auf dem Genfer Salon. Doch diesmal wollte keine ungeteile Begeisterung aufkommen. Respekt und Skepsis bei den Medien, der Konkurrenz und dann auch beim Publikum hielten sich die Waage. In den folgenden Wochen sah sich die Presseabteilung in Untertürkheim einer ungewohnten Situation ausgesetzt. Es hagelte Kritik und Häme, vom zu hohen Gewicht, zu großen Außenmaßen und zu hohem Verbrauch war die Rede. Die organisatorischen Pannen, den Wagen in der Allgemeinen Betriebserlaubnis mit zu wenig Zuladung angemeldet zu haben – mehr war durchaus zulässig – und die für die Auto-Reisezug-Waggons der Bahn etwas zu breite Spur verstärkten den Gegenwind. Es gab keinen Testredakteur, der nicht seine Fähigkeit zur Kritik mit abfälligen Bemerkungen über die angeblichen „Dinosaurier" unter Beweis stellen wollte. Es hatte den Anschein, als würden die Autofahrer ihr schlechtes Gewissen damit beruhigen, daß sie auf die S-Klasse schimpften, ohne ihr eigenes Verhalten zu ändern, was angesichts des immer dichter werdenden Verkehrs und wachsender Umweltbelastung durch das Auto nötig gewesen wäre. Als würde ein Zuwachs gegenüber dem Vorgänger von 9,3 Zentimetern in Länge und 5,7 Zentimetern in der Breite die Staus auf den Straßen hervorrufen! Eins allerdings bleibt auch bei nüchterner Betrachtung: das Plus an Gewicht von 280 Kilogramm (alle Werte bezogen auf vergleichbare SE-Limousinen alt und neu) zogen einen Mehrverbrauch von 2,8 Litern auf 100 Kilometern (Beispiel 500 SE nach Testberichten von „auto motor und sport") nach sich. Der neue 600 konnte in einem Test schon eimal 20 Liter verbrauchen, wenn ihn auch Mercedes-Benz etwas niedriger angab. In einer Zeit hoher Sensibilität für jegliche Umweltbelastung und den Umgang mit Ressourcen hätte sich eigentlich der technische Fortschritt auch in einem Minderverbrauch äußern müssen. Dieses Kunststück war Mercedes beim vorherigen Wechsel in der S-Klasse im Jahre 1979 geglückt. Um es abermals zu erreichen, war die neue S-Klasse nach dem Stand der Technik offenbar zu gut ausgestattet mit Elementen größtmöglichen Komforts und optimierter Sicherheit. Wie auch immer, einen Verkaufserfolg des neuen Wagens konnte die schlechte Aufnahme bei den Medien und in der Öffentlichkeit nicht verhindern. Zwar gab es auf dem schrumpfenden Markt ingesamt sinkende Absatzzahlen, Mercedes-Benz behauptete aber seine führende Position in der Oberklasse – auch vor dem großen BMW, der ja Mitte der achtziger Jahre im eigenen Land die alte S-Klasse vorübergehend von der Spitze verdrängt hatte. Im Gegenteil, zwei Jahre nach der Premiere konnte die Presseabteilung fast schon trotzig gegen die Stimmung unter den Journalisten vermelden: bester Verkauf der S-Klasse seit 1987, bisher insgesamt (bis Januar 1993) 123.243 Stück. Das zeigt, daß bei wirklichen Interessenten an dem Fahrzeug wenig Anstoß nahmen. Selbst die Preisgestaltung wurde offenbar akzeptiert. Der 300 SE wurde für 91 100 DM eingeführt (300 SEL: 94 300 DM), der 400 SE für 108 000 DM (SEL: 122 200 DM), der 500 SE für 116 200 DM (SEL: 123 000 DM) und der 600 SE für 194 200 DM (SEL: 198 360 DM). Für letztere gibt es angesichts dieses Preises natürlich kaum noch Sonderwünsche zu erfüllen, es bleiben die Sitzheizung vorn (1000 DM) und hinten (6000 DM), spezielle Leichtmetallfelgen (1000 DM) und spezielle orthopädische Vordersitze für 1200 DM. Die Preisdifferenz zwischen V8 und V12 liegen außer im Motor (und im Prestige!) nur in der Klimaautomatik für 6000 DM, in Antriebsschlupfregelung für 4184 DM, im elektrisch betätigten Schiebedach für 2300 DM und dem wärmedämmenden Glas für 764 DM.

Anders als beim Vorgänger konnte das Design der neuen Limousine nicht auf Anhieb begeistern. Der große Mercedes ist eines jener Autos, die man sich erst einmal lange betrachtet, ehe ein Urteil reift. Zweifellos ist es Chefdesigner Bruno Sacco und seinem Team gelungen, die Masse des Wagens in der optischen Wirkung zurückzunehmen. Aus verschiedenen Perspektiven wirkt der Wagen kleiner, als er ist und auf diese Weise auch elegant. Eine interessante Probe aufs Exempel läßt sich machen, wenn man die „kurze" Version in neutraler Umgebung ohne jeden Größenvergleich erlebt: in gebührendem Abstand kann man den Eindruck gewinnen, es handele sich nicht um die S-Klasse, sondern um eine erneuerte Version der mittleren Baureihe. Erst wenn man an den Wagen herantritt, erkennt man die wahre Größe. Von den vorderen Stoßfängern bis zur Windschutzscheibe hat das Auto in der Seitenlinie Sportwagencharakter. Die Motorhaube fällt steil nach vorn, die Frontpartie läuft spitz zu. Da es aber kein Sportwagen sein soll, sondern eine repräsentative Reiselimousine, mußte ein Übergang geschaffen werden, keine leichte Aufgabe für die Designer. Sie haben sie gelöst in Form der stark geneigten Windschutzscheibe und den betonten Dachholmen vorn. Die Holme bilden mit der Motorhaube eine Einheit und stellen gleichzeitg den Zusammenhang mit Dach und Rückenpartie her. Damit der Unterschied zwischen der niedrigen Motorhaube und dem relativ hohen Dach nicht so sehr auffällt, hat die Haube in der Mitte eine breite Erhebung, sich nach unten verjüngend und das neu gestalteten Grill umfassend. Dieses Grill ist für die Freunde der Marke ein kleine Revolution. Erstmals steht der Stern separat auf der Haube getrennt vom Kühlergitter (das natürlich schon längst keines mehr ist wie der Stern schon seit Autogenerationen nicht mehr als Verschluß des Kühlers dient. Drei große Lufteinlässe unterhalb der Stoßfänger sorgen für die nötige Kühlluft). Lamellenkühler nennt Mercedes diese neue, auch für künftige Modelle maßgebende Gestaltung. Unumstritten ist der einsam plazierte Stern nicht und in der Tat sehr gewöhnungsbedürftig. Die wuchtigen Stoßfänger nehmen die Kühlermaske mit einer kleinen Einbuchtung auf, während die breiten Scheinwerfer mit den um die Ecken gezogenen Blinklichtern durch eine dünne Chromleiste betont werden. Wie das Gesicht des W 140 gefällt, bleibt Geschmackssache, einprägsam und unverwechselbar ist es in jedem Fall. In der Seitenlinie gibt die breite C-Säule optischen Halt. Wie die Frontscheibe ist auch die Heckscheibe stark geneigt und bildet zusammen mit Dach und Kofferraumklappe eine Linie. Die Heckansicht wird dominiert von der mit dem W 124 eingeführten Design der bis zu den Stoßfängern reichenden Kofferraumklappe, wobei die breiten Lichter ausgespart werden. Ein wichtiges Hilfsmittel, den Wagen nicht so schwer wirken zu lassen, ist die relativ große Seitenverkleidung in der Höhe der Stoßfänger. Die Langversion ist 100 Millimeter länger als die einfache, ein Plus, das dem Wagen durchaus steht.

Da schon der Vorgänger ein geräumiges Auto war, mußte das Längenwachstum des neuen Autos nicht ausschließlich dem Innenraum zugute kommen. 40 Millimeter mehr sind es dennoch (und 72 Millimeter wurden für die Knautschzone vorn gewonnen, insgesamt also mehr, als der Wagen an Länge zugenommen hatte). Wieviel Platz der große Mercedes bietet, bemerkt man schon beim Einsteigen, das eigentlich ein Betreten ist. Selbst groß gewachsene Personen haben auf den voluminösen Einzelsitzen Platz nach allen Seiten, auch nach oben (für Menschen um die 1,90 Meter ist das im Auto ein seltenes Erlebnis). Mercedes begründete die üppigen Raumverhältnisse übrigens auch mit dem Phänomen, daß die Erwachsene von Generation zu Generation größer werden. Den Luxus im Innenraum begründete das Werk mit der Art der Nutzung solcher teuren Reise- und Geschäftswagen: ihre Fahrer sitzen in der Woche viele Stunden im Auto und wollen möglichst ausgeruht zum Termin erscheinen. Der Fahrersitz ist deshalb eine Pracht. Höhe und Neigung von Sitzkissen und Lehne sind vielfach einstellbar, auch das Verhältnis von Lehne zu Sitzkissen. Die gegen Aufpreis lieferbare Memory-Schaltung (Serie beim 600) macht sich da sicher bezahlt. Der Beifahrersitz ist etwas einfacher gehalten. Auch hinten sind Einzelsitze lieferbar, Serie ist eine Bank. Legt man die hohen Komfortmaßstäbe dieses Autos zugrunde, ist es eigentlich ein Viersitzer, wenn auch fünf Personen reisen können. Der Fünfte fährt dann aber im Verhältnis zu den anderen zweiter Klasse. Hinter dem Sicherheitslenkrad mit großflächigem Pralltopf und Airbag liegen analog zum SL fünf Rundinstrumente unter einem fast ovalen Wulst im Blickfeld des Fahrers. Der Tachometer sitzt als größtes Instrument in der Mitte. Schwarzes Leder und Holzverkleidung am Armaturenbrett und in der Konsole beherrschen den Innenraum. Die neue Doppelverglasung soll die Insassen noch besser als bisher gegen Geräusche und Außentemperatur abschirmen. Zwischen den Glasschichten liegt ein drei Millimeter dicker Spalt, gefüllt mit entfeuchteter Luft. Die Klimaanlage ist mit einem Geruchsfilter gekoppelt. Eine ganz neue Schließanlage bedient auch geöffnete Fenster, eine Idee, die aus dem SL stammt. Die Servohilfe zum Schließen der Türen wurde viel belächelt und als übertrieben hingestellt. Nachbarn von S-Klasse-Besitzern werden sie trotzdem schätzen, da sie Türenschlagen kaum noch vernehmen. Zielscheibe von manchem Spott wurden auch die ausfahrbaren Peilstäbe im Heck, ein Zugeständnis an die Unübersichtlichkeit des Wagens bei der Rückwärtsfahrt.

Nicht die technischen Lösungen dieses Autos an sich wurden in der öffentlichen Diskussion in Zweifel gezogen, sondern die Annahme der Produktplaner, daß dies alles in einem Auto verwirklicht sein müsse. Läßt man diesen eher philosophischen Ansatz einmal außer acht, bleiben einige Schritte nach vorn im Automobilbau festzuhalten. Im Bereich der Motoren ist es vor allem die neue Einspritztechnik, auch LH-Einspritzung genannt. Ein Hitzdraht-Luftmassenmesser mißt die angesaugte Luft, um auf diese Weise exakter denn je die wirklich benötigte Menge an Ansaugluft zur Verfügung zu haben. Darauf abgestimmt wird die Kraftstoffmenge. Bessere Verbrennung, geringerer Verbrauch und weniger Abgase sind die Folgen der neuen Art von Gemischaufbereitung. Die Drosselklappen sind jetzt elektronisch gesteuert, die vollelektronische Zündung wurde weiterentwickelt und regelt nun für jeden Zylinder einzeln den optimalen Verbrennungsablauf. „Intelligentes Motor- und Antirebsmanagement" nennt Mercedes die Idee, alle Steuermodule über einen gemeinsamen Datenkanal zusammenzuschalten. Der CAN-Datenbus (Controller Area Network) soll ein reibungsloses und sehr schnelles Kommunizieren der vielen Haupt- und Nebenfunktionen gewährleisten und die Wartung vereinfachen. Die neuen LH-Einspritzung, die schon bekannten Hilfsmittel Antriebsschlupfregelung (ASR) und Antiblockiersytsem (ABS, für die Acht- und den Zwölfzylinder wurde ein Doppel-ABS eingeführt) sind Beispiele von solchen Koordinierungsaufgaben in modernen Automobilen.

In keinem Fall anzuzweifeln sind sicherlich die Bemühungen, das Auto umweltverträglicher zu machen. Der Mercedes W 140 war das erste Auto, das von Anfang an auf vollständige Entsorgung hin konstruiert wurde. Zum Einsatz kommen fast nur recyclingfähige Kunststoffe, an einigen Stellen

Vor monumentalen Hintergründen wirken die Modelle der aktuellen, so vielkritisierten S-Klasse durchaus zierlich. Im normalen Straßenbild aber sieht das etwas anders aus.

auch schon wiederverwertete Kunststoffe. Sämtliche Teile sind markiert und demontierbar, der vom Kunststoff befreite „Rest" eines ausgedienten Wagens wird komplett eingeschmolzen. Anfang der neunziger Jahre kam die Automobilindustrie mit ersten Schriten auf diesem Gebiet den Autokritikern zuvor, Mercedes tat in der Öffentlichkeit den allerersten Schritt. Voll zurückzugewinnen ist auch der Edelstahl der neuen, sehr groß dimensionierten Katalysatoranlage. Für bessere Abgaswerte sorgt außerdem eine neuartige Zündsteuerung in den Motoren. Sie verursacht in der Startphase heiße Abgase und vermindert das alte Übel, daß der Katalysator in der

Wer S-Klasse fährt, schwärmt vom perfekten Komfort des schweren Mercedes.

kennzeichnen den Motor. Den Erwartungen an einen Zwölfzylindermotor in Laufruhe und Kraft wird der Mercedes 600 voll gerecht. Testberichte sagen einstimmig aus, daß ein solches Fahrerlebnis wohl nicht zu übertreffen sei. 408 PS und ein maximales Drehmoment von 58 mkg bei nur 3800 Umdrehungen in der Minute würden dem Wagen eine Höchstgeschwindigkeit von 290 km/h verleihen, wenn nicht bei Tempo 250 elektronisch abgeriegelt würde. Für den Zwölfzylinder und die Achtzylinder gibt es nur die Viergangautomatik. Nur der Sechszylinder kann mit der Hand geschaltet werden, das Getriebe ist baugleich mit im 300 SL-24 verwendeteten. Auf Wunsch kann die Viergangautomatik auch hier eingebaut werden.
Doppelquerlenkerachse vorn und Raumlenkerachse hinten waren im Frühjahr 1991 noch Höchststand der Technik.

Kaltlaufphase seine Wirkung nicht entfalten kann. Zur Umweltverträglichkeit eines Autos gehört außerdem der Produktionsablauf. Mercedes verwies in Genf 1991 stolz auf seine FCKW-freie Produktion und auf andere Fortschritte dieser Art in der Fabrik. Seinen unbestrittenen Spitzenplatz bei der passiven Sicherheit unterstreicht Mercedes-Benz im W 140 auch damit, daß der 1994 für die USA vorgeschriebene Seitenaufpralltest von der neuen S-Klasse bereits 1991 „eingeplant" ist.
Vom Vorgänger stammte der Reihensechszylindermotor des 300 SE. Durch längeren Hub und größere Bohrung hat die überarbeitete Maschine nun 3199 Kubikzentimeter. Der Zylinderkopf wurde so modifiziert, daß ein Fertigungsverbund mit dem Zwölfzylinder möglich ist. Auch die beiden V8-Motoren von 400 SE und 500 SE erfuhren gegenüber den Aggregaten der Vorgänger eine Hubraumvergrößerung. Der Zwölfzylinder nun, lang erwarteter Höhepunkt der gesamten Modellpalette, ist mit den Reihensechszylinder eng verwandt. Die zwei Zylinderreihen sind in V-Form einander zugeordnet. Die rechte Reihe ist exakt die des Sechszylinders, die linke entspricht ihr weitgehend, mußte aber bezüglich der Anordnung der Kanäle und der Antriebsseite für die Nockenwellen spiegelbildlich abgeändert werden. Ein Kurbelgehäuse aus Aluminiumlegierung und Leichtmetallkolben

Für die neue S-Klasse wurden in der einfachsten von drei Fahrwerksmöglichkeiten ein mit über 200 Millimetern sehr langer Federweg und Niveauregulierung an der Hinterachse eingeführt. Wahlweise gibt es das aus dem SL bekannte Adaptive Dämpfersystem (ADS) oder das hydropneumatische Federsystem in Verbindung mit ADS (Serie im 600).
Mit 300 SE, 400 SE, 500 SE und dem Star 600 SE sowie den entsprechenden SEL-Modellen schien das Programm für den deutschen Markt bei der Premiere komplett zu sein. Schon gleich wurde für den US-Markt der Turbodiesel — jetzt mit 3,5 Litern Hubraum — eingeführt. In Genf 1993 war er dann auch für den europäischen Markt da. Der niedrige Verbrauch von nur 12,6 Litern (Test „auto motor und sport") auf 100 Kilometern tut der Gesamtverbrauchsbilanz der S-Klasse gut. Abgasrückführung und Oxydationskatalysator bringt er selbstverständlich mit. Zweiter Teil der ersten Modellpflege bildete das neue Einstiegsmodell 300 SE 2.8, entwickelt aus dem 3,2-Liter-Triebwerk. Er leistet 193 PS statt 231 PS und verbraucht im Drittelmix nur 11,7 Liter (Werksangabe), der Einstiegspreis in die S-Klasse liegt mit dem 300 SE 2.8 bei 81 938 DM. Manche hatten schon für Genf 93 eine auch äußerlich veränderte S-Klasse erwartet. Aber so schnell läßt man sich in Untertürkheim von Kritik nicht nervös machen.

Modell	**300 SE 2.8 (W 140 E 28)**	**300 SE (W 140 E 30)**	**400 SE (W 140 E 40)**	**500 SE (W 140 E 50)**	**600 SE (W 140 E 60)**	**300 SD (W 140 D 35)**
Produktion seit	März 1993	Juni 1991	Juni 1991	Juni 1991	Juni 1991	Juni 1991
Motor	6-Zylinder Reihe M 104	6-Zylinder Reihe M 104	V8-Zylinder M 119	V8-Zylinder M 119	V12-Zylinder M 120	6-Zylinder Reihe OM 603 Turbo
Bohrung x Hub Hubraum	89,9/73,5 2799	89,9/84,0 3199	92,0/78,9 4196	96,5/85,0 4973 ccm	89,0/80,2 5987 ccm	89,0/92,4 3449 ccm
PS/kW bei n/min	193/142	231/170	279/205	320/235	394/290	150/110
Verdichtung	10,0	10,0	11,0	10,0	10,0	22
Ventile Steuerung	4 V-förmig hängende Ventile je Zylinder 2 Nockenwellen, verstellbare Einlaßnockenwelle			4 V-förmig hängende Ventile pro Zylinder 2 obenlieg. Nockenwellen je Zylinderreihe		2 Ventile pro Zylinder 1 obenliegende Nokkenwelle
Gemischaufber.	Einspritzanlage HFM		Einspritzanl. LH	Einspritzanlage LH		6-Stempel-Einspritzpumpe, Turbolader
Batterie	12V 74 Ah	12V 74 Ah	12V 100 Ah	12 V 100 Ah	12 V 100 Ah	12 V 100 Ah
Kühlmittelmenge	14,5 l	14,5 l	16,5 l	16,5 l	20 l	10 l
Getriebe	5-Gang manuell	5-Gang manuell ab 3/93: 4-Gang Wandler-Automatik	4-Gang Wandler-Automatik			
Lenkung	Kugelumlauf-Parameter					
Bremsen	2-Kreis-Vierrad-Scheibenbremsen, Servohilfe, ABS					
Bereifung	235/60 ZR 16					235/60 R 16 100 V
Radstand	3040 mm	3040 mm (SEL 3140 mm)				3040 mm
Spur vorn/hinten	1603/1576 mm					
Gesamtmaße in mm (Länge/Breite/Höhe)	5113/1886/1485	5113 (SEL 5213)/1886/1485				5113/1886/1485
Leergewicht	1890 kg	1890 kg (SEL: 1900)	1990 kg (SEL: 1900)	2000 kg (SEL: 2010)	2180 kg (SEL: 2190)	1940 kg
Tankinhalt	100 l					
Höchstgeschwindigk.	215 km/h	225 km/h	245 km/h	250 km/h	250 km/h	185 km/h
Stückzahlen bis 31.1.93	–	58 030 (inkl. SD)	15 794	31 466	17 953	(enth. in 300 SE)

SEC – Prunkstück zwischen Sportwagen und Limousine

Ein Jahr nach der Präsentation der neuen S-Klasse krönte in Genf ein neuer Star den Stand von Mercedes-Benz: das Coupé war da, schon im Januar auf der Messe in Detroit vorgestellt, in Genf also nur zum Europadebüt. Preislich war mit dem 600 SEC das Ende der Skala erreicht, 220 020 DM ist für ihn auf den Tisch zu legen, „nur" 156 180 DM für den 500 SEC. In den anderen Motorvarianten gibt es das feine Coupé nicht. In der Technik entspricht es den Limousinen, im Design geriet es sehr eigenständig, mehr als das zu Produktionszeiten schon klassich gewordene Vorgängermodell. Eigentlich ist der SEC nichts weiter als ein Kompromiß zwischen dem Sportwagen und der Limousine. Positiv gesehen verkörpert es eine eigene Klasse innerhalb der Oberklasse von Mercedes (aus Sicht des Herstellers gehören S, SEC und SL zur S-Klasse, im Verständnis des Publikums spielt der SL dagegen stets eine Sonderrolle). Seine Ausnahmestellung dokumentiert die Verwendung des SL-Gesichtes einerseits und der Dimensionen der Limousine andererseits. Nur 48 Millimeter kürzer als jene – gesellt es sich aber ansonsten zu ihr. Der um 95 Millimeter kürzere Radstand, die breite Seitentür und der eigenständige Abschluß des kleinen hinteren Seitenfensters läßt das Coupé optisch etwas leichter erscheinen. Auch die tiefer heruntergezogene Nase und der klarer strukturierte Grill verfehlen ihre Wirkung in dieser Beziehung nicht. Beherrscht wird das Gesicht des Wagens durch die ungewöhnlich großen Scheinwerfer. Gut steht ihm die dezente Sicke, die fast über die ganze Seitenlinie vom vorderen Radausschnitt bis dicht an die um die Ecken gezogenen Rückleuchten reicht. Auch innen ist der SEC kein Abbild der Limousine. Allein das Armaturenbrett stammt von ihr. Das neue Lenkrad wurde sportlich gestaltet und mit demselben Material überzogen wie die Sitze. Die Innenseiten der Türen erfuhren eine eigenständige Bearbeitung mit dem Ziel einer eher sportlichen Ausrichtung. Der Mittelweg: das Coupé hat seine individuelle Note, dabei aber die Platzverhältnisse (auf den Vordersitzen) der Limousine und deren Komfort.

Das gegenwärtige Spitzenprodukt aus Untertürkheim heißt 600 SEC. Eleganz, Komfort und Leistungsstärke sind seine Merkmale. Die Designlinie wirkt schärfer konturiert als bei den Limousinen und ist deshalb attraktiver.

C-Klasse: „Rettungswagen" im Einsatz

Wenn den im Wirtschaftszyklus zu erwartenden Abschwung hauseigene Fehler noch beschleunigen, wird es ernst für jedes Unternehmen. In einer solchen Lage fand sich Mercedes-Benz in der ersten Hälfte des Jahres 1993 wieder. Rückläufige Produktion allerorten, aber überdurchschnittlich bei Mercedes, das bewegte die Gemüter, von der Vorstandsetage in Untertürkheim bis zu jedem Zeitungsleser draußen im Lande. In Bedrängnis geraten war die traditionsreiche Firma durch den schlechten Verkauf des 190 in dessen letzten beiden Jahren. Noch unter dem scheidenden Vorstandsvorsitzenden Werner Niefer war Anfang 1993 das Steuer herumgerissen und eine neue Strategie entwickelt worden: kürzere Entwicklungszeiten, von Anfang eine an den späteren Kosten ausgerichtete Entwicklungsarbeit, kürzere Laufzeiten einer Baureihe, mehr Nischenmodelle und insgesamt mehr Preiswürdigkeit der Endprodukte. Eines wenigstens konnte Niefer-Nachfolger Helmut Werner in dieser kritischen Zeit übernehmen: Der Nachfolger des 190 stand am Start, als die Sorgen am größten waren. Im Werk hatte er deshalb auch schnell seinen Spitznamen weg: Rettungswagen.

C wie compact heißen nun die Kleinen von Mercedes. Obwohl die Entwicklung des Wagens schon 1986 begann und 1988 die Fahrerprobung eingesetzt hatte, sind Teile der neuen Strategie am Schluß noch eingeflossen. Sie betreffen die Preisgestaltung und die Ausstattung. Trotz vieler Verbesserungen und unter Berücksichtigung der aufgewerteten Grundausstattung – Fahrerairbag, Fünfganggetriebe, Servolenkung und Zentralverriegelung – geht das jetzt als Vierventiler gelieferte Einstiegsmodell der Baureihe fast zum Preis des Vorgängers ins Rennen, nämlich für 40 800 DM. Der Versuch, rationeller zu fertigen und dabei mehr als bisher auf den Kundengeschmack einzugehen, spiegelt die erstmals angebotene Liste von vier Ausstattungsvarianten wider. Teilweise handelt es sich dabei um Kombinationen von Polsterbezügen. „Klassisch" und „Esprit" entsprechen dabei der Grundausführung. „Elegance" kostet 3100 DM mehr und bietet innen dezente Verwendung von Holzverkleidungen. Außen weisen eine dünne Chromleiste über der Stoßleiste auf das Ausstattungspaket hin. Jene Stoßleiste ist außerdem in vornehmem Kontrast auf die Wagenfarbe abgestimmt. Chromeinlagen an den Türgriffen, weiße Blinkergläser vorn und hinten und weißgraue Rückfahrscheinwerfer bedeuten zusätzliche Eleganz. Im Aufpreis enthalten sind elektrische Fensterheber, Mittelarmlehnen und getönte Scheiben. „Sport" bringt dem Käufer ein um 25 Millimeter tiefergelegtes Fahrwerk, eine straffere Fahrwerksabstimmung und größere Reifenbreite. Blinker und Rückfahrscheinwerfer entsprechen der Variante „Elegance". Stoßfänger und Stoßleiste sind hier in Wagenfarbe lackiert, und wo Holz für Eleganz steht, soll eloxiertes Aluminium mit einer besonderen Oberflächenstruktur Sportlichkeit ausdrücken. Selbstverständlich werden in diese Wagen Sportsitze und Sportlenkrad eingebaut. Der Aufpreis für alles beträgt 4800 DM. Als Krönung der Palette gibt es außerdem die AMG-Version. Das Tuningprodukt der selbständigen, mit Mercedes-Benz aber eng verbundenen Firma AMG, fällt durch Frontschürzen mit Zusatzscheinwerfer, einer neuen Heckschürze sowie Seitenschweller auf. Keine der Varianten ist an eine Motorisierung gebunden, auf Wunsch gibt es also auch den „Sport" als Diesel.

So also soll der neue kleine Mercedes überzeugen. Außer endlosen Diskussionen um die Verkaufspreise hatte den alten 190 wie ein Windschatten die Kritik am zu knappen Innenraum auf den hinteren Plätzen begleitet. Diesem Mangel hilft das C-Modell ab mit 25 Millimetern Radstanderweiterung und 39 Millimetern Längenwachstum, vor allem aber mit besser nutzbarem Innenraum dank geänderter Türverkleidungen und Sitze. 30 Millimeter mehr an Schulterbreite und 20 Millimeter mehr an Kopffreiheit stehen zur Verfügung.

Sehr gespannt hatte die autointeressierte Öffentlichkeit auf das Design des neuen kleinen Mercedes gewartet. In diesem Punkt nämlich hatte der Vorgänger von Anfang an überzeugt und wirkte auch nach fast elfjähriger Produktionszeit noch sehr ansehnlich. Und der neue? Auf den ersten Blick eine gefällige Form, sofort als Mercedes erkennbar, eine Art S-Klasse in kleineren, deshalb harmonischer wirkenden Dimensionen. Lamellenkühler und separat auf der Haube sitzender Stern, die breiten Scheinwerfer, um die Kanten führende Blinklichter, die steil abfallende Motorhaube und die sehr schräg stehende Windschutzscheibe erinnern stark an die Linie der S-Klasse. Besser als jene – von der Dimension abgesehen – wirkt die C-Klasse durch die nicht so wuchtige C-Säule und das kurze Heck, was ja bekanntlich einer Linie Dynamik verleiht. Auch hinten zeigt sich die typische Mercedes-Gestaltung. Hier allerdings passen die kleineren Abmessungen der C-Klasse nicht ideal zur Flächenaufteilung, Nummernschild und Chromleiste dominieren zu stark. Sehr gut abgestimmt auf das Erscheinungsbild des Wagens ist die in leichtem Bogen verlaufende Kante unmittelbar unter der Gürtellinie. Optische Stabilität im unteren Bereich verleiht die Front und Heck einschließende Stoßleiste. Klare Ordnung und gerundete Linien beherrschen den Innenraum. Drei Rundinstrumente liegen unter der halbkreisförmigen, vor Spiegelung schützenden Abdeckung. Das Lenkrad hat einen breiten Pralltopf und vier kleine Speichen. Die Bedienelemente für Heizung, Lüftung sowie Kippschalter für verschiedene Funktionen bilden mit Radio, Ablage und Mittelkonsole eine harmonische Einheit. Ohne daß man es dem Wagen unbedingt ansieht, wurde ihm eine verbesserte Aerodynamik mit auf den Weg gegeben. Die schräg gestellte Frontpartie, eine verbesserte Dach/Heck-Abstimmung, eine flachere Neigung der Heckscheibe und die flächenbündig eingefügten Seitenscheiben ermöglichen Luftwiderstandsbeiwerte zwi-

Der neue Hoffnungsträger im Mercedes-Programm, die C-Klasse, dürfte in ihrem Marktsegment für einigen Wirbel sorgen. Die Innenraumgestaltung orientiert sich an neuesten ergonomischen Erkenntnissen.

Fahraktive Qualitäten zeichnen die neue C-Klasse aus.

schen 0,30 und 0,32. Vermieden wurde dabei eine zu starke Neigung der Scheiben, das Manko einer hohen Aufheizung durch Sonneneinstrahlung hat die C-Klasse also nicht.

Der Stand der Dinge bei den Motoren ist für ein neues Modell die Vierventiltechnik. Sämtliche Benzinmotoren der C-Klasse haben sie an Bord, vom ganz neuen 1,8-Liter-Vierzylinder über die beiden anderen, von der E-Klasse her schon bekannten Vierzylinder 200 und 220 sowie den Sechszylinder für den C 280. Neben der verbesserten Aerodynamik sorgt die Auslegung der Motoren auf Durchzugskraft und nicht auf Spitzenleistung – das optimale Drehmoment soll schon bei relativ niedrigen Drehzahlen zur Verfügung stehen – für gegenüber dem Vorgänger etwas günstigere Verbrauchswerte. Der C 220 benötigt nach Werksangeben mit 8,7 Liter auf 100 Kilometer, 0,4 Liter weniger als der alte 190 E 2.3. Bei den Vierzylindern kommen verschiedene Einspritzsysteme zum Einsatz. Die P-Motorsteuerung (durch Saugrohrdruck gesteuertes, voll elektronisches Einspritz- und Zündsystem) steckt im C 180 und C 200, die HFM-Motorsteuerung (luftmassengeregeltes, vollelektronisches Einspritz- und Zündsystem) im C 220. Dieser Motor verfügt auch über die Verstellung der Einlaßnockenwelle zur Verringerung der Schadstoffabgaben und um mehr Drehmomentabgabe bei niedrigen Drehzahlen zu erreichen. HPM-Steuerung und Nokkenwellenverstellung kennzeichnen auch den Sechszylinder. Einer weiteren Optimierung dient das neu eingeführte Resonanz-Schaltsaugrohr. Seine Aufgabe: bei niedriger Drehzahl das Saugsammelvolumen zu halbieren und neu aufzuteilen. So viel Mühe um den Fahrbetrieb bei niedrigen Drehzahlen soll sich, so verspricht das Werk, in kraftvollem Antritt bei niedrigen und mittleren Touren niederschlagen. Den Verbrauch des 193 PS starken Wagens geben die ersten Presseunterlagen mit 10,6 Litern auf 100 Kilometern an.

Den letzten Diesel-Zweiventiler von Mercedes hat der C 200 D unter die Haube. Analog zur E-Klasse sind alle anderen Diesel nun Vierventiler. Der Drei-Liter-Motor entfällt in der C-Klasse, dafür gibt es einen C 220 D. Ihm spendierten die Entwickler eine vollelektronische Einspritzpumpe, die die einzuspritzende Kraftstoffmenge und den Einspritzzeitpunkt bestimmt. Der technische Fortschritt äußert sich auch hier unter anderem in geringeren Verbrauchswerten und, nach ersten Fahrberichten, in einer mit den Benzinmotoren durchaus vergleichbaren Fahrdynamik. Serienmäßige Fünfganggetriebe und auf Wunsch die bekannte Viergang-Automatik sind die Ausrüstung auf dem Getriebesektor. Die Raumlenkerhinterachse der C-Klasse stammt vom Vorgänger, im Prinzip von der S-Klasse ist dagegen die Doppelquerlenkerachse vorn. Nicht umsonst wird in ersten Testberichten vor allem der Maßstäbe setzende Komfort der C-Klasse positiv herausgehoben.

Kein neuer Mercedes ohne einen weiteren Fortschritt in der passiven Sicherheit. Die C-Klasse will die Mitfahrer mit einem um 22 Millimeter verlängerten Vorbau noch besser schützen als der 190. Integrated Car Safety Impact System (ICASIS) nennt Mercedes sein in der C-Klasse verwirklichtes Konzept. Eine Art Sicherheitsrahmen mit Längs- und Querträgern bewirkt eine Entlastung der Vorbauzonen, die sich so noch besser verformen können. Neu in der C-Klasse ist ein Querträger am Pedalboden – er soll das Eindringen von Teilen in den Fußraum verhindern – und die sicherheitstechnische Ausführung der erstmals angebotenen Durchlademöglichkeit zwischen Kofferraum und hinterer Sitzbank. Biegefeste Materialien sowie ausreißfeste Schlösser und Scharniere im Umklappmechanismus wurden erstmals verwirklicht.

Der Start der C-Klasse in den Medien war nicht schlecht. Den ersten Vergleichstest in „auto motor und sport" gewann der C 220 gegen den Audi 80 2.6E und BMW 320i deutlich. Bestwertungen mit maximal erreichbaren 20 Punkten schaffte der Neue in den Disziplinen „Raumangebot", „Geradeauslauf/Windempfindlichkeit", „Sicherheitsmerkmale außen" und „Kraftstoffkosten", mit zwölf Punkten die schlechteste Wertung erhielt er in der Sparte „Preis", trotz der neuen Angebotsstrategie.